자바 잘 읽는 법

자바 잘 읽는 법

1판 1쇄 발행 2024년 5월 9일

지은이 라우렌치우 스필커
옮긴이 이일웅
펴낸이 장성두
펴낸곳 주식회사 제이펍

출판신고 2009년 11월 10일 제406-2009-000087호
주소 경기도 파주시 회동길 159 3층 / **전화** 070-8201-9010 / **팩스** 02-6280-0405
홈페이지 www.jpub.kr / **투고** submit@jpub.kr / **독자문의** help@jpub.kr / **교재문의** textbook@jpub.kr

소통기획부 김정준, 이상복, 김은미, 송영화, 권유라, 안수정, 박재인, 배인혜, 나준섭
소통지원부 민지환, 이승환, 김정미, 서세원 / **디자인부** 이민숙, 최병찬

진행 이상복 / **교정·교열 및 내지편집** 백지선 / **내지디자인** 이민숙
용지 에스에이치페이퍼 / **인쇄** 한승문화사 / **제본** 일진제책사

ISBN 979-11-93926-20-8 (93000)
책값은 뒤표지에 있습니다.

※ 이 책은 저작권법에 따라 보호를 받는 저작물이므로 무단 전재와 무단 복제를 금지하며,
  이 책 내용의 전부 또는 일부를 이용하려면 반드시 저작권자와 제이펍의 서면 동의를 받아야 합니다.
※ 잘못된 책은 구입하신 서점에서 바꾸어드립니다.

제이펍은 여러분의 아이디어와 원고를 기다리고 있습니다. 책으로 펴내고자 하는 아이디어나 원고가 있는 분께서는 책의 간단한 개요와 차례, 구성과 지은이/옮긴이 약력 등을 메일(submit@jpub.kr)로 보내주세요.

Troubleshooting Java
자바 잘 읽는 법

라우렌치우 스필커 지음 / 이일웅 옮김

Jpub
제이펍

차례

옮긴이 머리말 ——— x   감사의 글 ——— xvi
베타리더 후기 ——— xi   이 책에 대하여 ——— xviii
시작하며 ——— xiv   표지에 대하여 ——— xxi

PART I 트러블슈팅 기본 테크닉

CHAPTER 1 앱에서 모호한 부분 밝히기 3

1.1 앱을 더 쉽게 이해하는 방법 ——————————————— 4

1.2 일반적인 코드 조사 시나리오 ——————————————— 8

1.2.1 예상과 다른 아웃풋의 원인을 밝힌다 9

1.2.2 특정 기술을 습득한다 14

1.2.3 속도 저하 이유를 알아낸다 15

1.2.4 앱 크래시가 발생하는 이유를 이해한다 16

1.3 이 책에서 배울 내용 ——————————————————— 19

요약 ——— 20

CHAPTER 2 디버깅 기법으로 앱 로직 이해하기 21

2.1 코드 분석만으로는 불충분한 경우 ——————————— 23

2.2 디버거를 이용한 코드 조사 ——————————————— 26

2.2.1 실행 스택 트레이스란 무엇이고 어떻게 사용해야 할까? 31

2.2.2 디버거로 코드 탐색하기 36

2.3 디버거로도 충분하지 않다면 ——————————————— 43

요약 ——— 45

CHAPTER 3 **고급 디버깅 기법으로 문제의 근본 원인 찾기 47**

3.1 조건부 브레이크포인트로 조사 시간 최소화 ──────────── 48

3.2 실행을 중단시키지 않고도 브레이크포인트를 사용하는 방법 ── 52

3.3 조사 시나리오를 동적으로 변경하기 ──────────────── 55

3.4 조사 케이스를 되감기 ────────────────────── 58

요약 ──────── 64

CHAPTER 4 **원격 앱 디버깅 65**

4.1 원격 디버깅이란? ──────────────────────── 66

4.2 원격 환경에서 조사하기 ────────────────────── 69

4.2.1 시나리오 70

4.2.2 원격 환경의 문제 조사하기 71

요약 ──────── 81

CHAPTER 5 **로그를 활용하여 앱 동작 감시하기 83**

5.1 로그를 이용하여 조사하기 ───────────────────── 87

5.1.1 로그에 기록된 예외 식별 88

5.1.2 예외 스택 트레이스로 어디서 메서드를 호출했는지 식별 89

5.1.3 멀티스레드 아키텍처에서 커맨드의 실행 시간 측정 91

5.1.4 멀티스레드 아키텍처에서 커맨드 실행 문제 조사 92

5.2 로깅을 구현하는 방법 ────────────────────── 94

5.2.1 로그 메시지 저장 94

5.2.2 로깅 레벨을 정의하고 로깅 프레임워크를 사용하는 방법 95

5.2.3 로깅 때문에 발생하는 문제와 예방 조치 102

5.3 로그와 원격 디버깅 ─────────────────────── 107

요약 ──────── 108

PART II 트러블슈팅 고급 테크닉

CHAPTER 6 프로파일링 기법으로 리소스 사용 문제 파악하기 111

6.1 프로파일러는 어떤 경우에 유용할까? ————————————— 112
   6.1.1 비정상적인 리소스 사용량 식별 112
   6.1.2 실행되는 코드 찾기 113
   6.1.3 앱 실행 속도가 느려지는 원인을 파악 114
6.2 프로파일러 사용 방법 ———————————————————— 114
   6.2.1 VisualVM 설치 및 구성 115
   6.2.2 CPU와 메모리 사용량 관찰 117
   6.2.3 메모리 누수 현상 식별 127
                       요약 ————————— 132

CHAPTER 7 프로파일링 기법으로 숨겨진 이슈 찾기 133

7.1 샘플링으로 실행되는 코드 관찰 ——————————————— 134
7.2 프로파일링으로 메서드의 실행 횟수 파악 ——————————— 142
7.3 프로파일러로 앱이 실제로 실행하는 SQL 쿼리 파악 —————— 144
   7.3.1 프로파일러로 프레임워크에서 생성되지 않은 SQL 쿼리 식별 144
   7.3.2 프로파일러로 프레임워크에서 생성된 SQL 쿼리 식별 150
   7.3.3 프로파일러로 프로그램에서 생성된 SQL 쿼리 식별 153
                       요약 ————————— 157

CHAPTER 8 프로파일링한 데이터에 고급 시각화 도구 적용하기 159

8.1 JDBC 접속 문제 감지 ———————————————————— 160
8.2 호출 그래프를 보고 앱의 코드 설계 파악 ——————————— 173
8.3 플레임 그래프를 그려 성능 문제 밝히기 ——————————— 175
8.4 NoSQL DB에서의 쿼리 분석 ————————————————— 179
                       요약 ————————— 180

CHAPTER 9 멀티스레드 아키텍처의 락 문제 조사하기 183

9.1 스레드 락 모니터링 ————————————————————— 184
9.2 스레드 락 분석 ——————————————————————— 189
9.3 대기 중인 스레드 분석 ———————————————————— 198
                       요약 ————————— 205

CHAPTER 10 스레드 덤프로 데드락 문제 조사하기 207

　10.1 스레드 덤프 수집하기 ──────────────── 208
　　10.1.1 프로파일러로 스레드 덤프 수집 210
　　10.1.2 커맨드 라인에서 스레드 덤프 수집 212
　10.2 스레드 덤프를 읽는 방법 ──────────────── 215
　　10.2.1 일반 텍스트 스레드 덤프 216
　　10.2.2 도구를 활용하여 스레드 덤프 읽기 222
　　　　　　　　　　　　　　　　요약 ──────── 225

CHAPTER 11 앱 실행 중 메모리 관련 이슈 찾기 227

　11.1 샘플링과 프로파일링으로 메모리 이슈 진단 ──────── 228
　11.2 힙 덤프를 수집하여 메모리 누수가 발생하는 곳 찾기 ── 235
　　11.2.1 힙 덤프 수집 236
　　11.2.2 힙 덤프 읽는 방법 240
　　11.2.3 OQL 콘솔에서 힙 덤프 쿼리 245
　　　　　　　　　　　　　　　　요약 ──────── 251

PART III 대규모 시스템의 트러블슈팅

CHAPTER 12 대규모 시스템에 배포된 앱의 동작 조사하기 255

　12.1 서비스 간 통신 문제 조사 ──────────────── 256
　　12.1.1 HTTP 서버 프로브로 HTTP 요청 관찰 257
　　12.1.2 HTTP 클라이언트 프로브로 앱이 보낸 HTTP 요청 관찰 259
　　12.1.3 소켓의 로 레벨 이벤트 조사 261
　12.2 통합 로그 모니터링의 중요성 ──────────────── 263
　12.3 배포 도구를 조사에 활용하는 법 ──────────────── 270
　　12.3.1 결함 주입으로 재현하기 곤란한 문제를 비슷하게 모방 272
　　12.3.2 미러링 기법을 테스트 및 에러 감지에 활용 273
　　　　　　　　　　　　　　　　요약 ──────── 274

APPENDIX A 이 책에서 사용한 도구 275

APPENDIX B 프로젝트 열기 277

APPENDIX C 기타 참고 도서 279

APPENDIX D 자바 스레드 이해 281

D.1 스레드란 무엇인가? ——————————————————— 282
D.2 스레드의 수명 주기 ——————————————————— 284
D.3 스레드 동기화 ————————————————————— 286
　D.3.1 동기화 블록 286
　D.3.2 wait(), notify(), notifyAll() 사용 289
　D.3.3 스레드 조인 290
　D.3.4 정해진 시간 동안 스레드 차단 291
　D.3.5 스레드와 블로킹 객체 동기화하기 292
D.4 멀티스레드 아키텍처의 일반적인 문제 ———————————— 293
　D.4.1 경쟁 상태 293
　D.4.2 데드락 294
　D.4.3 리브락 295
　D.4.4 기아 296
D.5 추가 자료 ——————————————————————— 297

APPENDIX E 자바 메모리 관리 체계 299

E.1 JVM이 앱의 메모리를 구성하는 방법 ——————————— 300
E.2 스레드가 로컬 데이터를 저장하는 데 사용하는 스택 ————— 302
E.3 앱이 객체 인스턴스를 저장하는 데 사용하는 힙 ————————— 308
E.4 데이터 유형을 저장하기 위한 메타스페이스 메모리 위치 ————— 311

찾아보기 ——————— 313

옮긴이 머리말

대규모 SI 프로젝트에 참여하여 개발자들과 함께 일을 하다 보면 처음에는 아키텍트가 제시한 개발 가이드의 내용에 따라 열정적으로 코딩을 시작한 사람들도 프로그램 실행 결과 예외가 발생하거나, 정상적으로 실행되던 애플리케이션이 갑자기 확 느려지는 등 이상 현상을 보이면 당황하여 무작정 도움을 요청하는 경우가 흔하다. 이는 자바, 자바스크립트, 파이썬 등의 프로그래밍 언어 문법 및 IDE 사용법에만 능숙할 뿐, 개발자로서 마땅히 갖추어야 할 기초적인 디버깅 기법에 관해서 따로 배운 적이 없거나 스스로 학습을 게을리한 결과라고 할 수 있다.

사실, 디버깅은 개발자 본인의 시간을 엄청나게 절약하고 일정에 여유를 선사하는, 현실적인 관점에서 보자면 프로그래밍 지식 자체보다도 더 중요한 테크닉이 아닐까 싶다. 또한 프로그래밍 언어가 작동되는 배후의 근본 원리를 들여다보고 이해할 수 있는 기회를 제공하기에, 개발자 이전에 한 사람의 엔지니어로서 감각을 익히고 소양을 쌓는 중요한 과정이라고 본다. 문제를 조사하고, 측정하고, 원인을 찾고, 해결 방안을 강구하는 능력은 IT뿐만 아니라 모든 분야의 엔지니어에게 기본적으로 요구되는 필수 조건이기 때문이다.

이 책은 자바 개발자가 현장에서 펼쳐놓고 바로 활용이 가능한, 매우 실제적인 자바 트러블슈팅 테크닉을 지루하지 않게 핵심만 잘 추려 담아냈다. 독자 여러분이 종사하는 업무 분야마다 더 좋은 방법과 요령이 있을 수도 있지만, 저자가 예제와 함께 친절하게 소개한 내용을 바탕으로 자신의 업무 시간을 더 줄여주는 효과적인 테크닉을 스스로 발견하길 바란다(시간이 없는 독자는 우선 1부만 읽어도 좋다). 현직 소프트웨어 아키텍트로 근무하는 역자로서 퇴근 후 졸린 눈을 비벼가며 번역한 이 책이 누군가에게 유용한 실무서로 쓰이거나 그간 몰랐던 기술에 새롭게 눈을 뜨게 되는 계기가 되었으면 좋겠다.

이일웅

김진영

개발을 막 시작한 초급 개발자라면 1부를 학습하는 것만으로도 충분한 가치가 있다고 생각되는 책입니다. 막연히 어렵게만 느꼈던 스레드 덤프와 힙 덤프와 관련하여 상세하게 설명해주는 부분이 좋았습니다. 다만 책의 저자도 언급한 것처럼 MSA 구조가 다수 사용되는 만큼, Pinpoint 같은 툴의 소개가 간략히라도 있었으면 더 좋았을 것 같습니다. 또한 부록이 매우 충실한 점도 인상적이었습니다.

박수빈(엔씨소프트)

자바 개발자로 일하면서 많은 문제를 만나게 되지만, 각자 자신만의 정해진 방법 안에서 해결하는 것이 대부분입니다. 특히 성능에 문제가 발생했을 경우에는 해결책을 알지 못해 포기하는 경우가 있을 텐데, 이 책이 큰 도움이 될 것 같습니다. 실전에서 유용하게 사용될 다양한 방법을 제시하고 있기 때문입니다. 책 번역 상태가 상당히 우수했지만, 책 내용이 고급 수준이라 읽는 데 어려움을 느끼는 부분도 일부 있었습니다.

신진욱(네이버)

이 책은 기본적으로 알아야 하면서도 어려운 주제인 디버깅에 대한 내용을 다룹니다. CPU, 메모리, DB 커넥션, 프로파일링 등 각 시나리오별 디버깅 예제를 제공함으로써 보다 쉽게 디버깅을 설명해주는 책입니다. 디버깅이 어려운 분들께 추천드리고 싶은 책입니다. 전반적으로 그림이 많고 내용이 좋으며 설명 또한 잘되어 있어서 읽는 게 재미있는 책이었습니다.

양성모(현대오토에버)

저자의 말처럼 우리는 커리어의 어느 시점에 결국은 누군가의 지저분한 코드들을 맞닥뜨리게 됩니다. 그 공포스러운 상황에서 문제의 원인을 찾을 방법을 전혀 알지 못한다면 특히나 아찔할 것입니다. 책에 나온 방법들만으로 모든 문제를 쉽게 해결할 수는 없겠지만, 트러블슈팅을 배우는 좋은 출발점이 될 수 있는 책이라 생각합니다. 번역이 매끄럽고 내용도 좋았습니다.

윤수혁(코나아이)

내용이 전반적으로 도움이 되는 부분이 많습니다. 효율적인 디버깅 방법을 알 수 있었고, 궁금했던 프로파일링에 대해 알 수 있어 유익했습니다. 문장이 구어체처럼 읽히며 그림도 만화 이미지를 자주 활용했는데, 책 내용의 딱딱함을 완화하려 한 시도 같습니다. 책에서 소개해주는 방법들이 대부분 유익했고, 특히 전반보다 후반부 내용이 말하고자 하는 바가 명확하여 좋았습니다.

이기하(오픈플랫폼개발자커뮤니티)

자바로 개발해본 사람으로서 오류 및 성능에 대한 이슈가 발생하면 어디부터 봐야 할지 항상 막막했습니다. 어느 정도 개발이 익숙해지자 디버깅 정도로 만족하면서 개발하곤 했습니다. 프로파일링이라는 것이 있다는 것은 알았지만 어떻게 사용하는지 몰랐는데 이 책을 접하고 좋은 경험을 하게 된 듯합니다. 책 제목처럼 자바를 잘 읽는 법을 터득해서 개발이 더 즐거워질 듯합니다. 전체적으로 번역이 잘되어 있고, 그림과 글의 비율, 챕터의 양 등 책 자체의 구성도 좋았습니다.

이석곤(아이알컴퍼니)

베타리딩을 통해 자바 프로그래밍 능력과 디버깅 기술이 크게 향상해 다양한 자바 코드와 문제 상황을 직접적으로 경험하고 해결해나갈 자신이 생겼습니다. 이 책은 실제 업무 상황에서 마주할 수 있는 다양한 문제 상황을 제시하는 것으로 구성되어 있습니다. 이를 통해 실전에서 발생할 수 있는 다양한 문제들을 간접적으로 경험하고, 자바 프로그래밍 문제 해결 능력, 협업 및 소통 능력, 전문성을 향상시킬 수 있었던 값진 경험이었습니다.

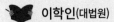 **이학인**(대법원)

자바 애플리케이션 개발자와 운영자들에게 촛불과 같은 역할을 하는 책입니다. '어둠을 저주하는 것보다 촛불을 밝히는 게 낫다'는 말이 있듯, 기술적인 어려움이나 문제 상황에 직면했을 때, 절망하거나 비난하는 대신 해결책을 찾으며 긍정적인 태도를 유지하는 것이 중요합니다. 바로 이 책이, 어려운 상황에서도 포기하지 않고 문제를 해결하기 위한 지식과 통찰력을 제공합니다. 개인적으로 너무 유익했고 좋은 책이라고 생각합니다. 엔터프라이즈 환경에서의 자바 스킬을 점프업할 수 있는 필독서입니다. 적극 추천합니다.

시작하며 _____

소프트웨어 개발자(software developer)는 실제로 어떤 일을 할까? 이 질문에 대한 가장 일반적인 대답은 '소프트웨어를 구현하는 일'이지만, 이게 대체 무엇을 의미하는 것일까? 단순 코딩 작업을 의미하는 걸까? 아니다. 소프트웨어 개발자가 하는 모든 일의 결과물이 코드인 것은 맞지만, 코딩은 그들의 업무 시간 중 극히 일부에 지나지 않는다. 소프트웨어 개발자는 대부분의 시간을 솔루션을 설계하고, 기존 코드를 분석하고, 실행 로직을 파악하고, 새로운 기술을 습득하는 데 할애한다. 작성된 코드는 그들이 이 모든 과정을 성공적으로 마친 결과다. 따라서 실제로 개발자는 새로운 기능을 효율적으로 작성하는 일보다는 기존 솔루션을 이해하는 데 대부분의 시간을 소비한다.

클린 코딩(clean coding) 역시 개발자가 읽기 쉬운 솔루션을 작성하는 방법이라는 점에서 궁극적인 목적은 같다. 개발자는 나중에 이해하려고 시간을 소비하느니 처음부터 읽기 쉬운 솔루션을 작성하는 것이 더 효율적이라는 점을 알고 있지만, 사실 모든 솔루션이 누구나 금세 이해할 만큼 깔끔하지 않다는 현실은 인정하지 않을 수 없다. 이 분야에서 일을 하다 보면 언제나 외부 기능의 실행 로직을 이해해야 하는 시나리오에 반드시 맞닥뜨리게 된다.

현실적으로 소프트웨어 개발자는 앱의 작동 로직을 조사하는 데 많은 시간을 할애한다. 앱의 코드베이스 및 그와 연관된 디펜던시(dependency, 의존성)에서 코드를 읽고 살펴보며 정해진 대로 작동되지 않는 이유를 찾아낸다. 어떤 디펜던시를 더 확실히 이해하거나 기술을 파악하기 위해서 코드를 읽기도 한다. 하지만 대부분 코드를 읽어보는 것만으로는 충분하지 않으며, 앱이 무슨 일을 하는지 알아내려면 다른(때로는 더 복잡한) 방법을 찾아야 한다. 환경이 자바 앱이 실행되는 JVM 인스턴스 또는 앱 자체에 어떤 영향을 미치는지 파악하기 위해 프로파일링, 디버깅, 로그 조사 기법을 총동원해야 할 수도 있다. 앞에 놓인 선택지가 무엇인지, 그리고 그중에서 최적의 선택지를 고를 줄 안다면 시간을 절약할 수 있다.

이 책은 소프트웨어 개발자가 문제를 조사하는 방식을 최적화하는 데 도움을 주기 위해 기획했다. 다양한 예제와 함께 실무에 바로 적용 가능한 조사 기법을 소개한다. 디버깅, 프로파일링, 로그 사용, 그리고 이러한 여러 기법을 효과적으로 조합하는 방법을 설명한다. 어려운 문제도 척척 재빠르게 해결할 수 있도록 도움이 될 만한 팁과 요령도 아낌없이 수록했다.

이 책을 항상 곁에 두고 문제의 근본 원인을 신속하게 해결함으로써 한 단계 더 효율적으로 업그레이드된 개발자가 되길 바란다.

라우렌치우 스필커

감사의 글 ─────────────────────────────

집필 과정 내내 똑똑하고 친절하며 프로페셔널한 많은 분들의 도움이 없었다면 이 책은 탄생하지 못했을 것이다.

항상 곁에서 소중한 의견을 전해주고 늘 지지와 격려를 아끼지 않은, 나의 아내 다니엘라(Daniela)에게 감사를 표한다. 또 목차 시안과 기획서를 작성할 때 조언을 해준 동료와 친구들에게도 특별히 감사를 전한다.

이 귀중한 리소스를 제작하는 데 든든한 버팀목이 되어준 매닝 출판사 편집팀 모두에게 감사의 말씀을 전하고 싶다. 특히, 마리나 마이클스(Marina Michaels), 닉 와츠(Nick Watts), 장-프랑수아 모랭(Jean-François Morin)에게 고맙다. 이분들의 조언은 내게 정말 큰 도움이 되었다. 프로젝트 관리자 디어드리 히암(Deirdre Hiam), 카피라이터 미셸 미첼(Michele Mitchell), 교정자 케이티 테넌트(Katie Tennant)에게도 감사의 말을 전한다.

이 책의 삽화를 그려준 친구 이오아나 괴츠(Ioana Göz)에게도 감사를 전한다. 그녀는 책 곳곳에서 나의 생각을 재미난 만화로 만들어주었다.

끝으로, 원고를 검토하고 책 내용을 개선하는 데 유용한 피드백을 주신 모든 분께 감사의 말을 전한다. 특히 매닝의 다음 리뷰어들에게 감사하고 싶다. Alex Gout, Alex Zuroff, Amrah Umudlu, Anand Natarajan, Andres Damian Sacco, Andriy Stosyk, Anindya Bandopadhyay, Atul Shriniwas Khot, Becky Huett, Bonnie Malec, Brent Honadel, Carl Hope, Cătălin Matei, Christopher Kardell, Cicero Zandona, Cosimo Damiano Prete, Daniel R. Carl, Deshuang Tang, Fernando Bernardino, Gabor Hajba, Gaurav Tuli, Giampiero Granatella, Giorgi Tsiklauri, Govinda Sambamurthy, Halil Karaköse, Hugo Figueiredo, Jacopo Biscella, James R.

Woodruff, Jason Lee, Javid Asgarov, Jean-Baptiste Bang Nteme, Jeroen van Wilgenburg, Joel Caplin, Jürg Marti, Krzysztof Kamyczek, Latif Benzzine, Leonardo Gomes da Silva, Manoj Reddy, Marcus Geselle, Matt Deimel, Matt Welke, Michael Kolesidis, Michael Wall, Michal Owsiak, Oliver Korten, Olubunmi Ogunsan, Paolo Brunasti, Peter Szabós, Prabhuti Prakash, Rajesh Balamohan, Rajesh Mohanan, Raveesh Sharma, Ruben Gonzalez-Rubio, Aboudou SamadouSare, Simeon Leyzerzon, Simone Cafiero, SravanthiReddy, Sveta Natu, Tan Wee, Tanuj Shroff, Travis Nelson, Yakov Boglev, and Yuri Klayman. 그리고 내게 조언을 준 다음 친구들에게도. Maria Chițu, Adrian Buturugă, Mircea Vacariuc, Cătălin Matei.

이 책에 대하여 _____

대상 독자

나는 이 책의 독자를 JVM 언어를 사용하는 개발자라고 가정하겠다. 대부분 자바 개발자이겠지만, 코틀린(Kotlin)이나 스칼라(Scala)를 주로 사용할 수도 있다. 어떤 언어를 사용하든 이 책에 수록된 내용은 여러분에게 대단히 유용할 것이다. 이 책은 문제의 근원(예: 버그)을 찾아내는 다양한 조사 기법과 새로운 기술을 쉽게 학습할 수 있도록 안내한다. 우리는 소프트웨어 개발자로서 앱의 기능을 파악하는 데 얼마나 많은 시간을 소비하는지 잘 알고 있다. 여느 개발자처럼 정작 코드 작성보다 남의 코드를 읽거나 디버깅하고 로그를 뒤적이는 데 더 많은 시간을 할애하고 있을 것이다. 상황이 이렇다면 여러분이 출근해서 가장 오랫동안 하는 일의 효율을 높여보는 것은 어떨까?

이 책에서는 다양한 예제를 통해 다음 주제를 논의하고자 한다.

- 기본/고급 디버깅 기법
- 로그를 효과적으로 활용하여 앱 동작 파악하기
- CPU 및 메모리 리소스 소비량 프로파일링
- 프로파일링을 이용하여 실행 코드를 찾기
- 프로파일링으로 앱이 데이터를 저장하는 로직 이해
- 앱 간의 상호 통신 방식 분석
- 시스템 이벤트 모니터링

이 책은 여러분의 경험과 상관없이 새로운 조사 기법을 배우는 데 도움이 될 것이다. 또 이미 숙련된 개발자에게도 훌륭한 복습서가 될 것이다.

물론, 이 책을 읽으려면 기본적으로 자바 언어를 알고 있어야 한다. 모든 예제는 (JVM 기반의 언어라면 모두 적용 가능하지만) 일관성을 기하고자 자바로만 코딩했다. 자바의 기본기(클래스, 메서드, 루프, 변수 선언문 등)를 갖춘 독자라면 이 책의 내용을 이해하는 데 어려움이 없을 것이다.

책의 구성

이 책은 3부, 12개 장으로 구성된다. 1부에서는 기본적인 디버깅 기법과 고급 디버깅 기법, 그리고 다양한 시나리오를 조사할 때 시간을 절약하게 해주는 흥미로운 기법을 소개하고 실제로 사용하는 방법을 예제를 통해 설명한다. 디버깅 이야기로 시작하는 까닭은 일반적으로 개발 단계에서 앱의 어떤 기능이 어떻게 작동하는지 조사하는 첫 번째 단계가 바로 디버깅이기 때문이다. 어떤 이는 프로덕션 이슈를 조사하는 데 로그부터 봐야 하는 것 아니냐고 따질 수 있지만, 개발자가 기능을 구현하기 시작할 때부터 사용하는 도구가 디버거이므로 디버깅 기술부터 이야기하는 것이 순서라고 생각했다.

1장에서는 이 책에서 설명할 조사 기법을 개괄하고 앞으로 학습 계획을 세운다. 2~4장에서는 디버깅을 중심으로, 간단히 브레이크포인트를 찍는 것부터 원격 환경에 있는 앱을 디버깅하는 기술까지 설명한다. 5장에서 로깅을 살펴보는 것으로 1부를 마무리한다. 디버깅과 로그는 앱을 구축하는 동안 가장 간단하면서도 가장 자주 쓰이는 조사 기법이다.

2부에서는 프로파일링 기법을 본격적으로 살펴본다. 프로파일링은 예전보다 덜 쓰이는 추세지만, 디버깅이나 로그보다는 분명 고급 기술이다. 요즘 앱에서 필수라고 여겨지는 프레임워크 등에서 발생한 문제를 조사할 때 프로파일링이 얼마나 유용한지 확실하게 제시하고자 한다.

6장에서는 앱이 CPU와 메모리 리소스를 제대로 관리하지 못하는 부분을 찾아내는 방법을 설명한다. 7장에서는 이 주제를 좀 더 깊이 있게 알아본 다음, 레이턴시(latency, 지연)를 일으키는 코드가 무엇인지, 특정 시점에 어떤 코드가 실행되는지 찾는 방법을 살펴본다. 6, 7장에서는 무료 도구인 VisualVM을 사용하다가, 8장부터는 이보다 조금 더 나은 상용 도구인 JProfiler를 사용할 것이다.

9, 10장에서는 좀 더 기묘한 프로파일링 기법을 살펴본다. 멀티스레드 아키텍처에서 앱 실행 이면에 깊숙이 감춰진 문제를 다룰 때 시간을 절약해줄 기술을 배우게 된다. 2부의 마지막 장인 11장에서는 앱의 메모리 관리를 어떻게 조사하는지 이야기한다.

마지막 3부는 12장 단일 장으로, 단일 앱이 아닌 여러 앱으로 이루어진 광범위한 시스템에서 문제를 조사하는 방법을 설명한다.

이 책은 가급적 순서대로 읽기를 권장하지만, 각 장마다 다루는 주제가 다르므로 관심 있는 주제가 있는 장부터 읽어도 좋다. 예를 들어, 메모리 관리 문제가 급한 독자는 11장으로 바로 이동해도 된다.

소스 코드

책의 예제 코드 전체는 매닝 사이트에서 다운로드할 수 있다.

- https://www.manning.com/downloads/2464

책 표지에 실린 그림은 <Homme de l'Istrie(이스트라 출신의 남자)>라는 제목이 붙어 있다. 이 삽화는 1797년 출간된 자크 그라세 드 생소뵈르(Jacques Grasset de Saint-Sauveur)의 화집에서 가져온 것이다. 책의 모든 그림을 손으로 정교하게 그리고 채색했다.

당시 사람들은, 어디에 살고 있으며, 무엇을 사고파는지, 어떤 계층에 속하는지를 단지 옷차림만으로도 쉽게 확인할 수 있었다. 매닝 출판사는 몇 세기 전 여러 지역의 다채로운 생활상을 보여주는 이러한 그림을 표지에 실어 IT 업계의 독창성과 진취성을 기리고자 한다.

트러블슈팅 기본 테크닉

소프트웨어 개발자는 실무에서 앱을 개발할 때 코드가 어떻게 작동되는지 살펴보는 일이 흔하다. 문제를 해결하거나 새로운 기능을 구현하려면 앱의 작동 원리를 정확히 이해할 필요가 있다. 그래서 디버깅, 로깅, 프로파일링 등 다양한 방법으로 조사하는데, 이것이 앞으로 이 책에서 자세히 다룰 주제다.

1부에서는 개발자가 가장 먼저 접하게 되는 디버깅과 로깅 기법부터 설명하겠다. 앱 개발에서 디버깅은 필수다. 아무리 작은 코드라도 작동 방식을 정확히 파악하려면 디버거로 실행을 잠깐 멈춰가며 데이터가 어떻게 처리되는지 뜯어봐야 한다. 또 로그를 보면 어떤 코드가 특정 환경에서 실행하면 문제가 될지 소중한 힌트를 얻을 수 있다.

1장은 조사 기법을 왜 잘 알아두어야 하는지 이야기하고, 이 책의 나머지 부분에서 설명할 다양한 기법에 관한 큰 그림을 그린다. 그런 다음 각각의 기법을 개발자에게 많이 드러난 순서대로 하나씩 설명한다. 2~4장은 디버깅에 대해 설명하고, 5장은 코드 구현과 관련된 필수 세부 정보와 로그를 이용해 조사하는 방법을 소개한다.

PART I

The basics of
investigating a codebase

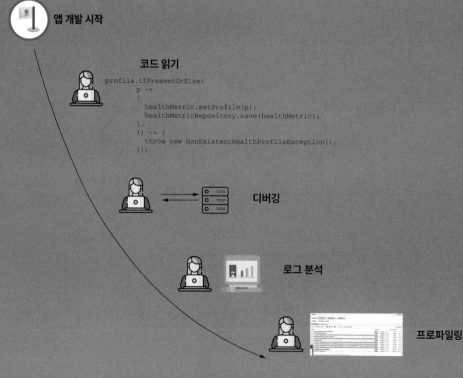

앱에서 모호한 부분 밝히기

이 장의 주요 내용

- 코드 조사 기법
- 자바 앱을 이해하기 위한 코드 조사 기법

소프트웨어 개발자는 다양한 업무를 맡은 사람들이다. 그중 대부분은 개발자 자신이 만지작거리는 코드를 어떻게 이해할 것인가, 하는 문제와 밀접하게 연관되어 있다. 그들은 문제를 해결하고, 새로운 기능을 구현하고, 새로운 기술을 터득하고자 상당한 시간을 코드 분석에 할애한다. 누구에게나 시간은 소중하므로 개발자는 생산성을 높이기 위해 효율적인 조사 기법을 연마할 필요가 있다. 이렇듯 코드를 효율적으로 이해하는 방법이 이 책의 중심 주제다.

NOTE 일반적으로 소프트웨어 개발자는 새로운 기능을 구현하거나 에러를 조치하기 위해 코딩하는 것보다 소프트웨어의 작동 방식을 이해하는 데 더 많은 시간을 쓴다.

소프트웨어 개발자는 보통 갖가지 조사 기법을 **디버깅**이라고 뭉뚱그려 표현하지만, 디버거는 코드로 구현한 로직을 조사하는 여러 도구 중 하나에 불과하다. 디버깅은 원래 '문제를 찾고 해결하는 것'이라는 뜻이지만, 개발자는 코드의 작동 방식을 분석하는 다양한 목적으로 디버깅을 수행한다.

- 새로운 프레임워크 배우기
- 문제의 근본 원인 찾기
- 기존 로직을 이해하여 새로운 기능으로 확장하기

1.1 앱을 더 쉽게 이해하는 방법

먼저 코드 조사란 무엇이고 개발자는 이 일을 어떻게 수행하는지 이해하는 것이 중요하다. 다음 절에서는 이 책에서 배우게 될 기술을 적용 가능한 전형적인 시나리오를 몇 가지 예로 들어보겠다.

필자는 **코드 조사**를 소프트웨어 기능의 특정한 동작을 분석하는 프로세스라고 정의한다. '너무 일반화한 정의 아닌가?', '그렇다면 조사를 하는 목적은 무엇일까?' 하는 의문이 들 수도 있다. 역사적으로 소프트웨어 개발 초창기에 코드를 살펴보는 주 목적은 소프트웨어의 에러(**버그**)를 찾아 고치는 것이었다. 그래서 아직까지도 개발자 대부분이 **디버깅**이라는 말을 사용한다. 그렇다면 **디버그**라는 용어는 어떻게 만들어졌을까?

디버그(de-bug) = 버그(벌레)를 집어내다, 에러를 제거하다

앱을 디버깅해서 에러 원인을 찾아 수정하는 일은 지금이라고 크게 다르진 않지만, 호랑이 담배 피우던 시절에 비하면 요즘 앱은 엄청나게 복잡하다. 또 어떤 기술이나 라이브러리의 사용법을 익히기 위해 특정 소프트웨어가 어떻게 작동되는지 조사하는 경우도 많다. 이제 디버깅은 어떤 문제를 콕 집어 조사하는 것뿐만 아니라, 코드가 어떻게 작동하는지 정확하게 이해하는 행위라고 말할 수 있다(그림 1.1).[1]

 문제점 발견   소프트웨어 이해   기술 습득

그림 1.1 코드 조사는 소프트웨어의 문제를 찾아내는 것뿐만 아니라,
구조가 복잡한 요즘 앱의 작동 방식을 이해하거나 새로운 기술을 배우기 위한 목적도 있다.

---

[1] http://mng.bz/M012

그렇다면 앱의 코드를 분석하는 이유는 뭘까?

- 어떤 문제를 찾아낸다.
- 어떤 소프트웨어의 기능이 어떻게 작동되는지 알아야 개선할 수 있다.
- 어떤 기술 또는 라이브러리를 학습한다.

코드의 작동 방식을 탐구하는 것은 재미가 있어서 많은 개발자가 좋아한다. 물론, 가끔 좌절감에 휩싸일 때도 있지만 오랜 시간을 들여 문제의 근본 원인을 밝혀내거나, 작동 원리를 완전히 이해하게 될 때의 희열은 다른 어느 것과도 바꿀 수 없다(그림 1.2).

그림 1.2 코드 조사에 많은 육체노동이 필요한 것은 아니지만, 디버깅을 할 때면 마치 라라 크로프트나 인디아나 존스가 된 듯한 기분이 든다. 실제로 소프트웨어 문제라는 퍼즐을 맞추는 재미에 푹 빠진 개발자들이 많다.

소프트웨어의 작동 방식을 조사하는 기법은 다양하다. 이 장 뒷부분에서 설명하겠지만, 개발자(특히 초심자)는 디버거 도구를 사용하는 일과 디버깅을 동일시하는 착각을 많이 하는 편이다. 디버거는 개발자가 원하는 커맨드에서 실행을 잠깐씩 멈춰가며 단계별로 코드를 실행함으로써 소스 코드를 더 쉽게 읽고 이해할 수 있게 도와주는 소프트웨어 프로그램이다. 디버거가 소프트웨어 동작을 조사하는 일반적인 수단(또 개발자가 제일 처음에 배우는 방법)이긴 하지만, 디버깅 기법이 이것만 있는 것은 아니고 또 모든 시나리오에서 이렇게 하는 게 유용한 것도 아니다(디버거의 기본적인 사용법과 고급 기법은 2, 3장에서 설명한다). 이 책 전체를 통틀어 배우게 될 다양한 조사 기법은 그림 1.3과 같다.

개발자는 버그를 조치할 때 소프트웨어의 기능을 이해하느라 많은 시간을 쏟는다. 이때 작업한 내용이라고 해봐야 결국 조건 누락, 커맨드 누락, 연산자 오용 등 코드 한 라인의 문제로 축약되는 경우도 많다. 본인의 시간을 코드 작성이 아니라 앱의 작동 방식을 이해하는 데 대부분 바치고 있는 셈이다.

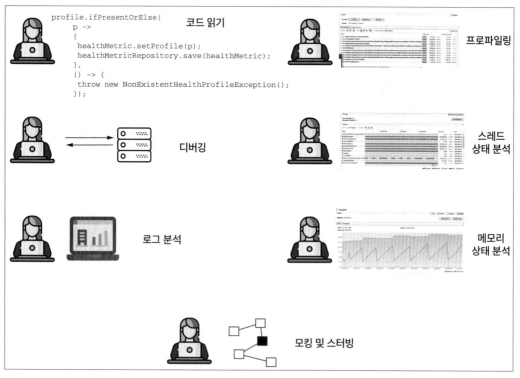

그림 1.3 다양한 코드 조사 기법. 경우에 따라 이들 중 하나 이상을 택하여 소프트웨어 작동 방식을 이해한다.

대충 읽기만 해도 바로 이해가 되는 코드도 있지만, 사실 코드를 읽는 것과 책을 읽는 것은 근본적으로 다르다. 참고로 말하자면 코드는 위에서 아래로, 논리적인 순서로 짤막한 단락을 읽어 내려가는 게 아니다. 한 메서드에서 다른 메서드로, 한 파일에서 다른 파일로 수시로 왔다 갔다 해야 한다. 마치 거대한 미로에서 길을 잃고 헤매는 것과 비슷하다.[2]

대부분의 소스 코드는 읽기가 쉽지 않게 작성되어 있다. 우리는 모름지기 프로그램 코드라면 당연히 그래야 한다고 치부해버린다. 필자 역시 동의한다. 오늘날 우리는 코드 디자인에 관한 수많은 패턴과 원칙, 코드 스멜(code smell, 코드 냄새)[3]을 없애는 갖가지 다양한 방법들을 배우지만, 솔직히 말해서 이런 원칙을 제대로 지키는 개발자가 얼마나 될까? 가뜩이나 레거시 앱은 이러한 원칙이, 그런 원칙이 존재하지도 않았던 시절부터 구현되었다는 이유로 처음부터 배제된 경우가 많다. 하지만 어쨌거나 우리는 그런 코드까지도 조사를 할 수 있어야 한다.

예제 1.1을 보자. 개발 중인 앱에서 문제가 발생하여 원인 파악을 하다가 눈에 띄는 코드 조각을 발견했다고 해보자. 누가 봐도 리팩터링이 필요한 코드다. 하지만 코드 리팩터링을 하기 전에 이 코드가 하는 일을 이해해야 한다. 읽자마자 무슨 일을 하는 코드인지 알아채는 개발자도 있겠지만, 필자는 그런 개발자가 아니다.

필자는 예제 1.1 로직을 쉽게 이해하기 위해 **디버거**(debugger, 어떤 라인에서 실행을 잠깐 멈추고 데이터가 어떻게 변하는지 관찰하면서 각 커맨드를 수동으로 실행하는 도구)를 사용하여 어떤 인풋(input, 입력)이 주어지면 어떤 식으로 처리되는지 라인별로 관찰한다(자세한 내용은 2장에서 다시 살펴보기로 한다). 약간의 경험과 요령으로 이 코드를 몇 차례 분석해보면 주어진 인풋값 중 최댓값을 계산하는 코드임을 알 수 있다.

예제 1.1 디버거가 없으면 안 될 정도로 읽기 어려운 코드　　File da-ch1-ex1/src/main/java/main/Main.java

```java
public int m(int f, int g) {
  try {
    int[] far = new int[f];
    far[g] = 1;
    return f;
  } catch(NegativeArraySizeException e) {
    f = -f;
    g = -g;
```

2　《프로그래머의 뇌》(제이펍, 2022년) 참고

3　[옮긴이] 컴퓨터 프로그래밍 코드에서 더 심오한 문제를 일으킬 가능성이 있는 프로그램 소스 코드의 특징(출처: 위키백과)

```
    return (-m(f, g) == -f) ? -g : -f;
  } catch(IndexOutOfBoundsException e) {
    return (m(g, 0) == 0) ? f : g;
  }
}
```

이보다 읽고 분석하기가 훨씬 더 어려운 코드도 있다. 요즘 앱은 대부분 라이브러리나 프레임워크 같은 디펜던시를 갖고 있어서 소스 코드를 봐도 (특히, 오픈 소스 디펜던시를 사용할 경우) 프레임워크의 로직을 정의한 코드까지 따라가기가 어렵다. 대체 어디서부터 시작할지 알 수 없는 경우도 있다. 이럴 때 앱을 이해하려면 다양한 기법을 동원해야 하는데, 가령 프로파일러(6~9장)를 이용하면 어떤 코드가 실행되는지 식별함으로써 조사의 출발점을 결정할 수 있다.

간혹 앱을 실행할 기회조차 없는 경우도 있고, 앱 크래시(app crash)[4]가 일어난 원인을 조사해야 할 때도 있다. 특히, 프로덕션(production) 환경[5]에서 앱이 문제를 일으켜 중단됐다면 최대한 신속하게 서비스를 복구해야 한다. 세부 정보를 수집해 원인을 파악하고 향후 동일한 문제가 재발되지 않도록 앱을 개선하려는 노력이 필요하다. 이렇게 앱 크래시 직후에 수집한 데이터를 살펴보는 것을 **사후 조사**(postmortem investigation)라고 한다. 사후 조사는 로그, 힙 덤프, 스레드 덤프 등의 트러블슈팅(troubleshooting) 도구를 사용하여 수행한다(10, 11장).

1.2 일반적인 코드 조사 시나리오

코드 조사를 수행하는 몇 가지 전형적인 시나리오를 소개하겠다. 이 책에서 다루는 주제의 중요성을 부각시키고자 실제 앱에서 흔한 사례를 몇 가지 들어본다.

- 어떤 코드나 소프트웨어 기능이 왜 예상했던 것과 다른 결과를 내는지 이해한다.
- 디펜던시로 사용하는 기술이 어떻게 작동되는지 이해한다.
- 앱 속도 저하 같은 성능 이슈가 불거진 원인을 파악한다.
- 앱이 갑자기 중단된 원인을 찾아낸다.

위와 같이 나열한 각 사례마다 유용한 조사 기법이 하나 이상 등장할 것이다. 좀 더 깊이 있는 내

---

4 [옮긴이] 앱이 갑자기 중단되거나 비정상 종료되는 현상
5 [옮긴이] 실제 고객에게 서비스하기 위한 운영 환경

용은 뒤에서 예제를 들어 다시 자세히 설명하겠다.

1.2.1 예상과 다른 아웃풋의 원인을 밝힌다

어떤 로직의 아웃풋이 예상과 다르게 나올 때가 있다. 코드를 분석해야 하는 가장 흔한 케이스지만, 간단해 보여도 의외로 쉽사리 해결되지 않는 경우가 많다.

아웃풋이란 무엇일까? 앱에 따라 다양하게 정의할 수 있는데, 콘솔에 표시되는 텍스트일 수도 있고 DB에서 변경된 레코드일 수도 있다. 앱이 다른 시스템으로 보내는 HTTP 요청이나 클라이언트의 요청에 대한 HTTP 응답이 아웃풋인 경우도 있다.

DEFINITION **아웃풋**(output)이란, 데이터를 변경하거나 정보를 주고받는 코드 로직의 실행 결과, 또는 다른 컴포넌트나 시스템을 상대로 한 액션(action)이다.

앱의 어떤 로직을 실행한 결과가 예상과 다른 경우 어떻게 조사를 착수해야 할까? 예상 아웃풋에 따라 적절한 기법을 선택하면 된다. 몇 가지 예를 들어보자.

시나리오 1: 단순 케이스

DB에 레코드를 삽입하는 앱이 있다고 하자. 실행 결과 이 앱은 레코드의 일부만 추가했다. 이 앱이 생성한 레코드가 DB에 더 많이 있어야 하는데(예상 아웃풋) 실제로는 더 적은 레코드가 DB에 삽입된 것(실제 아웃풋)이다.

그림 1.4처럼 디버거 도구를 이용해 코드 실행을 따라가보는 것이 가장 간단한 분석 방법이다(디버거의 주요 기능은 2-3장에서 다룬다). 디버거가 주어진 코드 라인에서 앱 실행을 멈추도록 브레이크 포인트(breakpoint, 중단점)를 추가하고, 그 이후에는 수동으로 실행을 재개할 수 있다. 커맨드를 하나씩 실행하며 변숫값이 어떻게 변하는지 확인할 수 있고 표현식을 바로 평가해볼 수도 있다.

이 시나리오는 가장 간단하다. 문제 해결에 필요한 디버거 사용법만 제대로 숙지하면 금세 해결책을 찾을 수 있다. 그러나 실제로 디버거만으로는 퍼즐 조각을 맞춰가며 문제의 원인을 발견하기 어려운, 더 복잡한 경우가 많다.

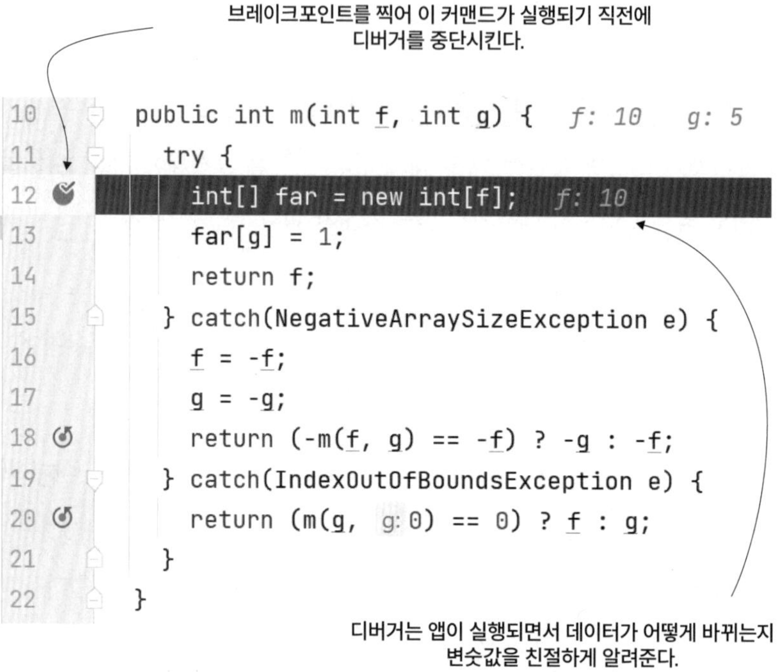

```
10      public int m(int f, int g) {   f: 10    g: 5
11        try {
12          int[] far = new int[f];    f: 10
13          far[g] = 1;
14          return f;
15        } catch(NegativeArraySizeException e) {
16          f = -f;
17          g = -g;
18          return (-m(f, g) == -f) ? -g : -f;
19        } catch(IndexOutOfBoundsException e) {
20          return (m(g,  g:0) == 0) ? f : g;
21        }
22      }
```

디버거는 앱이 실행되면서 데이터가 어떻게 바뀌는지
변숫값을 친절하게 알려준다.

그림 1.4 디버거를 사용하면 커맨드가 실행되기 전에 잠깐 멈춘 뒤, 그다음 커맨드를 하나씩 수동으로 실행해보면서 앱 로직상 데이터가 어떻게 바뀌는지 확인할 수 있다.

TIP 대부분의 경우 어떤 한 가지 조사 기법만으로는 앱 동작을 이해하기에 불충분하다. 복잡한 동작을 빠르게 이해하려면 다양한 방법으로 접근할 필요가 있다.

시나리오 2 : 어디서부터 디버깅을 시작해야 할까?

때로는 어느 부분을 디버깅해야 할지도 몰라 디버거를 사용할 수 없을 때도 있다. 코드가 엄청 많은 복잡한 앱에서 레코드가 DB에 올바르게 저장되지 않는 문제가 생겼다고 해보자. 분명히 아웃풋의 문제이긴 하나, 이 앱을 구현한 수천 라인의 코드 중 어디를 고쳐야 할지 모르는 경우다.

이와 같은 문제를 조사하던 한 동료가 있었다. 대체 어디서부터 시작하면 좋을지 알 수가 없어 심한 스트레스를 받던 그는 이렇게 외쳤다. "앱의 모든 코드 라인에 브레이크포인트를 추가해서 실제로 앱이 무슨 코드를 실행하는지 알려주는 기능이 디버거에 있다면 얼마나 좋을까!"

흥미로운 발상이지만 설령 그런 기능이 디버거에 있다 해도 해결책이 될 수는 없다. 이 문제는 다른 방법으로 접근해야 한다. 프로파일러로 브레이크포인트를 추가할 만한 코드 라인의 스코프(scope, 범위)를 좁혀가는 것이다.

프로파일러(profiler)는 앱이 실행되는 동안 어떤 코드가 실행되는지 식별하는 도구다(그림 1.5). 이 시나리오의 경우, 디버거로 어디서부터 조사를 시작해야 할지 영감을 주는 프로파일러가 적합한 옵션이다. 6~9장에서 프로파일러에 대해 자세히 배우고 나면 단순히 실행 중인 코드를 관찰하는 것보다 더 많은 옵션이 있다는 사실을 알게 될 것이다.

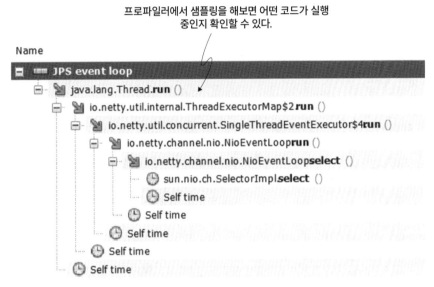

그림 1.5 디버깅을 어디서부터 어떻게 시작해야 할지 난감한 경우, 프로파일러를 사용하면 어떤 코드가 실행 중인지 확인해서 디버거를 사용할 적절한 지점을 알 수 있다.

시나리오 3 : 멀티스레드 앱

다중 스레드, 즉 **멀티스레드 아키텍처**(multithreaded architecture)[6]를 기반으로 한 로직을 처리할 때는 더 골치가 아프다. 멀티스레드 아키텍처는 간섭(interference)에 민감한 편이어서 디버거를 사용할 수 없는 경우가 많다.

즉, 디버거를 사용하는 시점마다 앱이 다르게 작동할 수 있다는 말이다. 이러한 특성을 **하이젠버그 실행**(Heisenberg execution) 또는 줄여서 **하이젠버그**(Heisenbug)라고 한다(그림 1.6). 어떤 입자에 간섭을 일으키면 입자가 다르게 행동하기 때문에 속도와 위치를 동시에 정확하게 예측하는 것은 불가능하다는, 20세기 물리학자 베르너 하이젠베르크(Werner Heisenberg)의 불확정성 원리

6　⟨옮긴이⟩ 하나의 프로세스 내에서 둘 이상의 스레드가 동시에 작업을 수행하는 아키텍처

(uncertainty principle)에서 유래된 명칭이다.[7] 양자역학에서의 입자 간섭처럼, 멀티스레드 아키텍처는 스레드에 간섭을 일으키는 순간마다 작동 방식이 달라질 수 있다.

앱에 아무런 간섭이 없는 경우

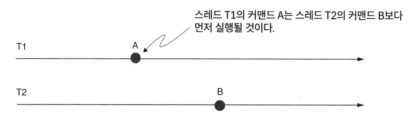

스레드 T1의 커맨드 A는 스레드 T2의 커맨드 B보다 먼저 실행될 것이다.

디버거가 앱에 간섭을 일으키는 경우

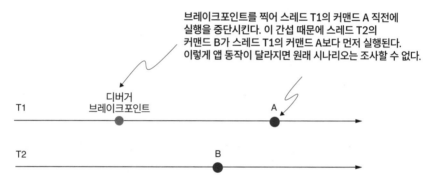

브레이크포인트를 찍어 스레드 T1의 커맨드 A 직전에 실행을 중단시킨다. 이 간섭 때문에 스레드 T2의 커맨드 B가 스레드 T1의 커맨드 A보다 먼저 실행된다. 이렇게 앱 동작이 달라지면 원래 시나리오는 조사할 수 없다.

그림 1.6 하이젠버그 실행. 멀티스레드 앱이 실행될 때 디버거가 간섭을 일으키면 앱 작동 방식이 달라질 수 있다. 이러한 변화가 일어나면 조사하려는 앱의 동작을 처음부터 정확하게 조사하기 어렵다.

멀티스레드 아키텍처는 시나리오가 매우 다양해서 테스트하기가 정말 까다롭다. 프로파일러 정도로 괜찮은 경우도 있지만, 이마저도 앱 실행에 간섭을 일으켜 소용이 없을 수도 있다. 대안으로는 앱에서 로깅을 사용하는 방법(5장), 디버거로 조사할 수 있게 스레드 수를 1개로 줄이는 방법을 생각해볼 수 있다.

시나리오 4 : 주어진 서비스에 잘못된 호출 보내기

다른 시스템의 컴포넌트나 외부 시스템과 올바르게 상호작용(interaction)하지 못하는 시나리오도 있다. 가령, 개발한 앱이 다른 앱에 HTTP 요청을 보냈는데, 그쪽 앱 개발자가 HTTP 요청의 포맷

---

7   https://plato.stanford.edu/entries/qt-uncertainty

이 올바르지 않다고(예: 헤더가 누락됐거나 요청 본문에 틀린 데이터가 포함되었다) 알리는 경우다(그림 1.7).

이것은 **잘못된 아웃풋**(wrong output)의 일례다. 어떻게 해결하면 좋을까? 먼저, 코드의 어느 부분이 요청을 보내는지 찾아본다. 이 부분을 이미 알고 있다면 디버거를 사용해서 앱이 어떻게 요청을 생성하는지 살펴보고 어디가 잘못됐는지 확인한다. 앱의 어느 코드가 요청을 전송하는지 모르면 프로파일러를 사용해서 찾아야 할 수도 있다. 프로파일러는 실행 프로세스의 특정 시점에 어떤 코드가 작동되는지 알려주는 고마운 도구다.

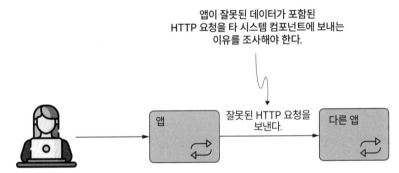

그림 1.7 잘못된 아웃풋은 앱이 다른 시스템 컴포넌트에 틀린 요청을 보내는 것일 수도 있다. 이 동작을 조사해 근본 원인을 찾아내야 한다.

앱이 요청을 주고받는 위치를 특정하기 곤란한 복잡한 경우라면 필자가 자주 사용하는 트릭을 하나 소개하겠다. 다른 앱(내 앱이 요청을 잘못 보낸 상대방의 앱)을 **스텁**(stub)[8]으로 바꿔버리는 것이다. 스텁은 문제를 식별하기 위한 방향으로 제어할 수 있는 가짜 앱이다. 예를 들면, 스텁으로 요청을 차단시켜 앱이 응답을 무한 대기하도록 만들면 코드의 어느 부분이 요청을 보내는지 알 수 있다. 그런 다음 프로파일러로 어느 코드가 스텁 때문에 막혀 있는지 찾아보는 것이다. 그림 1.8은 스텁의 사용법을 나타낸 것인데, 그림 1.7과 견주어보면 실제로 어떻게 앱을 스텁으로 대체하는지 감이 올 것이다.

---

8 옮긴이 소프트웨어 개발에 쓰이고 다른 프로그래밍 기능을 대리하는 코드다. 기존 코드(예를 들어 원격 머신의 프로시저)를 시뮬레이션하거나 아직 개발되지 않은 코드를 임시로 대치하는 역할을 수행한다(출처: 위키백과).

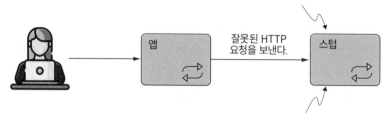

가짜 앱을 만들어 앱이 호출하는 컴포넌트를 대체할 수 있는데, 이를 스텁이라고 한다. 스텁을 제어하면 조사를 한결 수월하게 수행할 수 있다.

앱

잘못된 HTTP 요청을 보낸다.

스텁

예를 들어, 스텁이 HTTP 요청을 무한히 차단하게 할 수 있다. 이때 앱에서는 요청을 보내는 커맨드에서 차단된 상태로 유지될 것이다. 프로파일러를 사용하면 어느 커맨드인지 쉽게 찾아낼 수 있다.

그림 1.8 앱이 호출하는 시스템 컴포넌트를 스텁으로 대체할 수 있다. 스텁을 제어하여 앱이 요청을 어디서 보내는지 재빨리 확인할 수 있다. 이슈를 조치한 후에는 스텁을 사용해서 솔루션을 테스트할 수도 있다.

1.2.2 특정 기술을 습득한다

코드를 분석하는 조사 기법의 또 다른 용도는 특정 기술의 작동 원리를 배우는 것이다. 어떤 개발자는 농담삼아 6시간의 디버깅이 문서 읽기를 5분 절약시켜준다고 한다.[9] 새로운 지식을 습득할 때 문서 읽기가 필수인 것은 맞지만, 어떤 기술은 너무 복잡한 나머지 책이나 스펙을 읽는 것만으로는 배우기가 참 어렵다. 그러므로 항상 프레임워크나 라이브러리를 깊이 파헤쳐보면서 제대로 이해하는 것이 중요하다.

> **TIP** 어떤 기술(프레임워크, 라이브러리)을 학습하든지, 본인이 작성한 코드를 검토하는 시간을 아낌없이 투자하라. 언제나 프레임워크를 구현한 코드를 깊이 파헤쳐보고 디버깅하도록 노력하라.

가령, 스프링 시큐리티(Spring Security)[10]는 언뜻 보면 별것 아닌 것 같다. 인증(authentication)과 권한 부여(authorization, 인가)[11]를 구현한 라이브러리일 뿐이다. 이 두 기능을 앱에 구성하는 방법이 얼마나 다양한지 깨닫기 전에는 사실 그렇게 보일 수 있다. 잘못 조합하면 곧바로 문제가 발생한다. 제대로 작동되지 않는 부분이 있으면 찾아내서 해결해야 하는데, 최선의 방법은 스프링 시큐리티의 코드를 직접 들여다보는 것이다.

---

9 (옮긴이) https://twitter.com/jcsrb/status/1392459191353286656 등을 참고하라.

10 (옮긴이) https://spring.io/projects/spring-security

11 (옮긴이) '인증'은 어떤 사람이 내가 누구라고 주장하는 것을 확인하는 프로세스, '권한 부여'는 특정 리소스가 기능에 액세스할 수 있는 권한을 부여하는 프로세스를 말한다.

필자는 무엇보다 디버깅을 통해 스프링 시큐리티를 이해하는 데 큰 도움을 받았는데, 다른 이들에게도 그 경험과 지식을 공유하고자 《스프링 시큐리티 인 액션》(위키북스, 2022)이라는 책을 썼다.

하이버네이트(Hibernate)[12] 역시 필자가 디버깅을 통해 주로 습득한 기술이다. 하이버네이트는 자바 세계에서 가장 널리 알려진 JPA 프레임워크로, 모든 자바 개발자가 반드시 익혀야 하는 기술이다.

하이버네이트의 기본적인 내용은 책만 읽어도 쉽게 배울 수 있지만, 실무에서 하이버네이트를 사용하는 문제(어떤 경우에 어떻게 사용하는지)는 기본을 능가하는 복잡한 지식이다. 하이버네이트 코드를 깊이 파헤쳐보지 않았다면 지금처럼 이 프레임워크를 자세히 알진 못했을 것이다.

결론은 어떤 기술을 배우든지 작성한 코드를 검토하는 시간에 아낌없이 투자하라는 점이다. 항상 프레임워크의 코드를 더 자세히 살펴보고 디버깅하려는 노력을 기울여야 한다. 이 과정을 반복한다면 훨씬 더 나은 개발자로 성장할 것이다.

1.2.3 속도 저하 이유를 알아낸다

성능 문제는 앱을 실행하는 시시각각 발생하기 때문에 다른 문제와 마찬가지로 해결 방안을 강구하기 전에 원인을 조사해야 한다. 따라서 성능 문제의 원인을 파악하기 위해 다양한 디버깅 기법의 올바른 사용법을 배울 필요가 있다.

내 경험상 앱에서 가장 흔히 발생하는 성능 문제는 앱의 응답 속도와 연관되어 있다. 대부분의 개발자는 속도 저하와 성능을 동일시하는 경향이 있는데, 실은 그렇지 않다. 앱이 주어진 트리거에 뒤늦게 반응하는 속도 저하 현상은 성능 문제의 한 부류일 뿐이다.

예전에 나는 모바일 기기의 배터리를 너무 빨리 소모하는 앱을 디버깅했던 적이 있는데, 그 안드로이드 앱은 블루투스를 통해 외부 기기에 연결되는 라이브러리를 사용했다. 어떤 이유에서인지 이 라이브러리는 스레드를 닫지 않고 꽤 많이 만들어 사용하고 있었다. 이렇게 특별한 용도 없이 열린 상태로 실행되면서 성능 및 메모리 이슈를 일으키는 스레드를 **좀비 스레드**(zombie thread)라고 한다. 일반적으로 좀비 스레드는 조사하기가 매우 까다롭다.

이처럼 배터리가 너무 빨리 소모되는 현상도 일종의 앱 성능 문제라고 볼 수 있다. 네트워크를 통

---

12 옮긴이 자바 언어를 위한 객체 관계 매핑 프레임워크다. 객체 지향 도메인 모델을 관계형 데이터베이스로 매핑하기 위한 프레임워크를 제공한다(출처: 위키백과).

해 데이터를 전송하느라 네트워크 대역폭을 너무 많이 쓰는 것도 전형적인 성능 문제의 일례다.

일단 가장 흔히 맞닥뜨리는 속도 저하 문제에 집중하자. 많은 개발자가 이 문제에 두려움을 갖고 있다. 문제를 식별하기는 어렵지 않은데, 해결 과정이 고통스러울 수 있기 때문이다. 성능 문제의 원인은 보통 프로파일러(6-9장)를 사용하면 쉽게 밝혀낼 수 있다. 프로파일러는 앞서 살펴본 것처럼 어떤 코드가 실행되는지 알아내는 일 외에도 커맨드별 실행 시간도 함께 표시한다(그림 1.9).

각 커맨드의 실행 시간이 프로파일러 화면에 표시되므로 속도 저하 문제가 어디서 발생하는지 쉽게 파악할 수 있다.

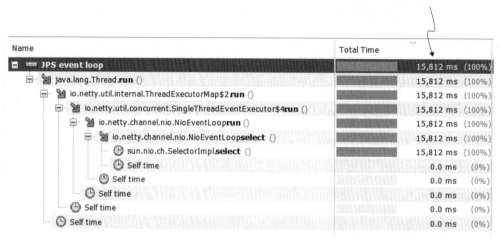

그림 1.9 프로파일러로 속도 저하 문제를 조사하는 과정. 코드 실행 도중 각 커맨드가 소비한 시간이 표시된 프로파일러 화면. 이런 프로파일러 기능은 성능 문제의 근본 원인을 파악하는 데 매우 유용하다.

많은 경우 속도 저하는 파일이나 DB에서 읽기/쓰기를 하거나 네트워크를 통해 데이터를 전송하는 등의 I/O 호출을 하는 과정에서 발생한다. 이럴 때 개발자는 대개 자신의 경험을 되살려 문제의 원인을 찾아낸다. 어떤 기능이 영향을 받는지 알면 그 기능이 실행하는 I/O 호출에 집중하면 된다. 이런 식으로 접근해도 문제 영역의 스코프를 좁히는 데 도움이 되지만, 정확한 위치를 파악할 수 있게 해주는 도구 역시 필요하다.

1.2.4 앱 크래시가 발생하는 이유를 이해한다

앱은 여러 가지 이유로 완전히 응답을 멈출 때가 있다. 이러한 앱 크래시는 특정한 조건에서 발생하는 경우가 많은데, 로컬 환경에서는 앱 크래시를 재현(reproduction, 문제를 다시 일부러 일으키는 것)하기가 어려워 다른 문제보다 조사하기가 더 까다로운 편이다.

문제를 조사할 때에는 먼저 그 문제를 연구할 수 있는 환경에서 문제를 재현하는 것이 중요하다. 그래야 여러 측면에서 더 유연하게 조사하면서 해결책을 찾을 수 있기 때문이다. 하지만 항상 운 좋게 문제를 재현할 수 있는 것은 아니므로 앱 크래시는 사실상 거의 재현하기가 불가능하다.

앱 크래시는 보통 다음 두 가지 형태로 일어난다.

- 앱이 완전히 멈춘다.
- 실행은 계속되지만 요청에 응답하지 않는다.

앱이 완전히 멈췄다는 것은 복구 불가능한 에러가 발생했다는 뜻이다. 대부분 메모리 에러 때문에 일어난다. 자바는 힙 메모리가 가득 차 앱이 더 이상 작동하지 않으면 **OOM 에러**(OutOfMemory Error, 메모리 부족 에러)를 낸다.

힙 메모리 문제를 조사하려면 특정 시점에 힙 메모리에 어떤 데이터가 포함되어 있었는지 스냅숏에 해당하는 **힙 덤프**(heap dump)를 사용한다. OOM 에러 메시지가 표시되고 앱 크래시가 발생할 때마다 이런 스냅숏이 자동 생성되도록 자바 프로세스를 구성할 수 있다.

힙 덤프는 앱이 내부적으로 데이터를 어떻게 처리하는지 풍성한 세부 정보를 제공하는 강력한 도구다. 힙 덤프를 사용하는 방법은 11장에서 자세히 설명하고, 여기서는 간단한 예를 하나 살펴보고 넘어가자.

예제 1.2는 Product라는 클래스의 인스턴스로 메모리를 꽉 채우는 코드 스니펫(snippet)이다. 이 앱은 Product 인스턴스를 리스트에 무한정 추가해서 종국에는 OOM 에러 메시지를 유발한다.

예제 1.2 OOM 에러가 발생하는 코드　　　　　(File) da-ch1-ex2/src/main/java/main/Main.java

```java
public class Main {

    private static List<Product> products = new ArrayList<>();   ◀── Product 객체 레퍼런스를 보관할
                                                                      리스트를 선언한다.

    public static void main(String[] args) {
        while (true) {             힙 메모리가 가득 찰 때까지 Product 인스턴스를
            products.add(    ◀──   계속 리스트에 추가한다.
                new Product(UUID.randomUUID().toString()));   ◀── Product 인스턴스를 생성할 때마다
        }                                                          UUID를 만들어 name 애트리뷰트에 전달한다.
    }
}
```

그림 1.10은 이 앱을 실행할 때 수집한 힙 덤프를 관찰한 것이다. Product 및 String 인스턴스가 힙 메모리를 대부분 차지하고 있다. 힙 덤프는 메모리 지도 같은 것이다. 값은 물론 인스턴스 간의 관계 등 많은 세부 정보를 나타낸다. 가령, 코드는 볼 수 없더라도 Product 인스턴스와 String 인스턴스의 개수가 서로 얼마나 비슷한지 보면 둘 간의 관계가 얼마나 밀접한지 알 수 있다. 지금은 다소 복잡해보여도 11장에서 힙 덤프의 사용법을 자세히 설명할 예정이니 너무 걱정할 필요는 없다.

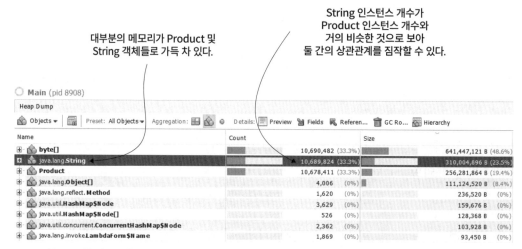

그림 1.10 힙 덤프는 힙 메모리의 지도 같은 것이다. 이 지도를 보는 법을 배우면 앱이 내부적으로 데이터를
처리하는 방식에 관하여 귀중한 단서를 얻을 수 있다. 힙 덤프는 메모리 문제나 성능 문제를 조사할 때 큰 도움이 된다.
이 예제 역시 어떤 객체가 앱 메모리를 대부분 점유하고 있는지, 그리고 Product 인스턴스와 String 인스턴스가
서로 어떻게 연관되는지 쉽게 찾을 수 있다.

앱은 계속 실행되고 있지만 요청을 해도 응답이 없는 경우, **스레드 덤프**(thread dump)는 안에서 무슨 일이 일어나고 있는지 분석하는 최상의 도구다. 그림 1.11은 스레드 덤프의 일부분이다. 여기에는 몇 가지 중요한 세부 정보가 표시되어 있다. 스레드 덤프를 수집/분석하여 코드를 조사하는 방법은 10장에서 설명한다.

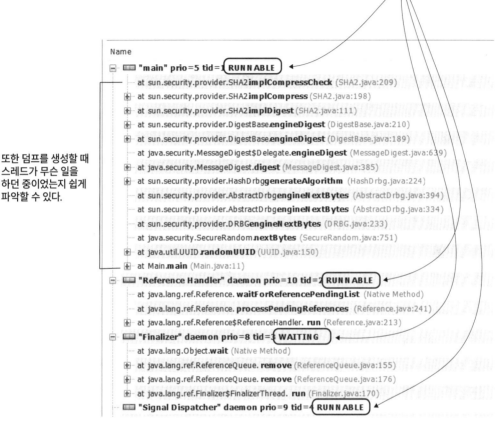

스레드 덤프는 각 스레드의 상태를
명확하게 나타낸다.

또한 덤프를 생성할 때
스레드가 무슨 일을
하던 중이었는지 쉽게
파악할 수 있다.

그림 1.11 스레드 덤프는 덤프를 생성할 당시 실행 중이던 스레드에 관한 세부 정보를 제공한다. 스레드 상태와 스택 트레이스는 물론, 이를 통해 스레드가 어떤 코드를 실행 중이었는지, 무엇 때문에 스레드가 차단되었는지 확인할 수 있다. 이러한 세부 정보는 앱이 완전히 멈추거나 성능이 저하되는 문제가 발생하는 이유를 조사하는 데 유용하다.

1.3 이 책에서 배울 내용

이 책은 초심자부터 전문가에 이르기까지 다양한 레벨의 경험을 가진 자바 개발자를 대상으로 한다. 다양한 코드 조사 기법을 배우고 이런 기법을 적용할 수 있는 최적의 시나리오, 그리고 문제 해결 및 조사 시간을 절약할 수 있는 갖가지 요령을 터득하게 될 것이다.

주니어 개발자라면 이 책에서 많은 것을 배우게 될 것이다. 어떤 개발자는 수년간의 경험을 통해 이런 기술을 섭렵하기도 하지만 그렇지 못한 개발자도 분명히 있다. 이미 자바 전문가라면 아는 내용이 많겠지만, 실무에서 접할 기회가 흔치 않았던 새롭고 흥미로운 접근법을 참고하면 도움이 될 것이다.

이 책을 완독하면 다음과 같은 스킬을 얻을 수 있다.

- 디버거를 사용해 앱 로직을 이해하거나 문제 해결을 위해 다양한 접근법을 적용한다.
- 프로파일러를 사용하여 앱에 숨겨진 기능을 조사하고 앱 또는 앱의 특정 디펜던시가 어떻게 작동되는지 정확히 이해한다.
- 코드를 분석하여 앱 또는 앱의 디펜던시 중 하나가 어떤 문제를 일으키는지 확인한다.
- 앱의 메모리 스냅숏을 떠서 데이터를 조사하고 데이터를 처리하는 코드에 문제가 될 만한 부분은 없는지 알아본다.
- 로깅을 통해 앱 동작의 문제점을 찾고 보안 취약 요소는 없는지 살핀다.
- 원격 디버깅을 하여 다른 환경에서 재현 불가능한 문제를 파악한다.
- 조사 속도를 높이기 위해 가장 적절한 앱 조사 기법을 선택한다.

요약

- 다양한 조사 기법으로 소프트웨어의 동작을 분석할 수 있다.
- 어떤 조사 기법이 다른 조사 기법보다 더 효과적일 수 있으므로 상황에 따라 올바른 기법을 선택할 줄 알아야 한다.
- 여러 가지 기법을 조합해야 문제를 더 빨리 파악하는 데 도움이 될 때가 있다. 따라서 분석 기법 각각의 작동 원리를 잘 알아두어야 복잡한 문제를 효과적으로 처리할 수 있을 것이다.
- 개발자는 조사 기법을 사용할 때 대부분 문제 해결보다는 새로운 기술을 얻는 목적으로 사용한다. 가령, 스프링 시큐리티나 하이버네이트처럼 복잡한 프레임워크를 학습할 경우 단순히 책이나 매뉴얼을 읽는 것만으로는 부족하다. 학습 효과를 높이는 가장 좋은 방법은 자신이 이해하고 싶은 기술을 적용한 코드를 직접 디버깅해보는 것이다.
- 문제가 되는 케이스를 별도의 환경에서 재현할 수 있으면 문제를 더 쉽게 조사할 수 있다. 문제를 재현하면 근본 원인을 더 쉽게 찾을 수 있을 뿐만 아니라, 해결책을 적용하면 얼마나 효과가 있을지 확인하는 데에도 도움이 된다.

CHAPTER 2

디버깅 기법으로 앱 로직 이해하기

이 장의 주요 내용

- 디버거를 사용할 때와 사용하지 말아야 할 때는 언제인가?
- 디버거로 코드 조사하기

얼마 전 피아노 레슨을 받던 중, 내가 배우고 싶은 곡의 악보를 피아노 선생님께 보여드렸다. 선생님은 즉석에서 초견으로 그 곡을 연주하셨고 나는 넋을 잃고 바라보았다. "와, 정말 대단하시다!" 속으로 생각했다. "어떻게 하면 저런 실력을 갖출 수 있을까?"

문득, 몇 년 전 회사 후배 사원 한 사람과 함께 페어 프로그래밍(pair programming)[1] 세션에 참여했던 일이 생각난다. 내가 타이핑할 차례였고 우리는 디버거로 제법 크고 복잡한 코드를 조사하고 있었다. 나는 초스피드로 키보드를 두드리며 능숙하게 코드 라인을 넘나들었다. 코드에 흠뻑 빠져 있었고 차분하고 조용한 분위기여서 옆에 누가 있다는 사실조차 (무례한 행동임에도) 잊을 뻔했다. 후배가 감탄하여 말했다. "아, 조금만 천천히요, 너무 빨라요. 선배님은 어떻게 코드를 읽고 계신 거죠?"

나는 그 상황이 내가 피아노 선생님에게 받은 인상과 비슷하다는 사실을 깨달았다. 어떻게 그런

---

1 [옮긴이] 두 개발자가 하나의 PC 앞에서 짝을 지어 프로그래밍하는 방식으로 애자일 소프트웨어 개발 방법론 중 하나다.

기술을 터득했을까? 의외로 쉽다. 그냥 열심히 연습하고 경험을 쌓으면 된다. 연습의 가치야 말할 필요도 없고 시간도 오래 걸린다. 몇 가지 팁을 이 책에서 공유하겠다. 이 장에서는 코드를 이해하는 데 쓰이는 가장 중요한 도구, 디버거에 대해 설명한다.

DEFINITION 디버거(debugger)는 원하는 코드 라인에서 실행을 잠깐 멈추고 각 커맨드를 수동 실행하며 데이터가 어떻게 바뀌는지 확인할 수 있는 도구다.

디버거를 사용하는 것은 마치 코드에 구현된 복잡한 로직에서 길을 찾으려고 구글 지도를 찾아보는 것과 같다. 또한 코드를 이해하는 데 가장 많이 쓰이는 도구이기도 하다.

디버거는 보통 코드가 하는 일을 이해하기 위해 개발자가 가장 먼저 배우는 도구다. 다행히 모든 IDE에는 디버거가 내장되어 있으므로 따로 특별히 설치할 필요는 없다. 이 책에서는 IntelliJ(인텔리제이) IDEA Community를 사용했지만, 다른 IDE도 (생김새가 조금 다를 뿐) 사용법은 비슷하고 옵션도 거의 같다. 디버거는 많은 개발자가 사용법을 숙지한 도구지만, 2-3장을 잘 읽어보면 여러분이 몰랐던 새로운 디버거 활용 기술도 발견할 수 있을 것이다.

2.1절에서는 개발자가 코드를 어떻게 읽는지, 왜 단순히 코드를 읽는 것만으로는 불충분한지 알아본다. 2.2절에서는 간단한 예제를 통해 디버거를 사용하는 가장 초보적인 기술을 가르친다.

여러분이 숙련된 개발자라면 기본적인 디버깅 방법 정도는 이미 알고 있겠지만 기억을 되살릴 겸 이 장을 한번 읽어보는 것도 좋아요. 아니면 고급 디버깅 기법을 다루는 3장으로 바로 넘어가도 됩니다.

그렇군요!

2.1 코드 분석만으로는 불충분한 경우

코드를 읽는 것만으로 코드를 이해하기가 쉽지 않은 이유는 무엇일까? 코드를 읽는 행위는 어떻게 이루어지는지, 소설이나 시 같은 문학 작품을 읽는 것과는 어떤 차이점이 있는지 생각해본 적이 있는가? 이 절에서는 짤막한 로직이 구현된 코드 스니펫을 예로 들어 그 차이점을 관찰하고 코드 해독의 복잡성을 유발하는 원인을 알아보겠다. 인간의 뇌가 코드를 해석하는 방식 이면에 무엇이 있는지 알면 디버거 같은 도구가 얼마나 절실히 필요한지 자연스레 깨닫게 될 것이다.

코드를 조사하는 모든 작업은 코드를 읽는 일부터 시작되지만, 코드를 읽는 것과 시를 읽는 것은 그 본질부터가 다르다. 시는 쓰인 순서대로 한 줄 한 줄 텍스트를 이동하며 읽고 우리의 두뇌는 의미를 조합해서 그림을 그린다. 같은 구절이라도 한 번 더 읽으면 마음 속에 다른 느낌으로 다가올 것이다.

코드는 정반대다. 첫째, 코드는 선형적(linear)이지 않다. 즉, 코드는 한 라인 한 라인 그냥 읽는 대상이 아니다. 커맨드 사이를 요리조리 왔다 갔다 하며 데이터를 어떻게 처리하는지 로직을 파악해야 한다. 코드 읽기는 직선 도로 주행이 아니라, 일종의 미로 찾기와 같은 행위다. 주의를 기울이지 않으면 길을 잃고 어디서 출발했는지조차 잊어버릴 수 있다. 둘째, 시와 달리 코드는 항상 모든 사람에게 동일한 의미를 지닌다. 이 의미가 바로 코드 조사의 목표다.

초행길을 나설 때 나침반을 사용하듯 디버거를 나침반처럼 사용하면 코드가 하는 일을 더 쉽게 파악할 수 있다. 예를 들어, 예제 2-1의 decode(List<Integer> input) 메서드를 보자.

예제 2.1 디버깅할 메서드　　　　　　　　　　　　　(File) da-ch2-ex1/src/main/java/main/Decoder.java

```java
public class Decoder {

  public Integer decode(List<String> input) {
    int total = 0;
    for (String s : input) {
      var digits = new StringDigitExtractor(s).extractDigits();
      total += digits.stream().collect(Collectors.summingInt(i -> i));
    }

    return total;
  }
}
```

첫 라인부터 마지막 라인까지 읽어보면 무슨 일을 하는 메서드인지 대략 짐작할 수 있다. 하지만 과연 우리가 생각한 대로 커맨드가 작동될까? 확신이 없다면 코드가 실제로 무슨 일을 하는지 더 자세히 들여다보면서 배후 로직을 파악해야 한다. 예제 2.1에는 두 가지 불확실한 측면이 존재한다 (그림 2.1).

- StringDigitExtractor() 생성자가 하는 일은 무엇일까? 명색이 생성자이니 객체를 생성하겠지? 하지만 인숫값으로 전달한 s를 어떤 식으로든 변경할지도 모른다.

- extractDigits() 메서드를 호출한 결과는 무엇일까? 숫자 리스트가 리턴될까? StringDigits Extractor 생성자가 만든 객체 안에 있던 매개변수도 변경될까?

이 생성자는 객체만 생성할까,
아니면 다른 작업도 수행할까?

```java
public class Decoder {

  public Integer decode(List<String> input) {
    int total = 0;
    for (String s : input) {
      var digits = new StringDigitExtractor(s) extractDigits();
      total += digits.stream().collect(Collectors.summingInt(i -> i));
    }

    return total;
  }
}
```

이 메서드가 실제로 하는 일은 무엇일까?
String 인숫값을 사용할까?

그림 2.1 로직을 구성하는 커맨드 두 부분을 살펴보자. 메서드명이 언제나 설명력이 충분한 것은 아니므로 여기에만 전적으로 의존해서는 안 된다. 메서드가 실제로 무슨 일을 하는지 더 깊게 살펴볼 필요가 있다.

이렇듯 아무리 작은 코드 조각이라도 커맨드를 더 자세히 들여다봐야 할 때가 많다. 그런데 새로운 코드 커맨드를 조사할 때마다 새로운 조사 플랜(investigation plan)이 수립되며 인지 복잡성 (cognitive complexity)[2]은 가중된다(그림 2.2, 2.3). 로직을 더 깊게 파헤쳐 더 많은 플랜이 수립될수록 프로세스는 걷잡을 수 없을 정도로 복잡해진다.

---

2 [옮긴이] 인간의 프레임(frame)과 지각 능력이 얼마나 복잡 또는 단순한지를 나타내는 심리적 특성이나 변수(출처: 위키백과)

You take a piece of stone,
chisel it with blood,
grind it with Homer's eye,
burnish it with beams
until the cube comes out perfect.

Next you endlessly kiss the cube
with your mouth, with others' mouths,
and, most important,
with infanta's mouth.

Then you take a hammer
and suddenly knock a corner off.

All, indeed absolutely all will say
what a perfect cube
this would have been
if not for the broken corner.

("A Lecture on the Cube," N. Stanescu)

시는 선형적으로 읽는다.
즉, 한 구절씩 위에서 아래로
읽어 내려간다.

그림 2.2 시를 읽을 때는 한 줄 한 줄 읽지만 코드를 읽을 때는 요리조리 옮겨 다닌다.

코드 읽기는 선형적이지 않다. 커맨드 하나마다
인지 플랜을 따로 만들어야 할지도 모른다.
전체 그림을 그려보려면 이런 플랜을 자세히
살펴봐야 할 때도 있다.

첫 번째 플랜

두 번째 플랜

```java
public class Decoder {

  public Integer decode(List<String> input) {
    int total = 0;
    for (String s : input) {
      var digits = new StringDigitExtractor(s).extractDigits();
      total += digits.stream().collect(Collectors.summingInt(i -> i));
    }

    return total;
  }
}

    public List<Integer> extractDigits() {
      List<Integer> list = new ArrayList<>();
      for (int i = 0; i < input.length(); i++) {
        if (input.charAt(i) >= '0' && input.charAt(i) <= '9') {
          list.add(Integer.parseInt(String.valueOf(input.charAt(i))));
        }
      }

      return list;
    }
```

그림 2.3 코드 읽기는 시 읽기와 본질적으로 다르며 훨씬 더 복잡하다. 코드를 읽는다는 것은 두 가지 차원에서 읽는 것과
같다. 첫 번째 차원은 코드를 위에서 아래로 읽는 것이고, 두 번째 차원은 코드를 자세히 이해하기 위해 특정 커맨드
안으로 들어가는 것이다. 각각의 플랜마다 어떻게 진행되는지, 다양한 코드 조각이 어떻게 조립되는지
전부 기억하려고 하면 코드를 읽는 것만으로는 코드를 이해하기 매우 어려워진다.

시 읽기는 일방 코스지만, 코드 분석은 같은 로직을 통과하면서도 여러 경로를 만들어낸다. 새로 오픈하는 플랜이 적을수록 프로세스 복잡도는 감소한다. 어떤 커맨드는 조사를 생략해서 전체 프로세스를 단순하게 가져갈지, 아니면 프로세스가 더 복잡해지더라도 자세히 살펴보고 개별 커맨드를 확실하게 이해할지 선택해야 한다.

TIP 코드 조사를 할 때에는 가급적 오픈한 플랜 수를 줄여 읽기 경로를 단축하라. 디버거를 사용하면 코드를 더 쉽게 탐색하고, 현재 위치를 추적하고, 앱 실행 도중 데이터가 어떻게 바뀌는지 관찰할 수 있다.

2.2 디버거를 이용한 코드 조사

다음은 코드를 읽으며 작동 방식을 이해하기 위해 필요한 인지적 노력을 최소화하는 디버거에 대해 알아보자. 디버거는 거의 모든 IDE에서 기본으로 제공된다. IDE마다 인터페이스는 조금씩 다르지만 옵션은 거의 같다. 이 책에서 나는 IntelliJ를 사용하지만, 여러분이 평소 즐겨 쓰는 IDE에서 예제를 실습하며 비교해보기 바란다. 아마 상당히 비슷할 것이다.

디버거를 사용하면 조사 프로세스가 간소화된다.

- 특정 스텝에서 잠깐 실행을 멈추고 각 커맨드를 본인 페이스에 맞게 수동 실행할 수 있다.
- 코드 읽기 경로상의 현재 위치와 출처를 표시함으로써 세부 정보를 일일이 다 기억하지 않아도 편리한 안내 지도 역할을 한다.
- 변수에 어떤 값이 담겼는지 화면에 표시되어 코드 조사가 더 눈에 잘 띄고 쉽게 진행할 수 있다.
- 와처(watcher)로 즉석에서 원하는 동작을 바로 시험하거나 표현식을 평가할 수 있다.

예제 2.2를 다시 살펴보면서 가장 간단한 디버거 기능만으로 코드를 이해하는 방법을 알아보자.

예제 2.2 의미를 이해하고 싶은 코드　　　　　　　　(File) da-ch2-ex1/src/main/java/main/Decoder.java

```java
public class Decoder {

  public Integer decode(List<String> input) {
    int total = 0;
    for (String s : input) {
      var digits = new StringDigitExtractor(s).extractDigits();
      total += digits.stream().collect(Collectors.summingInt(i -> i));
    }

    return total;
  }
}
```

"디버거를 언제 사용해야 할지는 어떻게 알 수 있을까?" 아마 지금쯤 이런 의문이 들 것이다. 이는 이 페이지를 넘기기 전에 내가 꼭 답하고 싶은 질문이기도 하다. 여기서 핵심 전제는 **"지금 내가 조사하려는 로직이 무엇인가?"** 를 아는 것이다. 디버거를 사용하는 첫 번째 단계가 바로 실행을 중단시켜야 할 커맨드를 선택하는 일이기 때문이다.

NOTE 어느 커맨드부터 코드 조사를 시작해야 할지도 모르면 디버거를 사용할 수 없다.

실제로 본인이 어떤 로직을 조사해야 할지 미리 콕 집어 알 수 없는 경우가 있다. 그래서 디버깅을 하기 전에 다양한 기법을 동원해서 디버거로 조사하려는 코드 부위를 찾는 작업이 선행돼야 한다 (자세한 내용은 이후 장에서 다룬다). 2장과 3장은 디버거의 사용법만 다루므로, 어떻게든 조사해야 할 코드를 찾았다고 가정하고 시작하겠다.

다시 예제로 돌아가보자. 어디서부터 시작할까? 먼저, 코드를 읽어보고 이해가 되는 부분과 안 되는 부분을 파악한다. 로직이 불분명한 곳을 찾아냈다면 앱을 실행하고 그 위치에서 실행을 멈추도록 디버거에게 '지시'한다. 이해가 안 되는 코드 라인에서 실행을 멈추고 데이터가 어떻게 변경되는지 들여다본다. 앱 실행을 중단시킬 위치는 **브레이크포인트**를 찍어 표시한다.

DEFINITION 브레이크포인트(breakpoint)는 코드에 구현된 로직을 자세히 살펴보고자 디버거가 실행을 중단시킬 코드 라인에 표시한 마커(marker)다. 디버거는 브레이크포인트가 찍힌 라인을 만나면 잠시 실행을 멈춘다.

그림 2.4에서 자바 기초가 튼튼한 독자라면 당연히 알 만한 코드는 흐리게 처리했다. 리스트 객체를 받아 파싱한 뒤 각 원소를 하나씩 꺼내 어떤 메서드가 리턴하는 정숫값의 합을 구하는 코드다. 사실, 이 정도 로직이라면 디버거 없이도 비교적 쉽게 이해할 만하다.

1. 이 메서드는 스트링 리스트를
   인수로 받는다.

```
public class Decoder {

  public Integer decode(List<String> input) {
    int total = 0;
    for (String s : input) {
      var digits = new StringDigitExtractor(s).extractDigits();
      total += digits.stream().collect(Collectors.summingInt(i -> i));
    }

    return total;
  }
}
```

2. 이 메서드는 List 인수를 반복한다.

3. 이 메서드는 List 인수의 각 스트링에 대해
   계산된 값의 합계를 정숫값으로 리턴한다.

그림 2.4 여러분이 자바 언어의 기초를 이미 알고 있다면, 이 메서드가 주어진 리스트 객체를 파싱해서 정숫값을 계산하는 코드라는 것을 쉽게 알 수 있다.

그림 2.5에서는 메서드가 무슨 일을 하는지 이해하기 어려운 코드 라인을 음영 처리했다. 이런 부분은 자체 구현 로직이 숨겨진 경우가 많은 까닭에 해독하기 어렵다. `digits.stream().collect(Collectors.summingInt(i -> i))`는 자바 8부터 등장한 스트림(Stream) API의 일부라서 코드를 읽는 데 어려움은 없겠지만, `StringDigitExtractor(s).extractDigits()`는 좀 특이하다. 우리가 조사 중인 앱에서 이 커맨드는 틀림없이 어떤 일을 할 것이다.

리스트에 있는 각 스트링은 어떻게 처리될까?
스트링이 어떻게 숫자로 변환될까?

```java
public class Decoder {

  public Integer decode(List<String> input) {
    int total = 0;
    for (String s : input) {
      var digits = new StringDigitExtractor(s).extractDigits();
      total += digits.stream().collect(Collectors.summingInt(i -> i));
    }

    return total;
  }
}
```

그림 2.5 이해하기 어려운 코드 라인을 음영 처리했다. 디버거를 사용할 때 코드를 이해하기 어렵게 만드는 첫 번째 라인에 가장 먼저 브레이크포인트를 추가하라.

코드의 복잡도는 개발자가 코드를 작성하는 방식에 따라 가중될 수 있다. 예를 들어, 자바 10부터 입문한 개발자라면 var 키워드를 사용해서 로컬 변수를 타입 추론(type inference)할 수도 있다. 변수 타입 추론은 코드를 더욱 읽기 어렵게 만들 소지가 있어서 항상 옳은 선택이라고 할 수는 없겠지만, 반대로 생각해보면 이런 부분을 디버거로 들여다볼 때 무척 유용하다는 느낌이 든다(그림 2.5).

TIP 디버거로 코드를 조사할 때는 이해할 수 없는 코드의 첫 라인부터 시작하라.

나는 지난 수년 동안 주니어 개발자와 학생들을 교육하면서 그들이 특정 코드 블록의 첫 라인부터 디버깅을 시작하는 모습을 숱하게 목격했다. 물론 그렇게 하지 말라는 법은 없다. 그러나 디버거 없이 먼저 코드를 읽고 이해할 수 있는지 확인하는 편이 효과적이다. 그런 다음에 문제가 되는 지점부터 바로 디버깅을 시작하라. 그래야 굳이 디버거를 사용하지 않고도 어떤 로직에서 무슨 일이 일어나는지 알 수 있으므로 시간이 절약된다. 디버거를 사용하더라도 결국 여러분이 이해하지 못하는 코드만 살펴보면 되는 것이다.

의도가 명확하게 보이지 않는 코드 라인에 브레이크포인트를 찍을 수도 있다. 앱에서 예외가 발생하면 로그에서 확인할 수 있지만, 그 이전의 어느 라인이 문제가 됐는지는 알 수 없는 경우가 있는데, 이럴 때 예외가 나기 직전에 브레이크포인트를 찍어 앱 실행을 잠깐 멈춰보는 것이다. 여기서도 기본 원리는 동일하다. 이미 잘 알고 있는 커맨드는 실행을 중단하지 말고, 대신 초점을 두어야 할 코드 라인에 브레이크포인트를 찍으라.

자, 그럼 그림 2.6의 11번째 라인에 브레이크포인트를 추가해보자.

```
var digits = new StringDigitExtractor(s).extractDigits();
```

IDE에서 어떤 코드 라인에 브레이크포인트를 추가하려면 라인 번호(line number) 또는 그 근처를 클릭하면 된다(단축키를 사용하면 더 좋다. IntelliJ의 경우, 윈도우/리눅스는 Ctrl + F8, macOS는 ⌘ + F8이 단축키다). 브레이크포인트는 그림 2.6처럼 동그라미(●) 모양으로 표시된다. 앱은 디버거로 실행해야 한다. IntelliJ에서 앱을 시작하는 버튼 근처를 보면 작은 벌레(🐞) 모양의 아이콘이 있다. 메인 클래스 파일에서 마우스 오른쪽 버튼을 클릭 후 콘텍스트 메뉴에서 Debug 버튼을 눌러도 된다. 방금 전 브레이크포인트를 찍은 코드 라인에 도달하면 실행은 중단되고 수동으로 탐색할 수 있다.

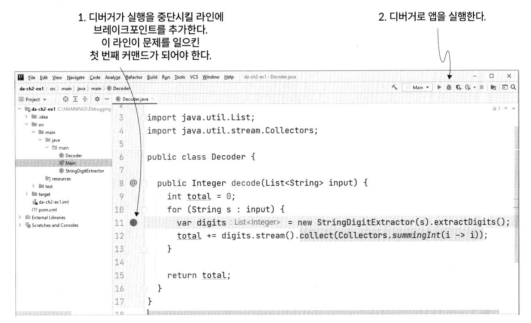

그림 2.6 코드 라인에 브레이크포인트를 추가하려면 라인 번호 근처를 클릭한다. 그리고 디버거로 앱을 실행한다. 브레이크포인트를 찍은 라인에서 실행은 중단되고 수동으로 제어할 수 있다.

단축키는 운영체제마다 조금씩 다를 수 있고 개발자 취향에 따라 단축키를 직접 지정할 수도 있으니 더 이상의 설명은 생략하겠다. 원활한 작업을 위해 IDE 매뉴얼을 참조하여 단축키 사용법을 익혀두기 바란다.

NOTE 디버거를 켜려면 반드시 Debug 옵션으로 앱을 실행해야 한다. Run 옵션을 사용하면 IDE가 실행 프로세스에 디버거를 부착하지 않기 때문에 브레이크포인트는 무시된다. 앱을 실행하면 기본적으로 디버거가 부착되는 IDE도 있지만, (IntelliJ나 Eclipse처럼) 그렇지 않은 IDE에서는 브레이크포인트를 아무리 많이 찍어도 실행이 중단되지 않는다.

디버거가 브레이크포인트가 찍힌 코드 라인의 특정 커맨드에서 실행을 중단하면 IDE는 유용하고 중요한 정보를 화면에 표시한다. 그림 2.7을 보면 두 가지 중요한 정보가 친절하게 나와 있다.

- **스코프 내 모든 변숫값**: 스코프 안에 있는 모든 변수와 그 값을 알면 지금 어떤 데이터를 처리 중인지, 또 프로그램 로직은 이 데이터에 어떤 영향을 미치는지 알 수 있다. 브레이크포인트를 찍은 라인이 실행되기 전에 중단되는 것이므로 데이터 상태는 동일하게 유지된다는 사실을 기억하라.
- **실행 스택 트레이스**(execution stack trace): 디버거가 실행을 중단시킨 라인에서 앱이 이 코드 라인을 어떻게 실행하는지를 나타낸다. 스택 트레이스의 각 라인은 호출 체인에 엮인 메서드들이다. 실행 스택 트레이스를 조사하면 디버거로 코드를 탐색할 때 특정 커맨드에 어떻게 도달했는지 일일이 기억할 필요 없이 실행 경로를 한눈에 볼 수 있다.

TIP 브레이크포인트는 몇 개라도 원하는 만큼 추가할 수 있으나, 가급적 그 수를 줄여 특정 코드 라인에만 집중하는 것이 좋다. 보통 나는 브레이크포인트를 한 번에 3개 이상 찍지 않는다. 브레이크포인트를 너무 많이 찍었다가 본인도 그만 잊어버려서 코드를 헤매는 개발자를 많이 봐왔기 때문이다.

스코프 안의 변숫값을 관찰하는 행위는 대개 쉽게 이해가 되는데, 실행 스택 트레이스는 각자의 경험에 따라 잘 알 수도 있고 그렇지 않을 수도 있다. 다음 절에서는 실행 스택 트레이스가 무엇인지, 이 도구가 필요한 이유를 설명한다. 그런 다음 스텝 오버, 스텝 인, 스텝 아웃 등의 필수 작업을 통해 대상 코드를 탐색하는 방법을 알아보겠다. 실행 스택 트레이스에 이미 익숙한 독자는 2.2.1절을 건너뛰고 2.2.2절로 직행해도 좋다.

브레이크포인트를 찍은 라인에서 실행이 중단됐다.

디버거는 실행 경로를 스택 트레이스 형태로 나타내므로 조사 중인 메서드를 어디서 호출했는지 쉽게 확인할 수 있다.

디버거가 특정 라인에서 앱 실행을 중단하면 해당 스코프의 모든 변숫값을 확인할 수 있다.

그림 2.7 브레이크포인트를 찍은 코드 라인에서 실행이 중단되면 해당 스코프의 모든 변수와 그 값을 살펴볼 수 있다. 또 실행 스택 트레이스를 이용하면 코드 라인을 탐색할 때 현재 위치를 기억할 수 있다.

2.2.1 실행 스택 트레이스란 무엇이고 어떻게 사용해야 할까?

실행 스택 트레이스는 코드 디버깅을 할 때 매우 유용한 도구다. 마치 실제 지도처럼 디버거가 중단시킨 코드 라인의 실행 경로를 나타내며, 이후 어디로 나아가야 할지 결정하는 데 도움을 준다.

그림 2.8은 실행 스택 트레이스와 트리 포맷의 실행을 비교한 것이다. 스택 트레이스는 디버거가 실행을 멈춘 지점까지 메서드가 서로 어떻게 호출하는지 나타내며, 메서드명, 클래스명, 호출한 코드 라인을 자세히 표시한다.

나는 실행 경로에 감춰진 로직을 찾을 때 이 실행 스택 트레이스를 자주 활용한다. 개발자는 대개 어떤 메서드가 어디에서 호출됐는지 이해하려고 실행 스택 트레이스를 이용한다. 하지만 스프링 (Spring)이나 하이버네이트 같은 프레임워크를 사용하는 앱은 메서드의 실행 체인을 바꾸는 경우도 드물지 않다.

예를 들어, 스프링 프레임워크에서는 **애스펙트**(aspect, 자바/자카르타 EE 용어로는 **인터셉터**(interceptor) 라고 한다)라는 장치로 디커플링된(decoupled, 서로 분리된) 코드를 사용한다. 애스펙트는 주로 프레임워크에서 특정 조건하에 어떤 메서드의 실행 로직을 보강할(augment) 목적으로 쓰인다. 그러나 코드를 읽을 때 호출 체인에서 애스펙트 코드는 볼 수 없기 때문에 이런 로직을 직접 눈으로 관찰하기는 어렵다. 이런 특성 탓에 원하는 기능을 조사하기가 쉽지 않다(그림 2.9).

실행 스택은 맨 아래에서 맨 위 방향으로 읽는다. 맨 아래 레이어가 바로 실행이 시작된 첫 번째 레이어다. 맨 위 레이어(마지막 레이어)는 실행이 현재 중단된 메서드다.

실행 스택 트레이스를 트리로 표현한 것이다. Main 클래스의 main() 메서드는 Decoder 클래스의 decode() 메서드를 호출한다. 그리고 decode() 메서드는 다시 StringDigitsExtractor 클래스의 extractDigits() 메서드를 호출한다. 지금 실행은 extractDigits() 메서드에서 중단된 상태다.

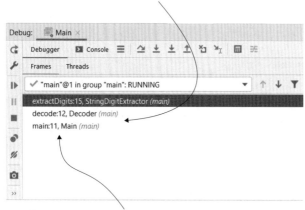

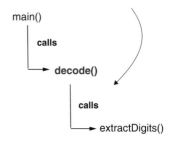

extractDigits() 메서드에서 실행이 중단됐다.

실행 스택 트레이스에 클래스명과 메서드가 호출된 지점의 코드 라인이 표시된다.

그림 2.8 실행 스택 트레이스의 최상위 레이어는 디버거가 실행을 중단한 곳이다. 다른 레이어는 모두 자신의 상위 레이어에 표시된 메서드가 호출된 곳이다. 스택 트레이스의 맨 아래 레이어(첫 번째 레이어)는 현재 스레드가 실행되기 시작한 곳이다.

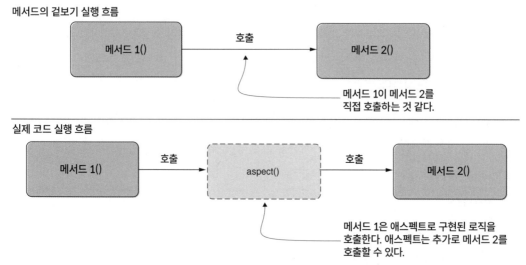

그림 2.9 애스펙트 로직은 코드에서 완전히 디커플링되어 있다. 따라서 코드를 읽을 때 더 실행될 로직이 있다는 사실을 파악하기 어렵다. 이처럼 숨겨진 로직이 실행될 때에는 코드를 조사할 때 혼란스러울 수 있다.

자, 예제 코드를 보면서 실행 스택 트레이스를 어떻게 활용하는지 살펴보자. 콘솔에 인숫값을 출력하는 자그마한 스프링 앱이다. 클래스는 모두 3개다(예제 2.3, 2.4, 2.5). 예제 2.3에서 `main()` 메서드는 ProductController의 saveProduct() 메서드를 호출하며 "Beer"를 인숫값으로 전달한다.

예제 2.3 Main **클래스에서** ProductController의 saveProduct() **메서드를 호출한다.**

File da-ch2-ex2/src/main/java/main/Main.java

```java
public class Main {

  public static void main(String[] args) {
    try (var c =
      new AnnotationConfigApplicationContext(ProjectConfig.class)) {
      c.getBean(ProductController.class).saveProduct("Beer");
    }
  }
}
```

인숫값으로 "Beer"를 전달하여 saveProduct() 메서드를 호출한다.

예제 2.4에서 ProductController의 saveProduct() 메서드는 ProductService의 saveProduct() 메서드를 호출하며 자신이 전달받은 인숫값을 그대로 다시 전달한다.

예제 2.4 ProductController**는 다시** ProductService**를 호출한다.**

File da-ch2-ex2/src/main/java/controllers/ProductController.java

```java
@Component
public class ProductController {

  private final ProductService productService;

  public ProductController(ProductService productService) {
    this.productService = productService;
  }

  public void saveProduct(String name) {
    productService.saveProduct(name);
  }
}
```

ProductService의 saveProduct() 메서드를 호출한다.

예제 2.5에서 ProductService의 saveProduct() 메서드는 두 단계를 거쳐 전달받은 인숫값을 콘솔에 출력한다.

예제 2.5 ProductService는 인숫값을 출력한다. (File) da-ch2-ex2/src/main/java/services/ProductService.java

```
@Service
public class ProductService {

  public void saveProduct(String name) {          인숫값 name을 콘솔에
    System.out.println("Saving product " + name);  ◀──  출력한다.
  }
}
```

그림 2.10에 정리한 것처럼 코드 흐름은 매우 간단하다.

1. main() 메서드는 ProductController라는 빈의 saveProduct() 메서드를 호출하며 "Beer"를 인숫값으로 전달한다.

2. 그런 다음, ProductController의 saveProduct() 메서드는 ProductService라는 또 다른 빈의 saveProduct() 메서드를 호출하며 자신이 전달받은 인숫값을 다시 전달한다.

• 마지막으로 ProductService 빈은 전달받은 인숫값을 콘솔에 출력한다.

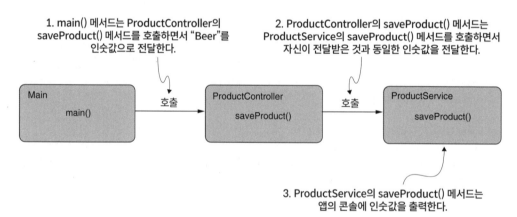

그림 2.10 main() 메서드는 ProductController 빈의 saveProduct() 메서드를 호출하면서 "Beer"를 인숫값으로 전달한다. ProductController의 saveProduct() 메서드는 다시 ProductService의 saveProduct() 메서드를 호출하면서 자신이 수신한 것과 동일한 인숫값을 전달한다. 마지막에 ProductService 빈은 콘솔에 인숫값을 출력한다. 콘솔에는 "Beer"가 출력될 것이다.

이 앱을 실행하면 당연히 다음과 같이 출력될 것이다.

```
Saving product Beer
```

그러나 실제로는 이렇게 출력된다.

```
Saving product Chocolate
```

맥주는 어디로 가고 초콜릿이 나왔을까? 이 질문에 답하려면, 먼저 실행 스택 트레이스를 보면서 인숫값이 어디서 바뀌었는지 찾아봐야 한다. 예상과 다른 값을 출력한 코드 라인에 브레이크포인트를 찍고 디버거로 앱을 실행한 다음 실행 스택 트레이스를 관찰한다. 그림 2.11을 보니 `ProductController` 빈에서 `ProductService`의 `saveProduct()` 메서드가 실행되는 것이 아니라, 애스펙트가 도중에 끼어들어 실행 흐름을 바꿔버렸다는 사실을 알 수 있다. 애스펙트 클래스를 보면 실제로 이 애스펙트 때문에 "Beer"가 "Chocolate"으로 둔갑했다. 예제 2.6이 바로 `ProductController`가 `ProductService`에 전달한 값을 변경하고 실행 흐름을 바꾸는 애스펙트 코드다.

코드를 읽을 때 예상했던 것보다 실행 스택 트레이스가 훨씬 크다.
ProductService의 saveProduct() 메서드를 ProductController에서
바로 호출하지 않았다는 사실이 밝혀졌다. 두 메서드 사이에서 애스펙트가
실행된 것이다.

그림 2.11 실행 스택 트레이스를 보니 애스펙트가 실행 흐름을 바꾸었음을 알 수 있다. 인숫값을 변경한 원인이
바로 이 애스펙트다. 스택 트레이스가 없다면 앱이 예상 밖의 동작을 하는 이유를 알아내기가 훨씬 더 어려울 것이다.

예제 2.6 애스펙트는 실행 로직을 변경한다. (File) da-ch2-ex2/src/main/java/aspects/DemoAspect.java

```
@Aspect
@Component
public class DemoAspect {
```

```
@Around("execution(* services.ProductService.saveProduct(..))")
public void changeProduct(ProceedingJoinPoint p) throws Throwable {
  p.proceed(new Object[] {"Chocolate"});
  }
}
```

애스펙트는 최신 자바 애플리케이션 프레임워크에서 꽤 매력적이고 유용한 기능이지만, 제대로 알고 사용하지 않을 경우 앱을 이해하고 관리하기가 적잖이 까다로워질 수 있다. 이 책은 이러한 경우에도 코드를 식별하고 이해하는 데 유용한 기법을 앞으로 계속 소개하겠지만, 이런 기법을 앱에 적용해야 한다는 사실 자체가 앱을 유지 관리하기가 쉽지 않다는 뜻이다. 기술 부채(technical debt)[3] 없이 깔끔하게 코딩한 앱이 나중에 디버깅하느라 진땀을 빼야 하는 앱보다 더 나은 선택임은 두말할 필요도 없다. 애스펙트에 더 관심이 있다면 내가 쓴 다른 책 《Spring Start Here》 (Manning, 2021)의 6장을 읽어보길 권한다.

2.2.2 디버거로 코드 탐색하기

다음은 디버거로 코드를 탐색하는 세 가지 기본 기술이다.

- **스텝 오버**(step over): 동일한 메서드에서 다음 코드 라인으로 계속 실행한다.
- **스텝 인투**(step into): 현재 라인에서 호출된 메서드 중 하나의 내부에서 실행을 계속한다.
- **스텝 아웃**(step out): 조사하던 메서드를 호출한 메서드로 실행을 되돌린다.

조사 프로세스를 시작하려면 먼저 디버거로 실행을 중단시킬 첫 번째 코드 라인을 정해야 한다. 그런 다음 코드 라인을 따라가 다른 커맨드가 실행되면 데이터가 어떻게 바뀌는지 지켜보면서 코드를 이해하는 것이다.

모든 IDE에는 이와 같은 탐색 작업을 마음대로 조작할 수 있는 버튼을 GUI로 제공하며 키보드 단축키로도 가능하다. 그림 2.12는 필자가 애용하는 IntelliJ 화면을 캡처한 것이다.

---

3 [옮긴이] 은유적인 표현으로 개발 단계에서 제대로 개발을 해놓지 않게 되면 그게 빚이 되고 나중에 이자가 붙어서 더 많은 일을 해야 한다는 것이다(출처: 위키백과).

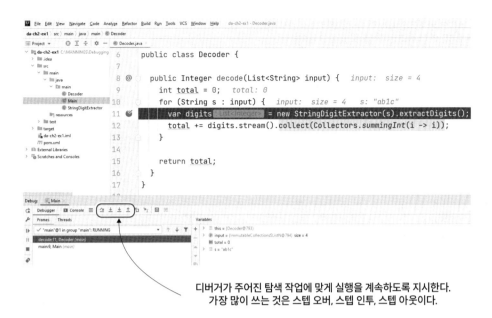

디버거가 주어진 탐색 작업에 맞게 실행을 계속하도록 지시한다.
가장 많이 쓰는 것은 스텝 오버, 스텝 인투, 스텝 아웃이다.

그림 2.12 디버거의 탐색 작업을 이용하면 앱 로직을 내 마음대로 한 발자국씩 걸어가면서 코드가 어떻게 작동되는지 파악할 수 있다. 코드를 탐색하려면 IDE의 GUI에 있는 버튼을 클릭하거나 키보드 단축키를 누르면 된다.

TIP 처음에는 화면에서 버튼을 클릭하는 게 더 편하지만, 키보드 단축키를 누르는 것만큼 효율적이진 못하다. 단축키가 손에 익으면 마우스보다 훨씬 빠르다.

그림 2.13에서 알 수 있듯이 동일한 메서드에 있는 그다음 라인으로 이동하려면 스텝 오버한다. 스텝 오버는 가장 많이 쓰이는 탐색 기능이다.

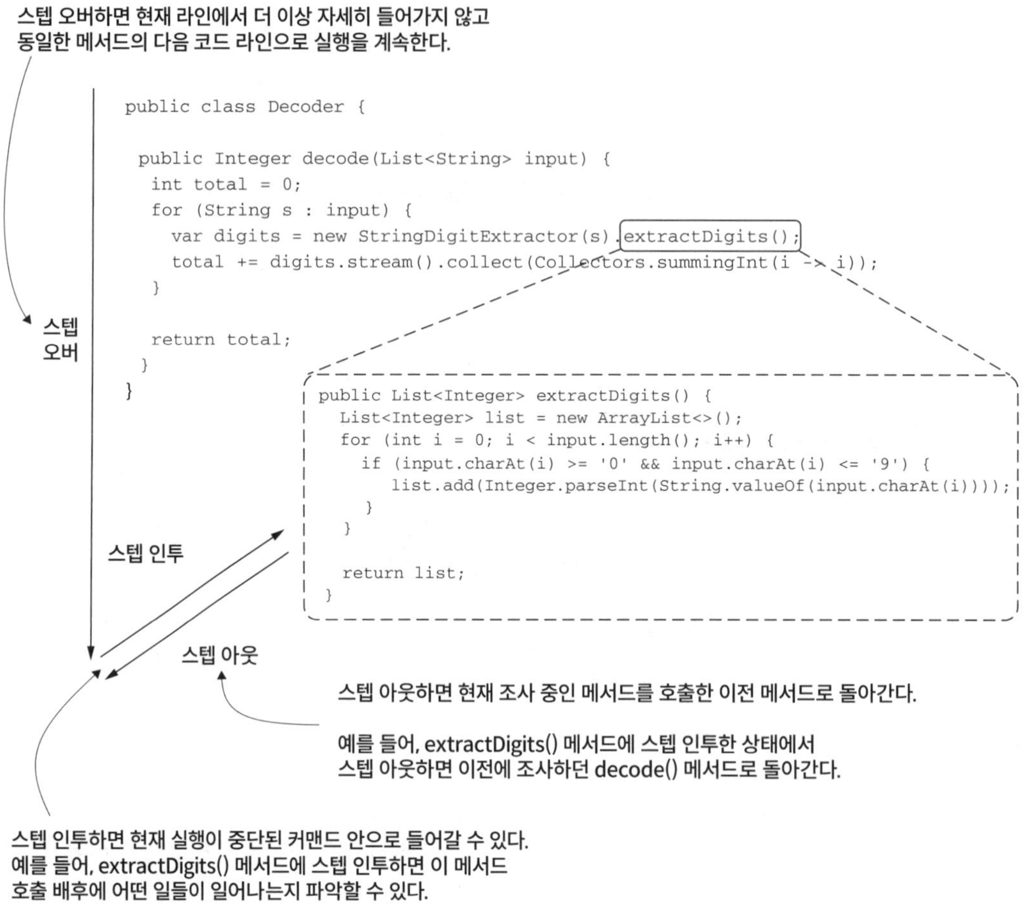

스텝 오버하면 현재 라인에서 더 이상 자세히 들어가지 않고
동일한 메서드의 다음 코드 라인으로 실행을 계속한다.

```java
public class Decoder {

  public Integer decode(List<String> input) {
    int total = 0;
    for (String s : input) {
      var digits = new StringDigitExtractor(s).extractDigits();
      total += digits.stream().collect(Collectors.summingInt(i -> i));
    }

    return total;
  }
}
```

스텝
오버

```java
public List<Integer> extractDigits() {
  List<Integer> list = new ArrayList<>();
  for (int i = 0; i < input.length(); i++) {
    if (input.charAt(i) >= '0' && input.charAt(i) <= '9') {
      list.add(Integer.parseInt(String.valueOf(input.charAt(i))));
    }
  }

  return list;
}
```

스텝 인투

스텝 아웃

스텝 아웃하면 현재 조사 중인 메서드를 호출한 이전 메서드로 돌아간다.

예를 들어, extractDigits() 메서드에 스텝 인투한 상태에서
스텝 아웃하면 이전에 조사하던 decode() 메서드로 돌아간다.

스텝 인투하면 현재 실행이 중단된 커맨드 안으로 들어갈 수 있다.
예를 들어, extractDigits() 메서드에 스텝 인투하면 이 메서드
호출 배후에 어떤 일들이 일어나는지 파악할 수 있다.

그림 2.13 3대 탐색 작업. 스텝 오버는 동일한 메서드에서 그다음 커맨드로 넘어가는 일을 한다. 새로운 조사 플랜을 시작해서 어떤 커맨드 안으로 자세히 파고들려면 스텝 인투를 한다. 이전 조사 플랜으로 돌아가려면 스텝 아웃한다.

스텝 오버를 하다가 간혹 어떤 커맨드에서 무슨 일이 일어나는지 좀 더 깊숙이 들어가봐야 할 때가 있다. 이 예제의 경우 extractDigits() 메서드가 대체 무슨 일을 하는지 자세히 알고 싶다. 여기서 스텝 인투를 하는 것이다. 다시 decode() 메서드로 돌아가려면 간단히 스텝 아웃하면 된다.

그림 2.14는 실행 스택 트레이스에서 이 세 가지 기본 작업을 나타낸 것이다.

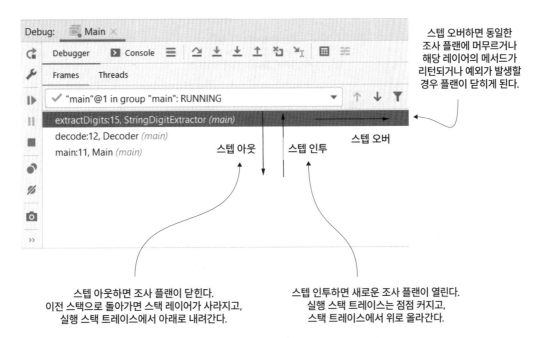

스텝 오버하면 동일한 조사 플랜에 머무르거나 해당 레이어의 메서드가 리턴되거나 예외가 발생할 경우 플랜이 닫히게 된다.

스텝 아웃하면 조사 플랜이 닫힌다. 이전 스택으로 돌아가면 스택 레이어가 사라지고, 실행 스택 트레이스에서 아래로 내려간다.

스텝 인투하면 새로운 조사 플랜이 열린다. 실행 스택 트레이스는 점점 커지고, 스택 트레이스에서 위로 올라간다.

그림 2.14 실행 스택 트레이스 관점에서 바라본 탐색 작업. 스텝 아웃하면 스택 트레이스에서 아래로 내려가 조사 플랜을 닫는다. 스텝 인투하면 새로운 조사 플랜이 열리고 스택 트레이스에서 위로 올라가 규모는 더 커진다. 스텝 오버는 동일한 조사 플랜에 머무른다. 메서드가 종료되면(리턴되거나 예외가 발생하면) 스텝 오버는 조사 플랜을 닫고 스텝 아웃할 때와 마찬가지로 스택 트레이스에서 아래로 내려간다.

코드의 작동 방식을 알고 싶다면 일단 스텝 오버로 시작하는 것이 좋다. 스텝 인투를 할 때마다 조사 플랜이 새로 열리면 전체 프로세스가 점점 복잡해진다(그림 2.15). 대부분 코드 라인을 스텝 오버하며 아웃풋을 관찰하는 것만으로도 대략 어떤 일을 하는지 짐작할 수 있다.

그림 2.16은 스텝 오버를 사용하여 탐색한 화면이다. 브레이크포인트가 찍혀 디버거가 첫 번째로 멈춘 지점 바로 다음 라인 아래, 12번째 라인에서 실행이 중단됐다. 이제 digits 변수도 초기화되어 그 값을 볼 수 있다.

그림 2.15 2010년 영화 〈인셉션〉에는 꿈속에서 꿈을 꾸는 장면이 나온다. 꿈을 더 깊게 꿀수록
더 오래 머물 수 있다. 어떤 메서드 안으로 들어가 새로운 조사 레이어를 여는 것도 이와 비슷하다.
스텝 인투를 더 깊이 할수록 코드 조사에 점점 시간이 많이 들 것이다.

11번째 라인을 스텝 오버하면 digits 변수가
스코프 안에 들어오기 때문에 디버거에 해당
값이 표시된다.

그림 2.16 코드 라인을 스텝 오버하면 동일한 메서드에서 실행이 계속된다. 이 그림에서는 12번째 라인에서
실행이 중단됐고 11번째 라인에서 초기화된 digits 변숫값을 볼 수 있다.
이런 식으로 11번째 라인이 무슨 일을 하는지 대략 짐작할 수 있다.

여러 번 계속 실행해보자. 그때마다 11번째 라인에서 주어진 스트링에 대해 모든 숫자가 포함된 리스트가 출력될 것이다. 몇 차례 실행한 아웃풋만 보면 로직은 금세 이해할 수 있다. 하지만 이렇게 그냥 실행해보는 것만으로는 도저히 코드 로직을 알 수 없다면 어떻게 해야 할까?

코드가 하는 일이 이해가 안 되면 해당 코드 라인을 더 자세히 뜯어봐야 한다. 그러려면 새로운 조사 플랜을 열어야 하므로 당연히 프로세스는 복잡해진다. 따라서 이 방법은 최후의 수단으로 활용해야 한다. 달리 선택의 여지가 없다면 이해가 안 되는 커맨드를 스텝 인투하여 자세한 정보를 얻어야 한다. 그림 2.17은 Decoder 클래스의 11번째 라인에서 스텝 인투한 화면이다.

```
var digits = new StringDigitExtractor(s).extractDigits();
```

코드 라인에 스텝 인투하면
그 라인에서 호출된 메서드에서
실행이 계속된다.

실행 스택에 새로운
레이어가 나타나는지
확인하고, 이 실행 스택을
새로 열린 조사 플랜의
맵으로 활용하라.

그림 2.17 스텝 인투하면 현재 커맨드의 실행을 전체적으로 관찰할 수 있다. 조사 플랜이 새로 열리고 특정 커맨드 이면에 숨겨진 로직을 들여다볼 수 있으며, 실행 스택 트레이스를 사용하면 실행 흐름을 역추적할 수도 있다.

커맨드에 스텝 인투한 후에는 코드 라인 이면에 어떤 로직이 있는지 시간을 들여 읽어본다. 보통 이렇게 코드를 살펴보는 것만으로도 무슨 일을 하는 코드인지 알 수 있다. 이해가 됐으면 다시 스텝 인투하기 이전의 위치로 돌아간다. 나는 학생들이 코드를 읽어볼 틈도 없이 곧장 스텝 인투한 메서드를 디버깅하기 위해 달려드는 것을 종종 볼 수 있다. 왜 코드를 먼저 읽어보는 것이 중요할까? 메서드에 스텝 인투하면 새로운 조사 플랜이 시작되므로 조사를 효율적으로 진행하려면 리두 (redo, 다시 하기)를 해야 하기 때문이다.

1. 메서드를 읽고 이해가 안 되는 코드의 첫 라인을 찾는다.
2. 해당 코드 라인에 브레이크포인트를 찍고 거기부터 조사를 시작한다.

잠깐 코드를 읽어보면 조사 플랜을 더 이상 진행할 필요가 없음을 깨닫는 경우도 많다. 로직을 이 해했으니 이제 다시 스텝 아웃하여 원래 위치로 돌아가면 그만이다. 그림 2.18은 extractDigits() 메서드에서 스텝 아웃해서 decode(List <String> input) 메서드의 이전 조사 플랜으로 되돌아가 는 장면이다.

TIP 스텝 아웃하면 시간을 아낄 수 있다. 어떤 코드 라인에서 스텝 인투해서 새로운 조사 플랜으로 들어가면 일단 그 코드를 읽어보고, 어떤 코드인지 파악이 되면 다시 스텝 아웃하여 원래 위치로 되돌아가라.

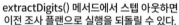

extractDigits() 메서드에서 스텝 아웃하면
이전 조사 플랜으로 실행을 되돌릴 수 있다.

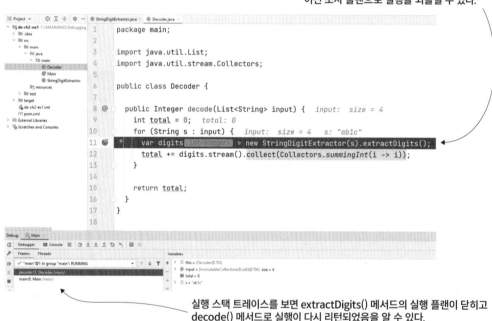

실행 스택 트레이스를 보면 extractDigits() 메서드의 실행 플랜이 닫히고
decode() 메서드로 실행이 다시 리턴되었음을 알 수 있다.

그림 2.18 스텝 아웃하면 실행 스택 트레이스에서 현재 조사 플랜을 닫고 이전 플랜으로 돌아간다.
현재 실행 플랜이 저절로 닫힐 때까지 커맨드를 일일이 스텝 오버할 필요가 없기 때문에 소중한 시간을 아낄 수 있다.
스텝 아웃은 조사 중이던 이전 실행 플랜으로 돌아가는 바로 가기를 제공한다.

다음 실행 라인이 항상 다음 라인이 아닌 이유는?

디버거로 코드 탐색을 하는 방법을 가르칠 때 나는 '다음 실행 라인'이라는 말을 자주 사용하는데, '다음 라인(next line)'과 '다음 실행 라인(next execution line)'의 차이점을 명확하게 구분해야 한다.

다음 실행 라인은 앱이 그다음에 실행하는 코드 라인이다. 디버거가 12번째 라인에서 실행을 중단했다면, '다음 라인'은 항상 13번째 라인이지만 '다음 실행 라인'은 13번째 라인이 아닐 수도 있다. 예를 들어, 아래 그림처럼 12번째 라인에서 예외가 발생하지 않으면 다음 실행 라인은 13번째 라인이지만, 12번째 라인에서 예외가 발생하면 다음 실행 라인은 18번째 라인이 될 것이다(da-ch2-ex3/src/main/java/main/Decoder.java 참고).

스텝 오버는 실행을 '다음 실행 라인'으로 넘기는 작업이다.

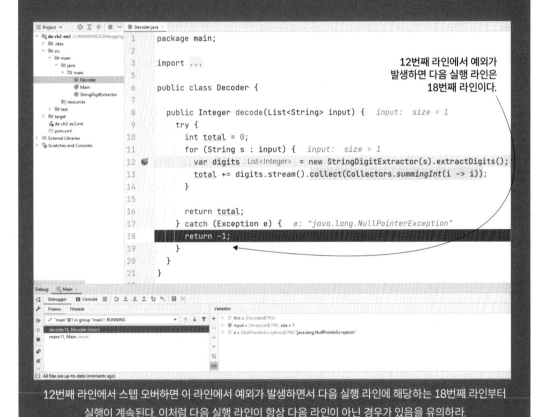

12번째 라인에서 스텝 오버하면 이 라인에서 예외가 발생하면서 다음 실행 라인에 해당하는 18번째 라인부터 실행이 계속된다. 이처럼 다음 실행 라인이 항상 다음 라인이 아닌 경우가 있음을 유의하라.

2.3 디버거로도 충분하지 않다면

디버거는 코드를 탐색하며 코드와 데이터가 어떻게 상호작용하는지 이해함으로써 코드를 분석하는 데 매우 유용한 도구다. 하지만 디버거로 모든 코드를 디버깅할 수 있는 것은 아니다. 이 절에서는 디버거로 불충분하거나 아예 디버거를 사용할 수 없는 몇 가지 시나리오를 들어보겠다. 디버거를 사용하면서 아까운 시간을 낭비하지 않으려면 이런 케이스를 잘 알고 있어야 한다.

디버거를(또는 디버거만) 사용하는 것이 옳은 접근 방식이 아닌, 가장 흔한 케이스는 다음과 같다.

- 코드의 어느 부분이 아웃풋을 내는지 모르는 채 아웃풋 문제를 조사한다.
- 성능 문제를 조사한다.
- 앱 전체가 실패한 크래시를 조사한다.
- 멀티스레드 구현체를 조사한다.

TIP 디버거를 사용할 때 한 가지 중요한 전제 조건은 실행을 어디서 멈춰야 할지 아는 것이다.

디버깅에 착수하려면 그 전에 먼저 코드에서 아웃풋을 잘못 생성한 부분을 찾아야 한다. 앱마다 다르지만 구현된 로직에서 어떤 일이 일어나는 위치를 찾기가 쉬운 경우도 있다. 클래스가 깔끔하게 설계되었다면 아웃풋을 생성하는 코드를 비교적 쉽게 찾을 수 있겠지만, 그렇지 못한 경우에는 문제를 일으킨 부위를 디버거로 찾기는 적잖이 까다로울 수 있다. 이럴 때 알맞은 디버깅 기술은 이후 장에서 계속 소개할 것이다. 일례로, 앱 프로파일링이나 스터빙 등은 디버거로 조사를 시작할 위치를 파악할 때 많이 쓰는 기법이다.

성능 문제(performance problem)는 대부분 디버거로 조사할 수 없는 특수한 종류의 문제다. 앱 속도가 느려지거나 완전히 멈춰버리는 현상이 자주 등장하는 성능 문제인데, 프로파일링과 로깅 기법(5~9장)을 적용하면 해결의 실마리를 찾는 데 도움이 된다. 특히, 앱이 완전히 멈춰버리는 경우는 대개 스레드 덤프를 수집해 분석하는 것이 가장 빠른 길이다. 스레드 덤프 분석은 10장에서 자세히 살펴보기로 한다.

앱에 문제가 생겨 실행이 중단된 경우(앱 크래시)는 디버거를 사용할 수 없다. 디버거는 실행 중인 앱을 관찰하는 도구라서 앱 자체가 실행이 안 된다면 무용지물이다. 상황에 따라 감사 로그(audit log)[4]를 활용하거나(5장) 스레드 또는 힙 덤프(10, 11장)를 수집하여 조사해야 한다.

멀티스레드 앱 개발(multithreaded implementation)은 많은 개발자가 가장 어렵게 느끼는 영역이다. 멀티스레드 기반의 구현체는 디버거 같은 도구가 간섭을 일으켜 영향을 받기가 쉽고 하이젠버그 효과(1장)가 일어나면서 디버거를 사용할 때와 사용하지 않을 때의 동작이 달라진다. 싱글 스레드

4　[옮긴이] 컴퓨터 사용자를 추적할 수 있도록 컴퓨터의 모든 활동을 시간별로 자동 기록해놓은 것이다. 즉, 특정 작업, 절차, 이벤트에 영향을 미치는 일련의 활동 증거를 제공하는 레코드의 출처와 도착지, 그리고 레코드의 집합, 시간순 보안 관련 기록이다(출처: 위키백과).

(single thread)로 격리하면 디버거를 사용할 수는 있으나, 이처럼 엄청나게 복잡한 시나리오에서 앱 동작을 이해하려면 디버깅, 모킹, 스터빙, 프로파일링 등의 다양한 기술을 익혀야 한다.

요약

- 새로운 로직을 열 때마다(예: 어떤 로직이 정의된 새로운 메서드 안으로 들어가는 경우) 새로운 조사 플랜이 열린다.

- 일반적인 텍스트 단락과 달리 코드는 선형적으로 읽히지 않는다. 커맨드마다 조사해야 할 새로운 플랜이 탄생할 수도 있고, 복잡한 로직일수록 더 많은 플랜을 열어야 하며, 그 결과 조사 과정은 더욱 복잡해질 것이다. 코드 조사를 신속하게 끝내는 비결 중 하나는, 가능한 한 조사 플랜을 적게 여는 것이다.

- 디버거는 원하는 코드 라인에서 앱 실행을 중단시켜 실행 과정과 데이터 처리 로직을 단계별로 관찰할 수 있는 도구다. 디버거를 이용하면 코드를 읽는 데 수반되는 인지적 부하를 줄이는 데 도움이 된다.

- 디버거가 앱 실행을 중단시킬 코드 라인에 브레이크포인트를 찍어두면 스코프 내의 모든 변숫값을 들여다볼 수 있다.

- 스텝 오버는 동일한 플랜에 있는 다음 실행 라인으로 계속 진행하는 것이다. 스텝 인투는 디버거가 중단시킨 커맨드 안으로 들어가 자세히 살펴보는 것이다. 가능한 한 스텝 오버를 주로 하되, 스텝 인투는 조사 경로 및 소요 시간이 점점 길어지므로 가급적 줄이는 것이 좋다.

- 처음에는 IDE 화면에서 마우스 버튼을 클릭해서 코드를 탐색하는 게 더 편하겠지만, 키보드 단축키를 사용하면 디버깅 속도를 훨씬 높일 수 있다. 마우스로 GUI 화면을 탐색하는 것보다 즐겨 쓰는 IDE의 키보드 단축키가 손에 배게 하라.

- 어떤 라인에 스텝 인투한 다음에는 해당 코드를 읽고 이해하려고 노력하라. 로직을 이해했다면 스텝 아웃해서 이전 조사 플랜으로 돌아가라. 그래도 잘 모르겠다면 이해가 안 되는 첫 번째 커맨드를 찾아 브레이크포인트를 찍고 거기서부터 다시 디버깅을 시작하라.

3

고급 디버깅 기법으로
문제의 근본 원인 찾기

이 장의 주요 내용

■ 조건부 브레이크포인트를 찍어 특정 시나리오 조사하기

■ 브레이크포인트를 찍어 콘솔에 디버그 메시지 로깅하기

■ 디버깅 도중 데이터를 변경해서 앱을 원하는 방향으로 작동시키기

■ 디버깅 도중 특정 코드 조각을 재실행하기

2장에서는 디버거의 기본적인 사용법을 설명했다. 프로그램 로직을 디버깅할 때 개발자는 코드 라인을 스텝 오버, 스텝 인투, 스텝 아웃하면서 코드를 탐색한다. 이런 작업을 손에 익히면 코드를 조사해서 문제를 더 잘 이해하거나 문제의 원인을 찾는 데 유용하다.

그러나 디버거는 많은 개발자가 알고 있는 것보다 훨씬 더 강력한 도구다. 디버거의 기본 탐색 기능만으로는 문제를 조사할 때 어려움을 겪을 수도 있지만, (비교적 덜 알려진) 고급 기능을 함께 활용하면 많은 시간을 절약할 수 있을 것이다.

이 장에서는 다음과 같은 고급 디버깅 기법을 십분 활용하는 방법을 설명한다.

• 조건부 브레이크포인트

• 브레이크포인트를 로그 이벤트처럼 활용

- 인메모리(in-memory) 데이터 수정

- 실행 프레임 삭제

코드를 탐색하는 기능 외에 또 어떤 디버깅 기법이 있는지, 그런 기법은 언제, 어떻게 사용해야 하는지 알아보겠다. 그리고 예제 코드를 살펴보면서 이런 기법으로 얼마나 시간을 절약할 수 있는지, 어떤 경우에 사용하면 안 되는지 자세히 설명하겠다.

3.1 조건부 브레이크포인트로 조사 시간 최소화

조건부 브레이크포인트는 특정한 조건을 만족할 경우에만 코드 라인에서 앱 실행을 중단시키는 방법이다.

DEFINITION **조건부 브레이크포인트**(conditional breakpoint)란 디버거가 어떤 조건이 만족할 경우에만 실행을 중단하도록 장치한 브레이크포인트다. 코드의 일부분이 주어진 값과 어떤 연관이 있는지 관심이 있는 조사 시나리오에서 유용하다. 또 조건부 브레이크포인트를 적절히 잘 사용하면 앱의 작동 방식을 더 쉽게 이해하고 시간을 절약할 수 있다.

예제 3.1은 String 리스트를 받아 자릿수의 합을 리턴하는 메서드다. 2장에도 나와서 이미 눈에 익은 메서드인데, 한 번 더 재활용해서 조건부 브레이크포인트를 설명한 다음, 이 코드를 실제로 있을 법한 비슷한 상황과 비교해보겠다.

예제 3.1 조건부 브레이크포인트를 사용할 코드 (File) da-ch3-ex1/src/main/java/main/Decoder.java

```java
public class Decoder {
  public Integer decode(List<String> input) {
    try {
      int total = 0;
      for (String s : input) {
        var digits = new StringDigitExtractor(s).extractDigits();
        var sum = digits.stream().collect(Collectors.summingInt(i -> i));
        total += sum;
      }
      return total;
    } catch (Exception e) {
      return -1;
    }
  }
}
```

코드를 디버깅할 때에는 어떤 값에 대해 코드 로직이 어떻게 작동되는지만 관심을 두는 일이 흔하다. 예를 들어 특정한 케이스(예: 변수 A의 값이 0일 때)에서만 코드가 제대로 실행되지 않는 것 같아 원인을 밝히고 싶을 때가 있다. 또는 단순히 특정한 상황에서 코드가 어떻게 실행되는지 이해함으로써 전체적인 기능을 더 잘 알고 싶은 경우도 있다.

가령, 예제 3-1에서 sum 변숫값이 왜 0이 될 때가 있는지 알고 싶다고 하자. 이 특정한 케이스만 한정하여 살펴볼 수 있을까? 메서드가 0을 리턴할 때까지 스텝 오버해서 코드를 탐색할 수는 있다. 이 예제처럼 작은 코드라면 충분히 가능한 방법이다. 그러나 실무에서 원하는 케이스가 언제 나타나는지 알 수 없는 상태에서 운 좋게 그런 케이스에 도달할 때까지 스텝 오버를 계속 할 수 있을까?

조건부 브레이크포인트를 사용하면 조사하려는 조건에 도달할 때까지 무작정 탐색하는 것보다 더 효율적으로 코드를 탐색할 수 있다. 그림 3.1은 IntelliJ에서 브레이크포인트에 조건을 추가하는 장면이다. 브레이크포인트에서 마우스 오른쪽 버튼을 클릭하고 해당 브레이크포인트가 적용될 조건을 입력한다. 조건은 불리언(Boolean) 표현식이어야 한다(즉, true/false로 평가되는 표현식이어야 한다). 브레이크포인트에 sum == 0이라는 조건식을 넣으면 디버거는 이에 따라 sum 변숫값이 0인 경우에만 실행을 중단한다.

브레이크포인트에서 마우스 오른쪽 버튼을 클릭하고 sum 변숫값이 0일 때만 실행이 중단되도록 조건을 기재한다.

브레이크포인트에 조건을 추가할 수 있다. 디버거는 이 조건이 true일 경우에만 실행을 중단시킨다.

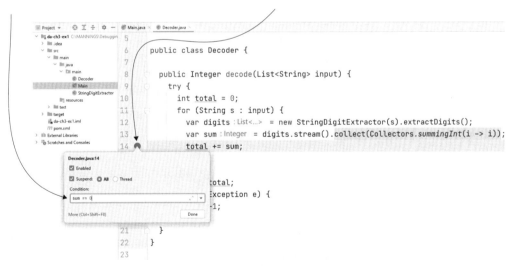

그림 3.1 조건부 브레이크포인트를 사용하면 주어진 경우에만 실행을 중단시킬 수 있으므로 조사하려는 시나리오에 더 빠르게 접근할 수 있다.

디버거로 앱을 실행하면 그림 3.2처럼 숫자가 포함되지 않은 스트링이 루프에서 반복할 때 실행이 중단된다. 바로 이런 상황에서 sum 변숫값이 0이 되기 때문에 앞서 입력한 조건식이 true가 되는 것이다.

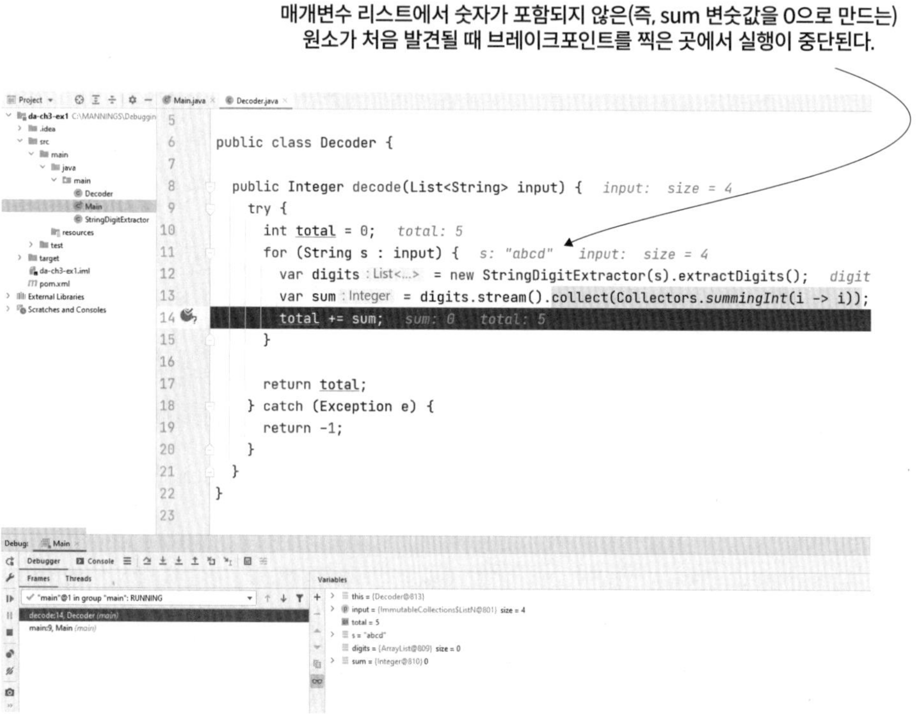

매개변수 리스트에서 숫자가 포함되지 않은(즉, sum 변숫값을 0으로 만드는) 원소가 처음 발견될 때 브레이크포인트를 찍은 곳에서 실행이 중단된다.

```java
public class Decoder {

    public Integer decode(List<String> input) {   input: size = 4
        try {
            int total = 0;   total: 5
            for (String s : input) {   s: "abcd"   input: size = 4
                var digits : List<...> = new StringDigitExtractor(s).extractDigits();   digit
                var sum : Integer = digits.stream().collect(Collectors.summingInt(i -> i));
                total += sum;   sum: 0   total: 5
            }

            return total;
        } catch (Exception e) {
            return -1;
        }
    }
}
```

그림 3.2 이런 식으로 해당되지 않는 케이스는 모두 건너뛰고 조건에 맞는 케이스부터 조사를 시작한다.

조건부 브레이크포인트를 잘 활용하면 조사하려는 특정한 케이스를 찾아 헤매지 않고 소중한 시간을 절약할 수 있다. 앱 실행을 허용하고 특정 조건을 충족할 경우에만 디버거가 실행을 중단하므로 정확한 시점부터 조사를 개시할 수 있다. 이렇게 사용법이 간단한데도 조건부 브레이크포인트가 있다는 사실조차 모르고 시나리오를 조사하느라 많은 시간을 허비하는 개발자가 의외로 많다.

물론, 멋지게 코드를 조사하는 조건부 브레이크포인트에도 단점이 있다. 조건부 브레이크포인트는 스코프에 있는 변숫값을 디버거가 지속적으로 가로채서 브레이크포인트 조건을 평가해야 하므로 실행 성능에 상당히 큰 영향을 미친다.

TIP 조건부 브레이크포인트는 조금만 사용하라. 실행 속도가 너무 느려지지 않도록 한 번에 하나씩만 찍는 것이 좋다.

조건부 브레이크포인트의 또 다른 용도는 여러 가지 표현식 값 또는 특정 조건에 대한 스택 트레이스 등의 세부 정보를 기록하는 것이다(그림 3.3).

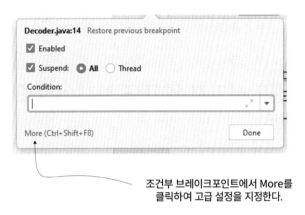

조건부 브레이크포인트에서 More를
클릭하여 고급 설정을 지정한다.

그림 3.3 브레이크포인트 고급 설정

아쉽게도 이 기능은 특정 IDE에서만 사용 가능하다. 예를 들어 Eclipse에서는 여기서 설명한 것처럼 조건부 브레이크포인트를 사용할 수 있지만, 실행 세부 정보를 로깅하는 용도로 사용하는 것은 불가능하다(그림 3.4).

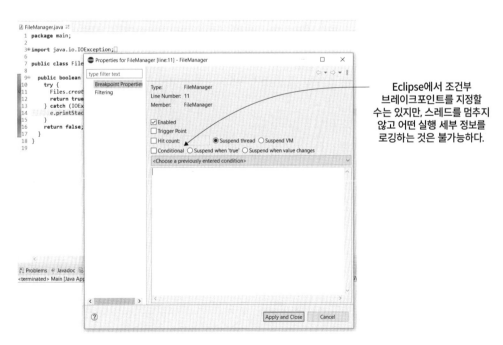

Eclipse에서 조건부
브레이크포인트를 지정할
수는 있지만, 스레드를 멈추지
않고 어떤 실행 세부 정보를
로깅하는 것은 불가능하다.

그림 3.4 IDE마다 디버깅 도구의 기능이 조금씩 다른데, Eclipse의 경우
조건부 브레이크포인트를 정의하는 것은 가능하나 로깅 기능은 사용할 수 없다.

그렇다면 이런 예제가 나오면 IntelliJ만 사용해야만 할까? 그렇지 않다. 이 책에 수록된 예제를 IntelliJ로 설명한다고 해서 다른 IDE보다 더 우수하다는 의미는 아니다. Eclipse, Netbeans, JDeveloper 등도 한번 써보라. 어느 한 가지 IDE에만 익숙해지지 않도록 다양한 선택지를 시험해보고 어느 것이 본인과 팀에 가장 적합한지 잘 따져보기 바란다.

3.2 실행을 중단시키지 않고도 브레이크포인트를 사용하는 방법

브레이크포인트를 사용하면 차후 코드를 조사할 때 유용하게 쓰일 메시지를 남길 수 있다. 앱 실행을 중단하지 않아도 실행 도중에 어떤 일이 일어났는지 자세하게 기록하는 것이다. 5장에서 배우게 될 로깅은 경우에 따라 더없이 훌륭한 조사 방법이다. 하지만 안타깝게도 조건부 브레이크포인트를 찍으면 쉽게 해결될 일을 굳이 로그 커맨드를 추가하느라 고생을 하는 개발자가 많다.

그림 3.5는 실행을 중단하지 않는 조건부 브레이크포인트를 설정하는 방법이다. 디버거는 브레이크포인트를 찍은 라인에 닿을 때마다 메시지를 기록한다. digits 변숫값과 실행 스택 트레이스를 디버거가 기록할 것이다.

그림 3.6은 조건부 브레이크포인트를 찍고 나서 앱을 실행한 결과다. 그림을 잘 보면 디버거가 콘솔에 실행 스택 트레이스를 기록했고 digits 변숫값이 빈 리스트 []로 표시된다. 이러한 구체적인 정보는 실제로 코드를 조사할 때 퍼즐을 맞추는 중요한 단서가 된다.

브레이크포인트에서 실행을 중단하지 않고
특정 세부 정보를 기록하도록 지시한다.

sum 변숫값이 0이면 digits 변숫값 및
스택 트레이스가 콘솔에 출력된다.

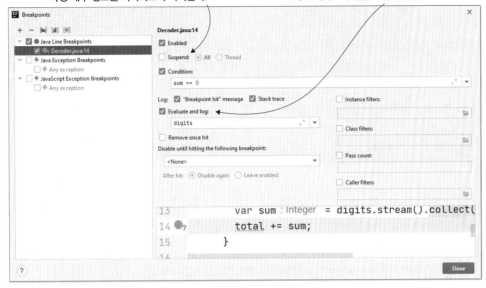

그림 3.5 조건부 브레이크포인트에서 조건을 지정하는 것뿐만 아니라, 케이스를 이해하는 데 필요한 데이터를
디버거가 기록하도록 고급 설정을 적용할 수 있다.

조건부 브레이크포인트에서 디버거가 실행을 중단하지 않고
digits 변숫값과 실행 스택 트레이스가 콘솔에 출력된다.

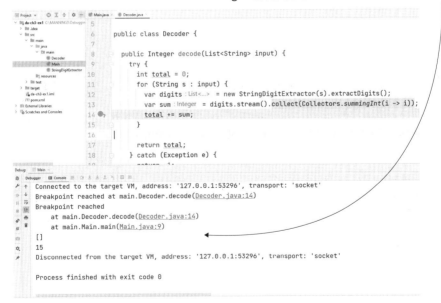

그림 3.6 브레이크포인트를 찍은 라인에서 실행이 중단되지 않고 메시지를 기록한다.

실행 스택 트레이스 : 시각화 표현 대 텍스트 표현

콘솔 화면에 스택 트레이스가 출력되는 모습은 보통 시각화 형태가 아닌, 텍스트 형태를 하고 있다. 콘솔이나 로그 파일 등 모든 텍스트 포맷으로 아웃풋을 저장할 수 있다는 점이 텍스트 표현의 장점일 것이다.

아래 그림은 디버거가 제공하는 실행 스택 트레이스의 시각화 표현과 텍스트 표현을 비교한 것이다. 어느 쪽이든 각 코드 라인이 어떻게 실행됐는지 파악하는 데 유용한 필수 세부 정보를 디버거가 제공한다는 점은 똑같다.

그림의 스택 트레이스를 보면 Main 클래스의 main() 메서드부터 실행이 시작되었다. 스택 트레이스의 첫 번째 레이어가 맨 밑바닥 레이어라는 사실을 상기하라. 9번째 라인에서 main() 메서드는 Decoder 클래스(레이어 2)의 decode() 메서드를 호출한 다음 브레이크포인트를 찍은 코드 라인을 호출했다.

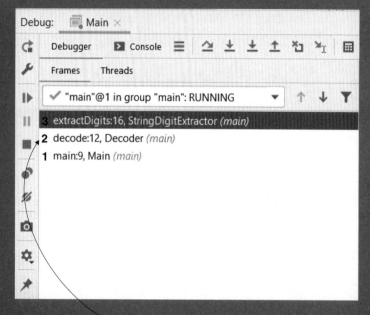

브레이크포인트에 도달했다.
3 at main.StringDigitExtractor.extractDigits(StringDigitExtractor.java:16)
2 at main.Decoder.decode(Decoder.java:12)
1 at main.Main.main(Main.java:9)

디버거에서 실행 스택 트레이스의 시각화 표현과 텍스트 표현을 비교한 그림.

스택 트레이스는 메서드가 어떻게 호출됐는지 나타내며, 실행 경로를 파악하는 데 충분한 세부 정보를 제공한다.

3.3 조사 시나리오를 동적으로 변경하기

디버깅 도중에 스코프 안에 있는 변숫값을 변경하는 식으로 코드 조사를 간편하게 해주는 또 다른 기법을 살펴보자. 잘 알아두면 엄청나게 시간을 절약할 수 있을 것이다. 먼저, 어떤 경우에 변숫값을 즉석에서 변경하는 것이 가장 효과적인지 살펴본 후, 예제를 통해 사용법을 자세히 알아보자.

이 장의 앞부분에서 설명한 조건부 브레이크포인트를 사용하면 어떤 조건이 만족할 경우(예: 주어진 변수가 어떤 값이 될 때)에만 디버거가 실행을 중단하도록 지시할 수 있다. 실행 시간이 짧은 로직이라면 보통 조건부 브레이크포인트만 잘 사용해도 충분하다. 가령, REST 엔드포인트(endpoint)를 통해 호출되는 로직을 디버깅하는 경우(특히, 로컬 환경에서 문제를 바로 재현하는 데 필요한 데이터를 갖고 있는 경우)에는 적절한 지점에 조건부 브레이크포인트를 찍어 실행을 중단시키면 된다. REST 통신으로 호출되는 로직이 그리 오래 실행될 리 없기 때문이다. 하지만 다음과 같은 시나리오도 고려해야 한다.

- 실행 시간이 긴 프로세스의 문제점을 조사하는 경우다. 예를 들어, 실행 완료까지 1시간 이상 걸리는 프로세스가 있고 특정 인숫값이 전달될 때에만 아웃풋이 엉뚱하게 나오는 것으로 의심되는데, 문제의 해결 방안을 결정하기 전에 의심스러운 부분을 확실히 살펴보고 싶다.
- 실행이 매우 빠른 코드가 있는데, 문제점을 로컬 환경에서 재현할 수 없는 경우다. 보안 제약(security constraint) 때문에 접근 불가한 프로덕션 환경에서만 문제가 발생하는데, 특정 인숫값과 연관이 있을 것 같은 느낌이 든다. 이 생각이 옳다는 사실을 증명하고 싶다.

첫 번째 시나리오에서는 브레이크포인트(일반 브레이크포인트든, 조건부 브레이크포인트든)가 소용이 없다. 프로세스의 맨 처음 시작될 때 일어나는 로직을 면밀하게 조사하지 않는 한, 프로세스가 실행되고 브레이크포인트가 찍힌 라인에서 중단될 때까지 기다리는 시간이 너무 길다(그림 3.7).

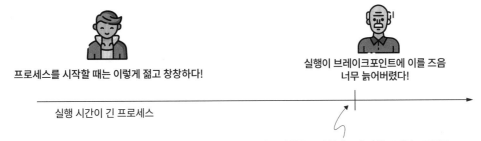

프로세스를 시작할 때는 이렇게 젊고 창창하다!

실행이 브레이크포인트에 이를 즈음 너무 늙어버렸다!

실행 시간이 긴 프로세스

프로세스 실행을 중단하려고 추가한 브레이크포인트

그림 3.7 실행 시간이 긴 프로세스에 브레이크포인트를 찍어 조사하는 것은 바람직하지 않다. 조사하려는 코드에 도달할 때까지 너무 오래 걸릴 때가 많고, 프로세스를 여러 번 재실행해야 하는 경우 많은 시간을 낭비할 공산이 크다.

두 번째 시나리오는 브레이크포인트를 사용해볼 만하다. 사실 4장에서 다루게 될 원격 디버깅 (remote debugging)이 유용한 조사 기법이지만, 아직 배우지 않았으니 여기서는 일단 건너뛰겠다. 문제를 일으킨 원인을 알고 있고 이를 증명하고 싶지만 적절한 데이터가 없는 경우에 변숫값을 그때그때 바꿔가며 조사를 해보는 것이다.

그림 3.8은 디버거가 실행을 중단시킨 상태에서 스코프에 있는 변수 중 하나의 값을 변경하는 장면이다. 값을 바꾸려는 변수를 선택한 다음 마우스 오른쪽 버튼을 클릭한다. 스코프 내 변수의 현재 값이 표시된 프레임이 있는데, 여기서 해당 변숫값을 변경한다(da-ch3-ex1/src/main/java/main/Decoder.java 참고).

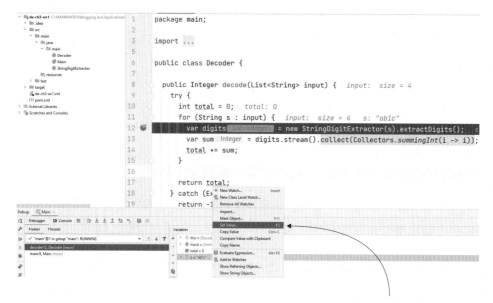

스코프에 있는 변수에 새로운 값을 지정해서
필요 시 나만의 조사 케이스를 만들 수 있다.

그림 3.8 디버거는 지정된 라인에서 실행을 멈추고 해당 변숫값을 화면에 표시하는데, 이 변숫값을 새로운 값으로 바꿔 의심이 가는 코드가 어떤 일을 하는지 검증할 수 있고 새로운 조사 케이스를 만들 수도 있다.

변수를 선택하고 타입에 맞는 값을 지정한다. 즉, `String` 변수는 `String` 값을 사용해야지, `long`이나 `Boolean` 값을 지정해선 안 된다(그림 3.9).

스코프에 있는 변숫값은 타입은 유지하고
값만 변경해야 한다. 여기서는 s 변숫값을
"ab1c"에서 "abcd"로 바꿨다.

그림 3.9 변숫값을 바꿔가며 다른 조건에서 실행할 때 어떻게 작동되는지 관찰한다.

이제 실행을 계속하면 앱은 변경된 값을 사용한다(그림 3.10). 즉, `extractDigits()`를 호출할 때 "ab1c" 대신 "abcd"를 인숫값으로 전달한다. "abcd" 스트링에는 숫자가 하나도 없으므로 이 메서드는 빈 리스트를 리턴할 것이다.

3.1절에서 배운 조건부 브레이크포인트와 데이터를 곧바로 변경하는 방식은 어떤 차이점이 있을까? 일단 두 방식 모두 어느 코드가 잠재적으로 문제를 일으킬 만한지 파악해야 한다. 그런 다음 다음과 같은 경우에는 조건부 브레이크포인트를 사용한다.

- 조사하려는 시나리오를 구동시키는 데 필요한 데이터를 갖고 있다. 방금 전 예제를 보면, 제공된 리스트에 원하는 동작을 일으키는 값이 필요하다.
- 조사 중인 코드의 실행 시간이 그리 길지 않다. 예를 들어 원소가 꽤 많은 리스트가 있는데 앱에서 처리하는 시간은 원소 하나당 수 초 정도라고 해보자. 이런 경우에 조건부 브레이크포인트를 사용하지 않으면 조사하는 데 많은 시간을 투자해야 할 수 있다.

한편, 다음과 같은 경우라면 변숫값을 그때그때 변경하는 편이 낫다.

- 조사하려는 시나리오를 구동시키는 데 필요한 데이터가 없다.
- 코드를 실행하는 데 너무 오래 걸린다.

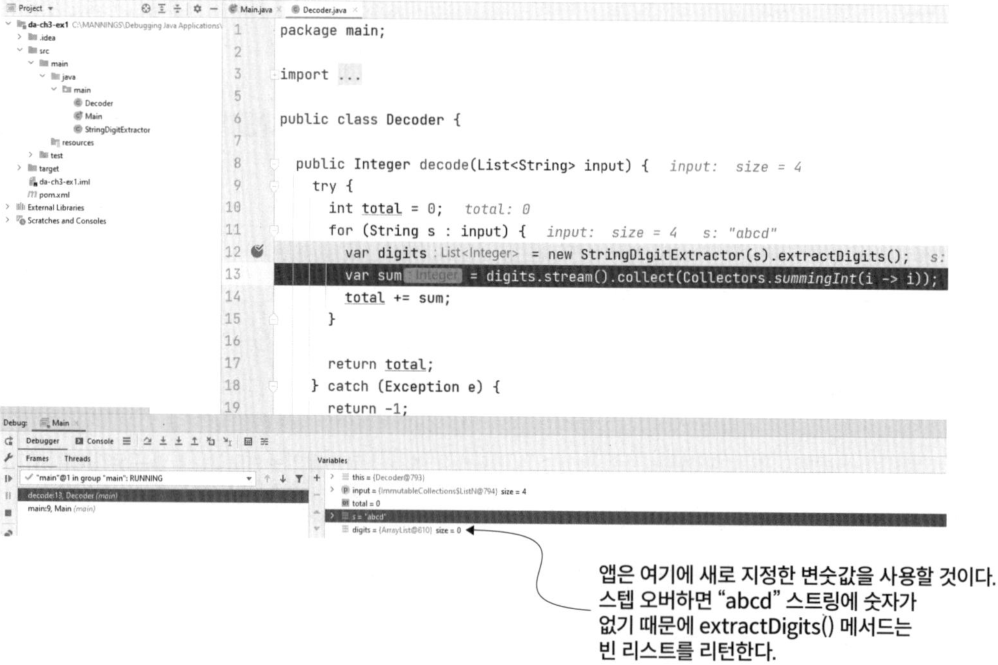

```
package main;

import ...

public class Decoder {

    public Integer decode(List<String> input) {   input: size = 4
        try {
            int total = 0;   total: 0
            for (String s : input) {   input: size = 4   s: "abcd"
                var digits : List<Integer> = new StringDigitExtractor(s).extractDigits();   s:
                var sum Integer = digits.stream().collect(Collectors.summingInt(i -> i));
                total += sum;
            }

            return total;
        } catch (Exception e) {
            return -1;
```

앱은 여기에 새로 지정한 변숫값을 사용할 것이다. 스텝 오버하면 "abcd" 스트링에 숫자가 없기 때문에 extractDigits() 메서드는 빈 리스트를 리턴한다.

그림 3.10 변숫값을 바꿔가며 당장 필요한 인풋 데이터가 없더라도 다양한 케이스를 즉시 테스트해볼 수 있다.

그렇다면 대체 조건부 브레이크포인트를 왜 사용하는 것일까, 하는 의문이 들 것이다. 언뜻 보면 변숫값을 즉석에서 변경하기만 해도 조사에 필요한 모든 환경을 만들어낼 수 있으니 조건부 브레이크포인트는 사용 가치가 떨어지는 것처럼 보일 수 있다.

둘 다 일장일단이 있다. 변숫값을 두어 개 정도만 바꿔서 해결 가능한 경우에는 변숫값을 그때그때 바꾸는 것이 훌륭한 방법이겠지만, 변경 범위가 늘어나면 시나리오가 점점 복잡해져 관리하기가 어려워진다.

3.4 조사 케이스를 되감기

한번 지나간 시간은 되돌릴 수 없지만, 코드는 디버거로 되돌릴 수 있다. 디버거로 코드를 조사하면서 '시간을 되돌리는' 이런 접근 방식을 **실행 프레임 드로핑**(execution frame dropping) 또는 **실행 프레임 퀴팅**(execution frame quitting)이라고 한다.

IntelliJ 환경에서 실제로 예제를 살펴보면서 이전에 설명한 방법과 비교하고 이 기법을 사용할 수 없는 경우를 살펴보도록 하자.

실행 프레임을 드롭한다는 것은, 실행 스택 트레이스에서 한 레이어 뒤로 간다는 뜻이다. 예를 들어, 어떤 메서드에 스텝 인투했다가 다시 되돌아가고 싶을 때, 실행 프레임을 삭제하면 메서드가 호출됐던 위치로 돌아가는 것이다.

프레임 드롭과 스텝 아웃은 둘 다 겉보기엔 현재 조사 플랜이 닫히고 메서드가 호출된 위치로 실행이 돌아가기 때문에 혼동하는 개발자가 많다. 하지만 한 가지 큰 차이점이 있다. 메서드에서 스텝 아웃하면 메서드가 리턴되거나 예외가 발생할 때까지 현재 플랜 내에서 실행이 계속된다. 그러다가 현재 메서드가 종료되면 그 즉시 디버거는 실행을 중단한다.

그림 3.11은 da-ch3-ex1 프로젝트에서 스텝 아웃이 어떻게 작동되는지 살펴본 것이다. 실행 스택 트레이스를 보면 현재 위치는 Decorder 클래스의 decode() 메서드가 호출한 extractDigits() 메서드다. 여기서 스텝 아웃하면 메서드가 리턴될 때까지 extractDigits()를 호출한 메서드에서 계속 실행되다가 decode() 메서드에서 실행이 중단된다. 즉, 스텝 아웃은 이 실행 플랜을 빨리 감아 (fast-forward) 이전 실행 플랜으로 되돌리는 일을 한다.

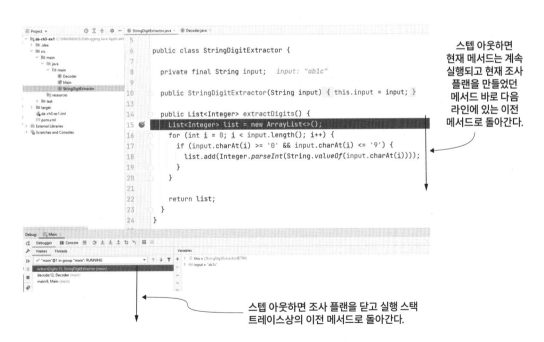

그림 3.11 스텝 아웃하면 실행을 재개하고 실행 스택에서 한 레이어씩 되돌릴 수 있다.

한편, 스텝 아웃과 달리 실행 프레임을 드롭하면 메서드가 호출되기 이전의 조사 플랜으로 돌아간다. 따라서 호출을 재생(replay)할 수 있다. 스텝 아웃이 빨리 감기라면 실행 프레임 드로핑은 되감기(rewind)인 셈이다(그림 3.12).

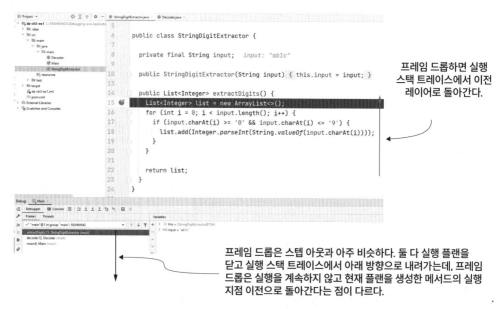

그림 3.12 프레임 드롭하면 실행 스택 트레이스에서 메서드를 호출하기 이전 레이어로 돌아가는데, 이런 식으로 스텝 인투 또는 스텝 오버하면 메서드 실행을 되감을 수 있다.

그림 3.13은 `extractDigits()` 메서드에서 스텝 아웃할 때와 `extractDigits()` 메서드에서 생성된 프레임을 드롭할 때를 비교한 것이다. 스텝 아웃하면 `decode()` 메서드의 12번째 라인으로 돌아가 `extractDigits()`가 호출되고 13번째 라인이 디버거가 실행하는 다음 코드 라인이 된다. 반면, 프레임을 드롭하면 `decode()` 메서드로 돌아가지만 디버거가 다음에 실행하는 라인은 12번째 라인이다. 기본적으로 `extractDigits()` 메서드의 실행 이전 라인으로 되돌리는 것이다.

그림 3.14는 IntelliJ에서 프레임 드롭을 수행하는 장면이다. 현재 실행 프레임을 드롭하려면 실행 스택 트레이스에서 메서드 레이어를 선택하고 마우스 오른쪽 버튼을 클릭한 후 Drop Frame을 선택한다.

프레임 드롭이 유용한 까닭은 무엇일까? 그리고 어떻게 이 기법으로 시간을 절약할 수 있을까? 3.3절에서 설명했듯이, 엔드포인트를 사용하여 특정 케이스를 조사하거나 변숫값을 변경하여 새로운 케이스를 만들 때 동일한 실행을 여러 번 반복하면 도움이 될 때가 많다. 디버거로 실행을 중단시켜 스텝 단위로 뜯어본다 해도 이해하기 어려운 코드가 있기 마련이다. 따라서 가끔씩 되돌아가 스텝을 리뷰하고 어떤 코드 커맨드가 어떻게 데이터를 변경하는지 살펴보면 무슨 일이 어떻게 돌아가고 있는지 이해할 수 있다.

extractDigits() 메서드에서 프레임 드롭하면
12번째 라인 앞의 이전 레이어로 돌아가
12번째 라인부터 실행이 재개된다.

extractDigits() 메서드에서 스텝 아웃하면 12번째 라인에서
이전 레이어로 돌아가 13번째 라인부터 실행이 재개된다.

그림 3.13 프레임 드롭과 스텝 아웃의 차이점

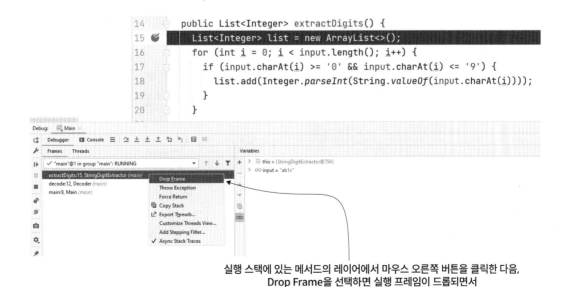

실행 스택에 있는 메서드의 레이어에서 마우스 오른쪽 버튼을 클릭한 다음,
Drop Frame을 선택하면 실행 프레임이 드롭되면서
현재 메서드 실행 이전 라인으로 돌아간다.

그림 3.14 실행 스택의 해당 메서드 레이어에서 프레임을 드롭하는 방법

여기서 한 가지 주의할 점이 있다. 프레임 드롭으로 어떤 커맨드를 반복하는 경우, 이 방법이 도움이 되기는커녕 혼란을 가중시킬 수도 있다. 그리고 앱의 내부 메모리 밖에서 값을 변경하는 커맨드를 실행하면, 이를테면 다음과 같은 경우에는 프레임을 드롭해도 해당 변경분은 되돌릴 수 없음을 유념하기 바란다(그림 3.15).

- DB에 있는 데이터를 수정한다(INSERT, UPDATE, DELETE).
- 파일 시스템을 변경한다(파일 생성, 삭제, 변경).
- 다른 앱을 호출하여 해당 앱의 데이터를 변경한다.
- 다른 앱이 읽는 큐에 메시지를 추가해서 해당 앱의 데이터를 변경한다.
- 이메일 메시지를 전송한다.

DB 데이터를 수정하는 트랜잭션을 커밋하는 프레임을 드롭할 수는 있다. 하지만 그렇게 해서 이전 커맨드로 돌아가도 트랜잭션이 변경한 내용은 실행 취소(undo)되지 않는다. 앱이 다른 서비스에 어떤 것을 게시하는 엔드포인트를 호출할 때에도 이 호출로 인해 변경된 데이터는 프레임을 드롭해도 되돌릴 수 없다. 앱이 이메일 메시지를 보내는 경우 역시 이미 보낸 메시지는 회수되지 않는다(그림 3.15).

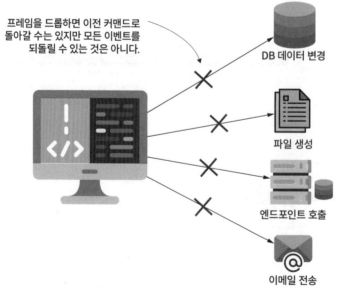

그림 3.15 프레임 드롭을 해도 실행 자체를 되돌릴 수 없는 유형의 이벤트가 있다.

앱 외부에서 데이터가 변경되는 경우, 동일한 코드를 반복해도 결과가 동일하지 않을 가능성이 있다는 점을 잘 살펴야 한다. 간단한 코드를 예로 들어보자. 예제 3.2에서 파일을 생성하는 코드 라인을 실행한 이후에 프레임을 드롭하면 어떻게 될까?

```
Files.createFile(Paths.get("File " + i));
```

생성된 파일은 아직 파일 시스템에 남아 있고 프레임을 드롭한 이후 코드를 재실행하면 파일이 이미 존재하기 때문에 예외가 발생할 것이다. 이는 디버깅을 하면서 시간을 거스르는 행위가 소용이 없다는 간단한 사례지만, 실무에서는 이런 문제가 명확하지 않은 경우도 있다는 사실이 더 큰 문제다. 따라서 이 방법을 사용하려고 작정했다면 가능한 한 큰 코드 조각의 반복 실행은 삼가고, 외부 변경을 일으키는 로직의 포함 여부를 꼼꼼히 확인하는 것이 좋다.

드롭된 프레임을 다시 실행했더니 비정상적인 것처럼 보이면 해당 코드가 외부에 있는 무언가를 변경했을 가능성이 높다. 하지만 대규모 앱에서는 이런 미묘한 차이가 제대로 감지되지 않을 때가 많다. 예를 들어 앱에서 특이한 라이브러리에 액세스하는 캐시 또는 로그 데이터를 사용하거나 인터셉터(애스펙트)와 완전히 디커플링된 코드를 실행하는 경우가 그렇다.

예제 3.2에서 `Files.createFile()` 메서드를 호출하면 새로운 파일이 파일 시스템에 탄생한다. 이 라인을 실행한 후 프레임을 드롭하면 `createFile()` 메서드가 호출되기 이전 라인으로 돌아가지만, 이미 만들어진 파일 자체는 사라지지 않는다.

예제 3.2 실행하면 앱 외부의 변경을 유발하는 메서드 File da-ch3-ex2/src/main/java/main/FileManager.java

```
public class FileManager {

public boolean createFile(int i) {
    try {
        Files.createFile(Paths.get("File " + i));  ◄──┐ 파일 시스템에
        Return true;                                    새로운 파일을 생성한다.
    } catch (IOException e) {
        e.printStackTrace();
    }
    return false;
}
}
```

요약

- 조건부 브레이크포인트는 불리언 조건식에 따라 달리 처리되는 브레이크포인트다. 디버거는 **true**인 경우, 즉 어떤 조건을 만족하는 경우에만 실행을 중단시킨다. 이렇게 하면 조사하려는 지점에 도달할 때까지 코드를 계속 탐색해야 하는 수고를 덜 수 있다.

- 브레이크포인트를 사용하면 앱 실행을 중단하지 않고도 원하는 변숫값을 콘솔에 찍어볼 수 있다. 코드를 변경하지 않아도 로그 메시지를 추가할 수 있어 매우 유용한 방법이다.

- 디버거가 특정 코드 라인에서 실행을 중단시킬 때 조사 의도에 따라 데이터를 즉석에서 변경함으로써 커스텀 시나리오를 만들 수 있다. 덕분에 조건부 브레이크포인트에 도달할 때까지 기다릴 필요가 없고, 이렇게 디버깅 도중 데이터를 변경할 수 있으면 어떤 환경에서 데이터를 준비하느라 소요되는 시간을 아낄 수 있다.

- 변숫값을 변경해서 커스텀 조사 시나리오를 만드는 행위는 장시간 실행되는 프로세스의 일부 로직만 파악하려는 경우나 앱이 실행되는 환경에 적당한 데이터가 없을 때 능률적인 방법이다. 그러나 한 번에 둘 이상의 변숫값을 변경하면 복잡도가 급격히 증가하여 조사하기가 어려워질 수 있다.

- 조사 플랜에서 스텝 아웃하면 메서드가 호출되기 이전 지점으로 돌아갈 수 있다. 이를 프레임 드롭이라고 하는데, 경우에 따라 바람직하지 않은 부수 효과가 발생할 수 있다. 앱이 외부에 어떤 변경을 가하는 경우(예: 트랜잭션을 커밋하여 DB 레코드를 변경, 파일 시스템에 있는 파일 교체, 다른 앱의 REST API 호출)에는 이전 실행 단계로 돌아갈 수는 있어도 변경분까지 되돌리는 것은 불가능하다.

원격 앱 디버깅

이 장의 주요 내용

- 원격 환경에 설치된 앱을 디버깅
- 실무 예제를 통해 디버깅 스킬 업그레이드

최근에 친구 중 한 명이 개발 중인 소프트웨어에서 어떤 부분이 느려지는 문제로 골치를 앓았다. 일반적으로 이와 같은 성능 이슈는 DB 접속 또는 파일 읽기/쓰기 등의 I/O 인터페이스가 원인으로 지목되곤 한다. 실제로 이러한 인터페이스가 종종 앱을 느려지게 만드는 경우가 많은데, 이 경우는 인터페이스가 원인이 아니었다.

확인 결과 랜덤값(random value), 즉 DB에 저장된 UUID(Universally Unique Identifier, 범용 고유 식별자)[1]의 단순 생성이 성능 이슈의 원인으로 밝혀졌다. 운영체제는 하드웨어 소스(예: 마우스 조작, 키보드 등)를 사용하여 **엔트로피**(entropy)라는 랜덤성(randomness)을 수집하고, 앱은 이 랜덤성을 이용하여 랜덤값을 생성한다. 그러나 가상머신이나 컨테이너 같은 가상화 환경(virtualized environment, 요즘은 흔한 앱 배포 환경이다)에 앱을 배포할 때에는 운영체제에서 엔트로피를 만들어낼 소스가 적다. 따라서 앱이 필요한 랜덤값을 생성하기에 엔트로피가 충분하지 않았던 것이다.

---

1   옮긴이 https://ko.wikipedia.org/wiki/범용_고유_식별자

이러한 상황은 성능 이슈를 유발하고 경우에 따라 앱 보안에도 부정적인 영향을 미칠 수 있다.

이런 종류의 문제는 그것이 일어난 환경에 직접 접속해보지 않는 이상 조사하기가 매우 까다롭다. 특정한 환경의 특정한 케이스만 조사하는 원격 디버깅은 바로 이런 상황에서 효과적인 해결책이다. 여러분의 고객이 발견하여 제보한 현상을 여러분의 PC에서 실행해보니 아무 문제가 없었다고 해보자. "제 컴퓨터에선 문제가 없던데요?" 이렇게 말한들 고객 입장에서 문제가 해결된 것이라고 할 수 있을까?

내 컴퓨터에서 문제를 재현할 수 없으면 문제가 일어난 환경에 직접 연결해야 한다. 달리 뾰족한 대책이 없거나 다시 만들어낼 수 없는 문제를 어떻게든 조치하느라 고생해야 한다면, 원격 디버깅을 시도해볼 만한 상황이다. 이 장에서는 **원격 디버깅**으로 외부 환경에 설치된 앱을 디버깅하는 방법을 자세히 알아보겠다(그림 4.1).

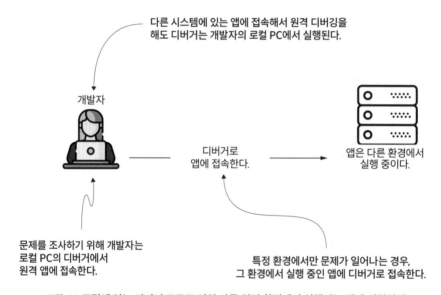

그림 4.1 로컬에 있는 디버거 도구로 전혀 다른 원격 환경에서 실행되는 앱에 연결하면 특정 환경에서만 일어나는 문제를 조사할 수 있다.

4.1 원격 디버깅이란?

원격 디버깅이란 무엇일까? 어떤 경우에 사용하고, 어떤 경우에는 사용하지 말아야 할까? 사실 원격 디버깅이라고 해봐야 2, 3장에서 설명한 디버깅 기술을 로컬 시스템 대신 외부 환경에 있는 앱에 적용하는 것에 불과하다. 그럼 왜 원격 환경에 이런 기술을 구사해야 할까? 이 질문에 답하려면 먼저 일반적인 소프트웨어 개발 프로세스를 간략히 살펴볼 필요가 있다.

아마 로컬 시스템에 사용하려고 앱 개발을 하는 개발자는 거의 없을 것이다. 앱 개발의 최종 목표는 프로덕션 환경에 배포해서 고객의 다양한 비즈니스 문제를 해결하는 데 도움을 주는 것이다. 그런데 소프트웨어를 구현할 때 작성한 앱을 사용자의 환경, 즉 **프로덕션 환경**에 바로 배포하는 일은 드물다. 최대한 프로덕션과 유사한 환경에서 기능과 수정 사항을 테스트한 후, 실제 데이터로 작동되는 프로덕션 환경에 설치하는 것이 보통이다.

앱을 개발할 때에는 적어도 다음 세 가지 환경을 사용한다(그림 4.2).

- **개발 환경**(devlopment environment, DEV): 앱을 배포할 환경과 유사한 환경이다. 개발자는 주로 로컬 시스템에서 개발을 진행하고 이 환경에서 새로운 기능과 수정 사항을 테스트한다.
- **사용자 인수 테스트 환경**(user acceptance test, UAT): 개발 환경에서 테스트를 마친 앱은 사용자 인수 테스트 환경에 설치된다. 사용자는 새로운 구현체와 수정된 코드를 시험하고, 실제 데이터가 있는 프로덕션 환경에 앱을 배포하기 전에 정상 작동하는지 확인한다.
- **프로덕션 환경**(production environment, PROD): 새로운 구현체가 예상대로 잘 작동되고 사용상 문제가 없다면 프로덕션 환경에 앱을 설치한다.

그러나 만약 로컬 PC에서는 문제가 없던 앱이 다른 환경에서 오작동을 일으킨다면? 여러분도 아마 몇 차례 이런 경험을 해본 적이 있을 것이다. 똑같이 컴파일한 앱인데 환경이 달라지면 다르게 작동되는 경우가 종종 있다. 흔히 이런 차이가 발생하는 이유는 몇 가지가 있다.

- 앱 환경에서 사용되는 데이터가 다르다. 환경마다 다른 DB 인스턴스를 사용하고 설정 파일도 다르다.
- 앱이 설치된 운영체제가 다르다.
- 배포 체계가 다르다. 예를 들어 환경 A에서는 가상머신에 직접 배포하는 반면, 환경 B에서는 쿠버네티스(Kubernetes)[2] 같은 컨테이너화 솔루션(containerized solution)을 사용하는 경우가 그렇다.
- 퍼미션 설정(permission setup)이 환경마다 다르다.
- 리소스(메모리 할당이나 CPU 종류)가 환경마다 다르다.

---

2 [옮긴이] https://kubernetes.io/

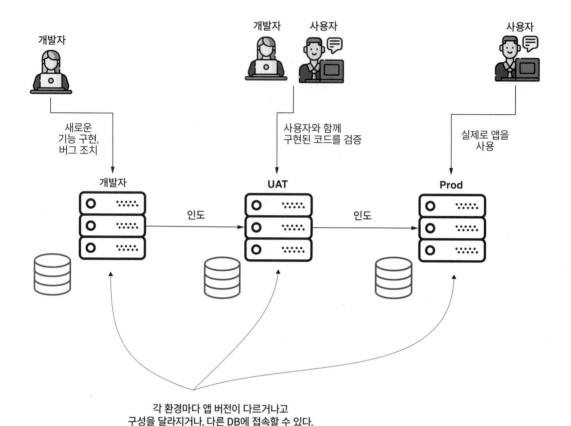

개발자

새로운
기능 구현,
버그 조치

개발자

인도

개발자   사용자

사용자와 함께
구현된 코드를 검증

UAT

인도

사용자

실제로 앱을
사용

Prod

각 환경마다 앱 버전이 다르거나고
구성을 달라지거나, 다른 DB에 접속할 수 있다.

**그림 4.2 실제로 앱을 빌드하는 환경은 다양하다. 먼저, 개발(DEV) 환경에서 앱을 빌드하고 어느 정도 준비가 되면
사용자 인수 테스트(UAT) 환경에서 사용자(또는 기타 이해 관계자)에게 선보인다.
제대로 기능이 구현됐다고 확인된 후에는 프로덕션(PROD) 환경에 배포한다.**

이 밖에도 아웃풋이나 동작을 달라지게 만들 수 있는 요인은 다양하다. 얼마 전에도 나는 이런 문제를 겪은 바 있다. 어떤 웹 서비스로 HTTP 요청을 할 때마다 아웃풋이 다르게 나오는 문제였다. 불행히도 보안 제약 때문에 개발 환경에서는 프로덕션과 동일한 엔드포인트를 사용할 수 없었다. 또 문제가 생긴 환경에서 앱이 사용한 엔드포인트에 접속할 수 없는 상황이었다. 이러한 악조건으로 인해 조사는 매우 힘들었다(솔직히 말해서 우리 팀은 디버깅을 시작하기 전까지 설마 엔드포인트에 문제가 있으리라고는 상상조차 못 했다).

원격 디버깅은 이와 같은 상황에서 소프트웨어 동작을 더 빨리 이해하는 데 큰 도움이 될 수 있다. 그러나 한 가지는 꼭 명심하라. 어떤 경우에도 프로덕션 환경에서 원격 디버깅을 사용해서는 안 된다. 그리고 항상 사용하는 다양한 환경 사이의 차이점을 정확히 이해하라(그림 4.3).

환경마다 서로 어떤 차이점이 있는지 관심을 갖고 살펴보면 어디부터 잘못됐는지 단서를 얻을 수 있다. 덕분에 여러분이 이미 경험적으로 해답을 알고 있는 문제를 처음부터 다시 조사할 필요가 없게 되어 많은 시간을 절약할 수 있다.

곧 설명하겠지만 원격 디버깅을 하려면 앱을 실행할 때 **에이전트**(agent)라는 소프트웨어를 앱에 부착해야 한다. 이 디버깅 에이전트를 붙이면 이런 현상이 나타날 수 있다(그래서 프로덕션 환경에서 원격 디버깅을 하지 말라는 것이다).

- 에이전트 때문에 앱 실행 속도가 느려질 수 있다. 속도가 느려지면 예기치 않은 성능 문제가 발생할 수 있다.
- 에이전트가 디버거 도구와 통신하려면 네트워크를 통해야 하는데, 특정 포트를 오픈하는 과정에서 보안 취약 요소가 발생할 수 있다.
- 앱의 어떤 부분을 다른 곳에서 동시 사용 중일 경우, 해당 코드를 디버깅하면 전체적인 기능에 간섭을 일으킬 수 있다.
- 디버깅을 하다가 앱이 무한정 차단돼서 프로세스를 재시작해야 할 때도 있다.

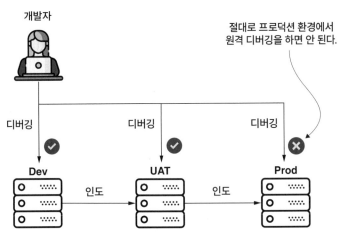

그림 4.3 개발 및 UAT 환경에서 앱을 개발하고 디버깅하는 것은 얼마든지 괜찮다. 그러나 프로덕션 환경에서는 앱을 이용하는 사용자를 방해할 수 있고 실수로 개인정보가 노출되면 보안 사고가 발생할 수 있으므로 원격 디버깅은 금물이다.

4.2 원격 환경에서 조사하기

원격 환경에서 실행되는 앱을 실제로 디버깅해보자. 먼저 예제 시나리오를 소개하고, 원격 디버깅을 하려면 앱을 어떻게 시작하는지 설명한다. 그리고 2, 3장에서 배운 기법으로 원격 환경에서 실행되는 앱에 디버거를 붙이는 방법을 알아본다.

4.2.1 시나리오

많은 고객사에서 운용 중인 대규모 재고 관리 앱을 유지보수하는 팀이 있다고 하자. 최근 이 팀은 고객이 비용을 쉽게 관리할 수 있도록 새로운 기능을 구현했다. 개발 환경에서 성공적으로 기능 테스트를 마치고 UAT 환경에도 앱을 설치했다. 이제 완성된 앱을 프로덕션 환경에 배포하기 전에 최종 검증하는 일만 남았다. 하지만 테스트 담당자가 하는 말이, 웹 화면에 새 데이터가 표시되어야 하는데 화면에 아무것도 안 나온다는 것이다.

걱정스러운 마음에 급히 살펴보니 적어도 프런트엔드 문제는 아닌 듯싶고 백엔드 엔드포인트가 오작동하는 것 같았다. UAT 환경에서 엔드포인트를 호출하면 HTTP 응답 상태 코드는 200 OK이지만 앱은 아무 데이터도 리턴하지 않는다(그림 4.4). 로그를 확인했지만 단서가 될 만한 정보는 없다. 결국, 로컬이나 개발 환경에서는 문제를 재현할 수 없으니 UAT 환경에서 원격으로 디버거를 연결하여 원인을 조사하기로 결정했다.

> **NOTE** 지금 우리는 원격 환경에서 실행되는 앱을 디버깅 방법을 이야기하고 있지만, 실습 편의상 로컬 시스템이 원격 환경이라고 가정하겠다. 그래서 다른 시스템에서 실행 중인 앱에 접속하려면 마땅히 IP 주소나 DNS명을 기재해야 하겠지만, 여기서는 그냥 localhost를 사용하여 로컬 시스템에 있는 앱에 접속하는 것이다.

8080 포트를 통해 /api/product/total/costs
엔드포인트를 HTTP GET한다.

Send 버튼을 클릭하면 HTTP 요청이
앱에 전송된다.

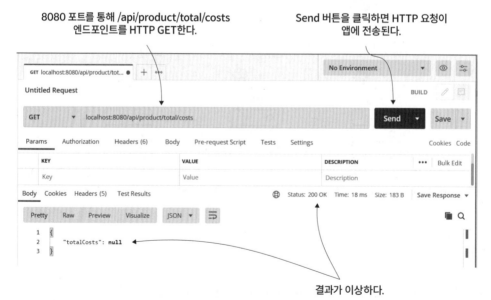

결과가 이상하다.

그림 4.4 원격 디버깅 시나리오. 엔트포인트를 호출하면 DB에서 총 비용을 가져와 응답해야 하는데,
이상하게도 HTTP 응답 코드는 200 OK지만 null이 리턴된다.

4.2.2 원격 환경의 문제 조사하기

이제 앞 절에서 소개한 예제 시나리오를 원격 디버깅을 사용해서 조사해보자. 원격 디버거에 앱을 연결할 수 있도록 앱을 구성한 뒤, 디버거를 붙여 문제의 원인을 찾는 방법이다.

실제 환경에서 실행 중인 앱은 당연히 원격 디버깅을 허용하도록 구성되지는 않았을 것이다. 그러므로 먼저 원격 디버깅의 전체 그림을 이해하고 이 접근 방식의 전제 조건이 무엇인지 알고 시작하자.

원격 디버깅할 앱은 커맨드 라인에서 java로 앱을 시작할 때 -agentlib:jdwp[3] 매개변수를 추가하여 디버거 에이전트(debugger agent)를 연결시켜야 한다(그림 4.5). 이때 디버거 도구를 연결할 포트 번호를 지정한다. 기본적으로 디버거 에이전트는 일종의 서버처럼 작동되면서, 디버거 도구가 설정된 포트에 접속해서 (브레이크포인트에서 실행 중단하여 스텝 오버, 스텝 인투 등을 하는 식으로) 디버깅 작업을 수행할 수 있는 관문 역할을 한다.

그림 4.5 로컬에서는 IDE가 알아서 디버거를 부착하지만, 원격 환경의 앱을 디버깅할 때는 여러분이 직접 앱에 디버거 에이전트를 부착해야 한다.

다음 커맨드 라인을 복사하여 붙여넣으면 된다.

```
java -jar -agentlib:jdwp=transport=dt_socket,
→ server=y,suspend=n,address=*:5005 app.jar
```

---

3 [옮긴이] JDWP(Java Debugging Wire Protocol)는 디버깅 프로세스(디버거)와 디버거(IntelliJ 같은 IDE)가 서로 주고받는 데이터 포맷을 정의한 프로토콜이다.

여기서 설정한 내용은 다음과 같다.

- transport=dt_socket: 디버거 도구가 디버거 에이전트와 통신하는 방식을 지정한 것이다. dt_socket은 네트워크를 통해 TCP/IP 접속을 하겠다는 뜻이다. 에이전트와 디버거는 항상 이 방식으로 통신한다.

- server=y: 앱 실행에 부착한 에이전트를 서버로 사용한다는 의미다. 에이전트는 디버거 도구가 자신에게 접속할 때까지 기다리고 이를 통해 앱 실행을 제어한다. server=n으로 설정하면 디버거 에이전트를 시작하지 않고 바로 접속할 수 있다.

- suspend=n: 디버거 도구가 접속하길 기다리지 않고 앱을 시작한다는 것이다. suspend=y로 설정하면 디버거에 접속할 때까지 앱을 실행하지 않는다. 예제는 웹 애플리케이션이고 엔드포인트 중 하나를 호출할 때 문제가 발생하고 있으므로 엔드포인트를 호출하기 전에 앱을 시작해야 한다. 서버 부팅 프로세스에 문제가 있어 조사를 한다면 디버거 도구가 접속한 이후 앱을 시작해야 할 테니 suspend=y로 설정해야 할 것이다.

- address=*:5005: 디버거 도구가 에이전트와 5005 포트로 통신하도록 선언한다. 시스템에서 이미 사용 중인 포트는 지정하면 안 되며, 디버거 도구와 에이전트 간 통신에 문제가 없도록 (방화벽에서 해당 포트를 오픈하는 등의) 네트워크 작업이 필요하다.

그림 4.6은 디버거 에이전트를 부착한 채 앱을 시작하는 장면이다. 이렇게 커맨드를 실행하면 에이전트가 5005번 포트를 리스닝 중이라는 메시지가 출력된다.

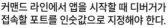

커맨드 라인에서 앱을 시작할 때 디버거가
접속할 포트를 인숫값으로 지정해야 한다.

```
$ java -jar -agentlib:jdwp=transport=dt_socket,server=y,suspend=n,address=*:5005 da-ch4-ex1-0.0.1-SNAPSHO
T.jar
Listening for transport dt_socket at address: 5005
```

```
:: Spring Boot ::              (v2.4.1)

2021-08-21 08:59:12.122  INFO 83884 --- [          main] com.example.Main                    : Star
ting Main v0.0.1-SNAPSHOT using Java 11.0.12 on EN1310832 with PID 83884 (C:\MANNINGS\Debugging Java Appl
ications\CODE\spilca3\code\da-ch4-ex1\target\da-ch4-ex1-0.0.1-SNAPSHOT.jar started by lspilca in C:\MANNI
NGS\Debugging Java Applications\CODE\spilca3\code\da-ch4-ex1\target)
```

그림 4.6 앱을 시작하면 디버깅 에이전트가 5005번 포트로 디버거가 접속하기를 기다린다.

일단 원격지에 있는 앱에 디버거 에이전트를 부착하면 문제가 생겼을 때 언제라도 디버거로 접속해서 조사할 수 있다. 물론, 두 앱(디버거 도구와 디버거 에이전트) 간 네트워크 통신이 가능해야 하는데, 이 예제는 두 앱 모두 로컬 호스트에서 실행되기 때문에 네트워크는 신경 쓸 이유가 없다.

그러나 실무에서 원격 디버깅을 하려면 사전에 통신이 가능한지 미리 확인하라. 방화벽 등으로 차단되어 통신이 불가할 경우 인프라 팀에 포트 오픈을 요청해야 한다. 프로덕션 환경에서 포트는 보안상의 이유로 대부분 막혀 있다는 사실을 기억하기 바란다.

자, 그럼 IntelliJ 환경에서 원격 앱에 디버거로 접속하는 방법을 알아보자. 원격 환경에서 실행 중인 앱에 디버거로 접속하는 절차는 다음과 같다.

1. 실행 구성(running configuration)을 새로 추가한다(그림 4.7, 4.8, 4.9).
2. 디버거 에이전트의 원격지 주소(IP 주소 및 포트)를 설정한다(그림 4.10).
3. 앱 디버깅을 시작한다(그림 4.11, 4.12).

원격 디버깅 구성을 추가하려면
메뉴 바에서 [Edit Configurations...]를 선택한다.

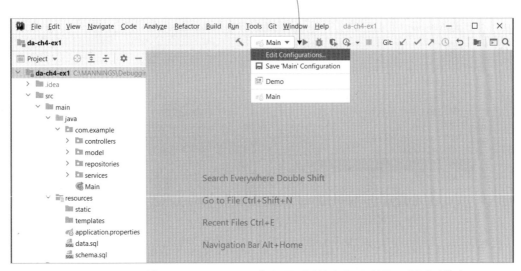

그림 4.7 IntelliJ에서 [Edit Configurations...] 메뉴를 선택하면 새로운 실행 구성을 추가한다.

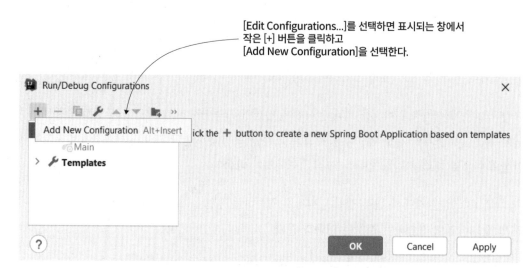

[Edit Configurations...]를 선택하면 표시되는 창에서
작은 [+] 버튼을 클릭하고
[Add New Configuration]을 선택한다.

그림 4.8 [Add New Configuration]을 선택하여 새로운 실행 구성을 추가한다.

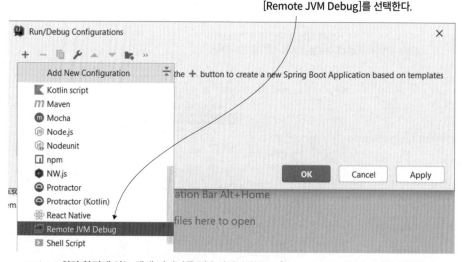

구성 항목 중에서
[Remote JVM Debug]를 선택한다.

그림 4.9 원격 환경에 있는 앱에 디버거를 접속시켜야 하므로 [Remote JVM Debug]를 선택한다.

그림 4.10처럼 디버거 에이전트의 주소를 기재하는데, 예제는 디버거와 동일한 시스템에서 앱을 실행하므로 localhost로 입력한다. 실제 환경에서는 앱이 실행 중인 다른 시스템의 IP 주소를 입력하면 된다. 디버거가 접속할 에이전트의 리스닝 포트는 5005로 설정한다.

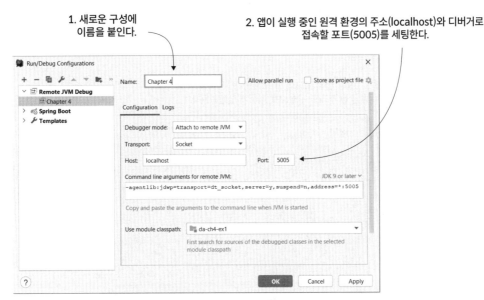

1. 새로운 구성에
이름을 붙인다.

2. 앱이 실행 중인 원격 환경의 주소(localhost)와 디버거로
접속할 포트(5005)를 세팅한다.

그림 4.10 새로운 실행 구성을 명명한 다음, 필요한 원격 환경의 상세 정보를 기재한다.
주소와 디버거 에이전트가 리스닝할 포트 번호(여기서는 5005)를 기재한다.

이제 디버거 도구에서 에이전트에 5005번 포트로 접속한다(그림 4.11). 디버거 에이전트의 리스닝 포트(5005)와 웹 앱의 서비스 포트(8080)를 혼동하지 말자.

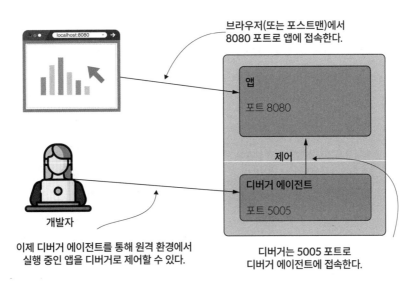

브라우저(또는 포스트맨)에서
8080 포트로 앱에 접속한다.

이제 디버거 에이전트를 통해 원격 환경에서
실행 중인 앱을 디버거로 제어할 수 있다.

디버거는 5005 포트로
디버거 에이전트에 접속한다.

그림 4.11 개발자 PC의 디버거 도구에서 5005 포트로 에이전트에 접속하면 이 에이전트로 앱을 제어할 수 있다. 앱 자체의 8080 포트는 앱 클라이언트(웹이라면 브라우저) 전용 포트다.

모든 작업이 끝났으면 디버거를 시작해보자(그림 4.12). 디버거가 원격 앱에 부착된 에이전트와 '대화'를 시작하고 실행을 제어할 수 있을 것이다.

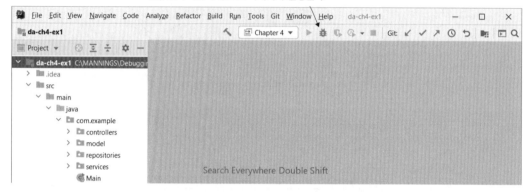

그림 4.12 새로 추가한 구성으로 디버거를 실행한다.

디버거 사용법은 2, 3장과 동일하다. 단, 사용하는 코드의 버전을 잘 살펴야 한다(그림 4.13). 로컬에서 디버깅을 할 때는 IDE가 앱을 컴파일한 후 새로 컴파일된 코드에 디버거를 부착한다는 사실을 알고 있다. 그러나 원격 앱에 접속하는 경우, 내가 갖고 있는 소스 코드와 디버거를 접속시킨 원격 앱의 컴파일된 코드가 일치하지 않을 수도 있다. 팀 차원에서 새로운 조사 작업에 착수했다면 조사 대상 코드가 그 사이에 변경, 추가, 삭제됐을지도 모른다. 버전이 다른 소스 코드를 사용하면 디버거가 이상하고 혼란스럽게 작동할 수 있다. 예를 들면, 디버거 화면에 빈 라인 또는 메서드나 클래스 밖에 있는 라인까지 탐색하고 있는 것처럼 보일 수 있다. 실행 스택 트레이스 결과도 예상과는 전혀 다르게 찍힐 수 있다.

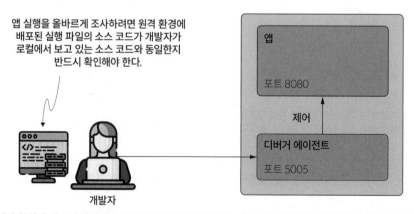

그림 4.13 원격 환경에 배포된 앱의 소스 코드와 개발자가 보고 있는 소스 코드의 버전이 일치해야 한다. 제대로 확인하지 않고 디버깅을 진행하면 조사하려는 코드와 디버거의 동작이 서로 어긋나서 혼란만 가중될 수 있다.

요즘은 다행히 깃(Git)이나 SVN 같은 소스 코드 버전 관리 소프트웨어를 많이 쓰기 때문에 배포된 앱을 빌드한 소스 코드의 버전을 확인할 수 있다. 디버깅을 하기 전에 원격으로 조사하려는 앱에 컴파일된 소스 코드가 로컬에 갖고 있는 소스 코드와 일치하는지 항상 확인하라. 소스 코드 버전 관리 도구를 사용하면 버전을 정확히 맞출 수 있다.

연습 문제를 하나 낼게요!
잠깐 책을 내려놓고 이 문제를 한번 풀어보세요.

앱이 이상하게 작동하는 원인은 무엇일까?
여러분은 이 문제를 어떻게 해결할 것인가?

자, 문제가 발생한 첫 번째 라인, 즉 ProductService 클래스의 23번째 라인에 브레이크포인트를 추가해보자(그림 4.14). 앱은 데이터를 DB에서 가져와 HTTP 응답으로 리턴할 것이다. 일단, DB에서 올바른 데이터를 조회하는지 확인해야 하므로 이 라인에서 실행을 끊고 스텝 오버하여 결과를 확인한다.

ProductService 클래스의 23번째 라인에 브레이크포인트를 찍고 로컬에서 디버거로 하던 것처럼 코드를 탐색한다.

```
public ProductService(ProductRepository productRepository) {
    this.productRepository = productRepository;
}

public TotalCostResponse getTotalCosts() {
    TotalCostResponse response = new TotalCostResponse();
    try {
        var products :List<Product> = productRepository.findAll();

        var costs :Map<String, BigDecimal> = products.stream()
            .collect(Collectors.toMap(
                Product::getName,
                p -> p.getPrice().multiply(new BigDecimal(p.getQuantity(
```

그림 4.14 로컬에서 앱을 디버깅하듯이 브레이크포인트를 찍어가며 코드를 탐색한다.

브레이크포인트를 찍고 포스트맨(또는 이와 유사한 도구)을 사용하여 결과가 이상하게 리턴되는 HTTP 요청을 보낸다(그림 4.15). 포스트맨(Postman)[4]은 GUI 화면에서 엔드포인트를 테스트하는 간

4　https://www.postman.com/downloads/

단한 도구다. 요즘 이런 도구는 많은 개발자가 선호하는 필수품이다. 포스트맨처럼 사용자 친화적인(user-friendly) GUI 도구도 있지만, 커맨드 라인을 선호하는 사람은 cURL 같은 도구를 사용해도 된다. 여기서는 편의상 포스트맨을 사용하겠다.

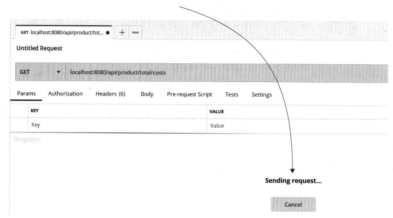

포스트맨 등의 HTTP 도구에서 엔드포인트에 요청을 보내도
브레이크포인트가 찍힌 라인에서 디버거가 앱 실행을
멈추었기 때문에 요청은 완료되지 않고 처리가 보류된다.

그림 4.15 HTTP 요청을 전송해도 브레이크포인트를 찍은 라인에서 앱 실행이 중단됐기 때문에
응답은 바로 리턴되지 않는다.

디버거가 브레이크포인트를 찍은 라인에서 앱 실행이 중단되기 때문에 포스트맨은 HTTP 응답을 즉시 화면에 표시하는 대신, 요청 보류 중인 상태로 표시한다(그림 4.16). 이제 문제의 원인을 찾아 탐사를 떠날 때다.

브레이크포인트가 있는 라인에서 실행이 중단됐다.
이제 코드를 탐색하면서 문제의 원인을 찾으면 된다.

그림 4.16 IDE 화면을 보면 브레이크포인트를 찍은 라인에서 디버거가 실행을 중단했다는 사실을 알 수 있다.

스텝 오버를 해보니 앱이 DB에서 데이터를 리턴하는 게 아니라 예외를 던지고 있음을 알 수 있다 (그림 4.17). 슬슬 문제의 윤곽이 드러나기 시작한다.

1. 이 기능을 구현한 개발자는 DB에서 null 값이 가능한 열(column, 컬럼)을 자바 프리미티브 타입으로 표현했다. 프리미티브 타입은 객체가 아니라서 null 값을 가질 수 없기 때문에 앱은 예외를 던진다.

2. 개발자는 printStackTrace() 메서드를 사용해서 예외 메시지를 출력했지만 별로 도움은 안 된다. 다양한 환경에 맞게 아웃풋을 구성하기가 쉽지 않기 때문이다. 애당초 로그에 아무것도 안 나왔던 것도 이 때문이었을 것이다(자세한 내용은 5장에서 설명한다).

3. 로컬 및 개발 환경에서 이 문제가 발생하지 않았던 이유는 DB의 해당 필드에 null 값이 없었기 때문이다.

누가 봐도 확실히 이 코드는 리팩터링이 필요하다. 팀 전체 회고 미팅(retrospective meeting) 때 코드 리뷰 프로세스를 어떻게 개선하는 것이 좋을지 논의해보는 것도 좋겠다. 어쨌든 드디어 문제의 원인을 발견했고 해결 방법을 알게 되어 기쁘다!

그림 4.17 스텝 오버하니 바로 앱에서 예외가 발생했고 문제의 원인을 곧바로 찾았다.

Eclipse IDE에서 원격 디버깅 설정하기

이 책 예제는 모두 IntelliJ를 기본 IDE로 채택했지만, 특정 IDE에서만 디버깅을 할 수 있는 것은 아니다. 책에서 설명한 다양한 기법은 다른 도구에서도 가능하다. 가령, Eclipse에서도 얼마든지 원격 디버깅을 할 수 있다.

다음 그림은 Eclipse에서 디버깅 구성을 새로 추가하는 방법이다.

Eclipse에서 새 디버깅 구성을 추가하려면
[Run] > [Debug Configurations…]를 선택한다.

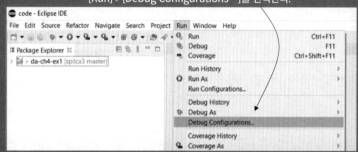

Eclipse에서 디버그 구성을 새로 추가하려면 [Run] > [Debug Configurations…]를 선택한다. 여기서 원격 앱을 제어하기 위해 디버깅 에이전트에 접속하도록 구성하면 된다.

IntelliJ와 마찬가지로, 디버거 도구가 접속할 디버깅 에이전트의 주소(IP 주소와 포트)를 입력한다.

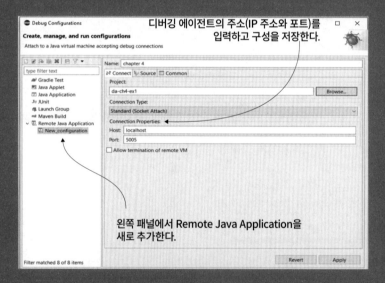

Remote Java Application을 추가해서 원격 자바 앱을 디버깅할 수 있도록 구성을 추가하고, 디버거 에이전트 주소를 입력한 뒤 저장한다. 이제 원격 앱에 접속하고 디버거를 시작한 다음, 코드를 조사할 라인에 브레이크포인트를 찍어 실행을 중단시키는 식으로 디버깅을 시작한다.

요약

- 별 문제가 없던 앱이 특정 환경에서만 예기치 않은 문제를 일으키는 경우가 있는데, 이럴 때 디버깅하기가 한층 어려워진다.

- 원격 환경에서 특정 조건하에 실행되는 자바 앱과 함께 디버거를 사용할 수 있다.

  - 앱은 디버거 에이전트를 부착한 상태에서 시작해야 한다.

  - 원격 환경에서 디버거 에이전트가 부착된 앱과 디버거 사이에 통신이 허용되도록 네트워크를 설정해야 한다.

- 원격 디버깅으로 원격 환경에서 실행되는 프로세스에 연결하면 로컬 디버깅과 동일한 디버깅 기술을 활용할 수 있다.

- 원격 환경에서 실행되는 앱을 디버깅하기 전에 디버거로 조사하려는 앱을 빌드할 때 사용했던 것과 동일한 소스 코드 사본을 사용 중인지 반드시 확인하라. 소스 코드 출처가 불확실하거나 조사하려는 앱의 일부가 변경될 경우 디버거가 오작동을 일으키면서 원격 조사가 도움이 되기는커녕 외려 문제를 복잡하게 만들지도 모른다.

로그를 활용하여
앱 동작 감시하기

이 장의 주요 내용

- 로그를 활용하여 앱 동작 이해하기
- 로깅 기능을 앱에 올바르게 구현하기
- 로그 때문에 발생하는 문제 해결하기

이 장의 주제는 앱이 기록한 로그 메시지의 사용법이다. 로깅은 소프트웨어 초창기부터 등장했던 개념이 아니다. 수세기 동안 인간은 과거에 일어난 사건과 그 과정을 이해하기 위해 로그를 사용했다. 문자가 발명된 이래 지금까지 줄곧 사람들은 로깅을 사용해왔다. 가령, 모든 선박에는 항해일지라는 것이 있다. 선원들은 항해 방향이나 속력 증가/감소 등의 주요 결정 사항, 교신 명령, 발생한 사건 등을 빠짐없이 일지에 기록한다(그림 5.1). 선내 장비에 문제가 생기면 이 항해일지에 기록된 내용을 보고 현재 위치를 파악한 다음 가장 가까운 해안으로 이동한다. 또 사고가 발생하면 항해일지를 조사하여 어떻게 하면 사고를 미연에 방지할 수 있었을까 생각한다.

그림 5.1 선원들이 항해일지에 모든 사건을 빠짐없이 기록하듯이 앱도 매 이벤트마다 로그 메시지를 남기면
나중에 개발자가 문제를 일으킬 만한 부분을 검토하거나 보안 취약점 등을 발견하는 데 도움이 된다.

체스 게임에서는 두 선수가 기물의 이동 순서를 기록한다. 그 이유는 게임이 끝나고 나서 그 기록을 보면 전체 게임을 되살려볼 수 있기 때문이다. 즉, 자신과 상대의 수를 모두 연구해서 잠재적인 실수나 약점을 찾아내는 것이다.

앱이 로그 메시지를 남기는 이유도 비슷하다. 로그 메시지를 보면 앱 실행 중에 무슨 일이 일어났는지 알 수 있다. 체스 선수가 게임 전체를 재현하듯이 앱 실행을 재현할 수 있는 것이다. 원하지 않는 방향으로 이상하게 작동하거나 보안 취약점 같이 잘 드러나지 않는 문제를 조사할 때 로그는 요긴하게 쓰인다.

로그가 어떻게 생겼는지는 이미 익숙할 것이다. IDE에서 앱을 실행해도 로그 메시지가 표시된다(그림 5.2). 모든 IDE에는 **로그 콘솔**(log console)이 있는데, 이는 소프트웨어 개발자가 가장 먼저 배우는 것이다. 이 콘솔에만 로그 메시지가 표시되는 것은 아니다. 실제 앱은 나중에 개발자가 특정 시점의 앱 동작을 조사할 수 있도록 로그를 파일로 저장한다.

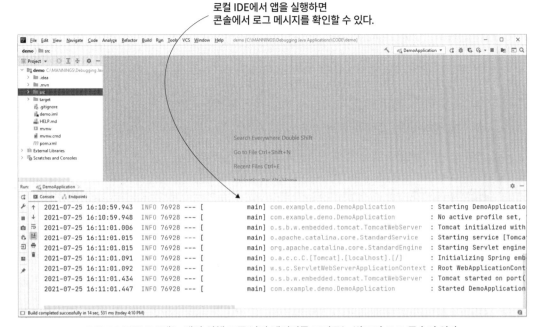

로컬 IDE에서 앱을 실행하면
콘솔에서 로그 메시지를 확인할 수 있다.

그림 5.2 모든 IDE에는 앱이 실행 도중 남긴 메시지를 보여주는 별도의 로그 콘솔이 있다.

그림 5.3은 표준 로그 메시지 포맷이다. 로그 메시지는 스트링일 뿐이라서 이론적으로는 어떤 문장이라도 남길 수 있지만, 깔끔하고 사용하기 편한 로그를 남기려면 앞으로 이 장에서 설명할 몇가지 베스트 프랙티스(best practice, 모범 사례)를 따르는 것이 좋다. 예를 들어 로그 메시지에는 설명 외에도 메시지를 기록한 시점의 타임스탬프(timestamp), 심각도(severity), 앱의 어느 파트에서 메시지를 남겼는지 등의 정보가 포함된다(그림 5.3).

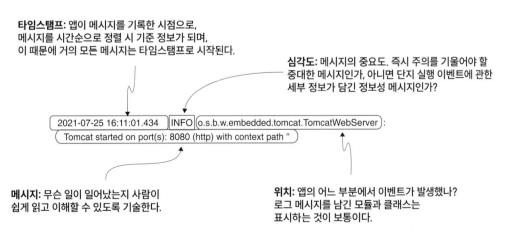

타임스탬프: 앱이 메시지를 기록한 시점으로,
메시지를 시간순으로 정렬 시 기준 정보가 되며,
이 때문에 거의 모든 메시지는 타임스탬프로 시작된다.

심각도: 메시지의 중요도. 즉시 주의를 기울어야 할
중대한 메시지인가, 아니면 단지 실행 이벤트에 관한
세부 정보가 담긴 정보성 메시지인가?

메시지: 무슨 일이 일어났는지 사람이
쉽게 읽고 이해할 수 있도록 기술한다.

위치: 앱의 어느 부분에서 이벤트가 발생했나?
로그 메시지를 남긴 모듈과 클래스는
표시하는 것이 보통이다.

그림 5.3 로그 메시지 표준 포맷. 메시지 본문 외에도 타임스탬프, 이벤트 심각도, 메시지가 기록된 위치 등의
다양한 세부 정보를 잘 살펴보면 앱의 문제를 좀 더 쉽게 조사할 수 있다.

로그는 여러 방면에서 앱 동작을 효과적으로 조사하는 방법으로 활용된다. 사례를 몇 가지 들어보면 다음과 같다.

- 이미 발생한 단일 이벤트 또는 이벤트 타임라인(event timeline)을 조사한다.
- 간섭이 일어나면 앱 동작이 바뀌는 문제(하이젠버그 효과)를 조사한다.
- 오랜 시간에 걸친 앱의 동작을 이해한다.
- 즉각적인 주의가 필요한 중대 이벤트(critical event)를 알린다.

어떤 앱 기능의 작동 방식을 조사할 때 한 가지 기법만 사용하는 일은 드물다. 로그뿐만 아니라 여러 가지 (이후 장에서 배울) 다른 기법을 동원해서 디버거를 켜고 앱 동작을 이해한다.

개발자가 문제를 조사할 때는 무엇보다 로그를 가장 먼저 확인해야 한다(그림 5.4). 로그를 보면 이상한 동작이 바로 보이기 때문에 어디서부터 조사를 시작해야 할지 정확하게 진단할 수 있기 때문이다. 로그가 모든 질문에 정답을 제공하는 것은 아니지만, 출발점을 찾아내는 일은 매우 중요하다. 무엇부터 시작해야 할지 아는 것만으로도 이미 많은 시간을 절약한 셈이다!

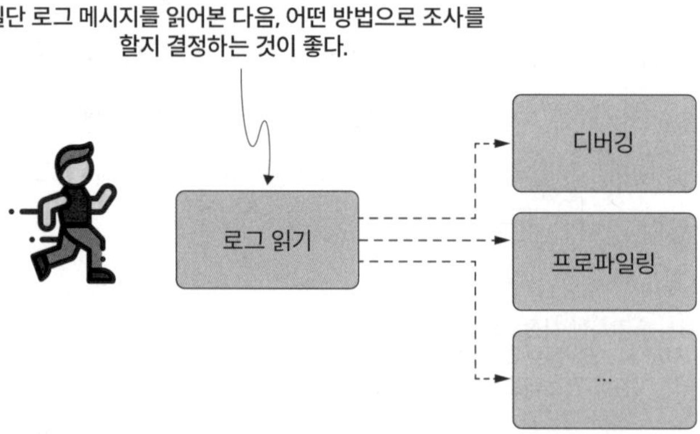

그림 5.4 로그 메시지를 보면 어디부터 조사를 해야 할지, 문제를 해결하려면 다음에 무슨 작업을 해야 할지 힌트를 얻게 된다.

로그는 단지 중요한 개념일 뿐만 아니라 실제로 모든 앱에서 절대로 없어서는 안 되는 존재다. 5.1절에서는 로그의 사용법 및 로그가 꼭 필요한 전형적인 조사 시나리오를 소개하고, 5.2절에서는 로깅 기능을 올바르게 앱에 구현하는 방법을 설명한다. 또 로깅 레벨을 사용해서 이벤트를 좀더 쉽게 필터링하는 방법과 로그 때문에 발생하는 이슈도 설명한다. 마지막 5.3절에서는 로그 사용과 원격 디버깅의 차이점을 이야기한다.

참고 도서로 필 윌킨스(Phil Wilkins)의 《Logging in Action》(Manning, 2022)의 4부를 꼭 읽어보기 바란다. 이번 장은 로그를 사용한 조사 기법에 초점을 두지만, 《Logging in Action》은 로그 자체의 기술적인 측면을 더 깊이 있게 다룬다. 또 자바 아닌 다른 언어(파이썬)에서 로깅을 사용하는 방법도 배울 수 있다.

5.1 로그를 이용하여 조사하기

모든 조사 기법이 늘 그렇듯이 로그 역시 사용하기 적합한 경우가 있고 그렇지 않은 경우도 있다. 이 절에서는 로그를 사용하면 앱 동작을 더 쉽게 이해할 수 있는 몇 가지 시나리오를 살펴보겠다. 먼저 로그 메시지에 관한 몇 가지 키 포인트를 이야기한 다음, 개발자가 앱의 문제점을 조사할 때 이러한 특성이 어떻게 도움이 되는지 알아본다.

로그 메시지의 가장 큰 장점은 주어진 시간에 특정 코드의 실행을 시각화하는 능력이다. 2~4장에서 설명한 디버거는 주로 현재에 초점을 둔 조사 방법이다. 브레이크포인트가 찍힌 코드 라인에서 실행이 중단된 동안 데이터가 어떤 모습인지 들여다보는 것이다. 하지만 디버거는 실행 이력에 관한 정보는 자세히 제공하지 않는다. 실행 스택 트레이스를 보며 실행 경로를 파악할 수는 있지만, 그 외의 모든 것은 현재에 집중된다.

이와 달리 로그는 과거 특정 기간의 앱 실행에 초점을 맞춘다(그림 5.5). 로그 메시지는 시간과 아주 밀접한 관계가 있다.

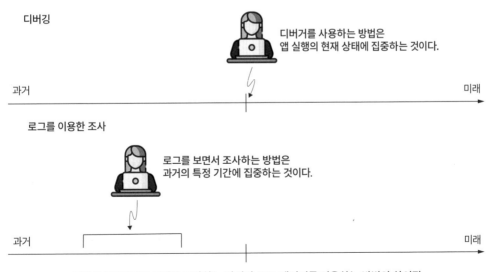

그림 5.5 디버거로 문제를 조사하는 방법과 로그 메시지를 이용하는 방법의 차이점

로그를 사용할 때에는 항상 앱이 실행되는 시스템의 표준 시간대를 제일 먼저 체크해야 한다. 표준 시간대가 달라지면 (가령, 앱이 실행되는 곳과 개발자가 있는 곳의 시간대가 달라 시차가 발생하면) 로그 시간이 몇 시간씩 차이가 나는데, 이 때문에 적잖이 혼동이 생길 수 있다.

[NOTE] 타임 스탬프는 로그 메시지에 반드시 들어가야 한다. 그래야 메시지가 기록된 순서를 쉽게 알 수 있고 특정 메시지가 언제 기록됐는지 확인할 수 있다. 타임 스탬프는 메시지 첫 부분(시작부)에 넣는 것이 가장 좋다.

5.1.1 로그에 기록된 예외 식별

로그는 문제가 발생한 이후 근본 원인을 찾는 유용하다. 보통 조사를 어디서부터 시작할지 로그를 보고 결정한다. 그런 다음 디버거(2~4장)나 프로파일러(6~9장) 같은 다른 도구 및 기법을 적용해서 조사를 진행한다. 로그를 보면 다음과 같은 예외 스택 트레이스가 흔히 발견된다.

```
java.lang.NullPointerException
at java.base/java.util.concurrent.ThreadPoolExecutor
➥ runWorker(ThreadPoolExecutor.java:1128) ~[na:na]
at java.base/java.util.concurrent.ThreadPoolExecutor$Worker
➥ run(ThreadPoolExecutor.java:628) ~[na:na]
at org.apache.tomcat.util.threads.TaskThread$WrappingRunnable
➥ run(TaskThread.java:61) ~[tomcat-embed-core-9.0.26.jar:9.0.26]
at java.base/java.lang.Thread.run(Thread.java:830) ~[na:na]
```

예외 스택 트레이스가 로그에서 발견되면 앱 기능에 문제가 있다고 볼 수 있다. 예외 메시지를 보면 문제가 발생한 위치에 관한 힌트를 얻게 된다. 예를 들어, NullPointerException은 어떤 커맨드가 변수나 애트리뷰트를 통해 존재하지 않는 객체 인스턴스의 레퍼런스를 읽었을 때 발생하는 예외다(그림 5.6).

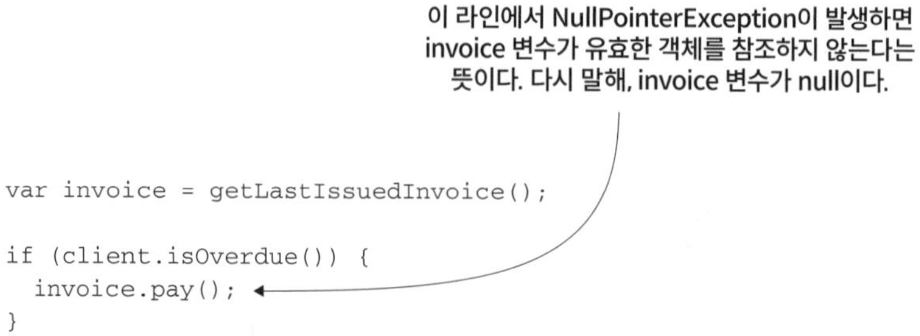

이 라인에서 NullPointerException이 발생하면
invoice 변수가 유효한 객체를 참조하지 않는다는
뜻이다. 다시 말해, invoice 변수가 null이다.

```
var invoice = getLastIssuedInvoice();

if (client.isOverdue()) {
  invoice.pay();
}
```

그림 5.6 예외가 발생한 라인이 항상 문제의 근원인 것은 아니다. 더 근본적인 원인의 결과에 지나지 않을지도 모른다.

예외가 발생한 코드가 문제를 일으킨 원인이 아닐 수도 있음을 늘 명심하라. 예외는 어디서 무엇이 잘못됐다고 알려주지만 예외 자체는 다른 곳에서 발생한 문제의 결과일 뿐, 문제 그 자체가 아닐 가능성이 있다. 섣불리 `try-catch -finally` 블록이나 `if-else` 문을 추가해서 예외를 넘어가려고만 해서는 안 된다. 언제나 문제의 근본 원인을 파악한 다음 해결 방안을 모색하기 바란다.

여기서 나는 초심자들이 헷갈리는 모습을 종종 보게 된다. `NullPointerException`은 자바 개발자가 가장 먼저 접하는 예외이자 이해하기 쉬운 예외 중 하나다. 하지만 만약 이 예외가 로그에 기록되었다면 먼저 해당 레퍼런스가 누락된 이유를 자문해볼 필요가 있다. 앱이 이전에 실행한 특정 커맨드가 예상대로 작동되지 않았기 때문에 레퍼런스가 누락됐을 수도 있기 때문이다(그림 5.7).

getLastIssuedInvoice()가 왜 null을
리턴했을까, 그 원인을 밝혀내야 한다.

```
var invoice = getLastIssuedInvoice();

if (client.isOverdue()) {
  if (invoice != null) {
    invoice.pay();
  }
}
```

초심자는 이런 식으로 null 체크를 하는 조건문을
넣어 덮어버리고 싶겠지만, 이건 일시적인
미봉책에 불과하다.

그림 5.7 문제를 지엽적으로만 해결하려는 마음이 생기면 일시적으로 해결된 것처럼 보일 뿐, 나중에 문제가 커져 상황이 점점 악화될 것이다. 로그에 기록된 예외가 문제의 근본 원인이 아닐 수도 있다는 생각을 늘 가져야 한다.

5.1.2 예외 스택 트레이스로 어디서 메서드를 호출했는지 식별

다소 특이하게 여겨질 수 있지만 실전에서 유용한 기법을 하나 소개한다. 예외 스택 트레이스를 로깅하여 특정 메서드를 어디에서 호출했는지 알아내는 것이다. 소프트웨어 개발자로 커리어를 시작한 이래 나는 대부분 지저분한 앱 코드베이스를 만지작거리는 일을 해왔다. 이 과정에서 흔히 맞닥뜨리는 난관은 앱이 원격 환경에서 실행될 때 어디서 특정 메서드를 호출하는지 파악하는 일이다. 코드를 읽어봐도 해당 메서드가 수백 가지 경로로 호출될 수 있다는 사실에 낙담한다.

운이 좋아 액세스 권한이 있으면 원격 디버깅(4장)을 사용하여 디버거가 제공하는 실행 스택 트레이스를 볼 수 있을 것이다. 그러나 이러한 디버깅 작업이 불가능한 상황이라면 어떻게 해야 할까? 바로 이럴 때 로깅을 사용하는 것이다!

자바 예외에는 흔히 사람들이 관심을 두지 않는 기능이 한 가지 있다. 바로 실행 스택 트레이스를 추적하는 기능이다. 실행 스택 트레이스는 **예외 스택 트레이스**(exception stack trace)라고 부르기도 하는데, 사실 두 용어는 결국 동일한 것이다. 예외 스택 트레이스는 어떤 예외를 일으킨 메서드 호출 체인을 표시하는데, 우리는 해당 예외를 던지지 않아도 이 정보에 액세스할 수 있다. 코드에서 다음과 같이 예외를 사용하면 충분하다.

```
new Exception().printStackTrace();
```

예제 5.1을 살펴보자. 디버거가 없다면 이 예제처럼 예외 스택 트레이스를 찾을 메서드의 첫 번째 라인에 예외 스택 트레이스를 출력하면 된다. 이렇게 하면 스택 트레이스만 출력할 뿐 예외는 던지지 않기 때문에 실행된 로직을 전혀 방해하지 않는다.

예제 5.1 로그에 예외 스택 트레이스를 출력한다. (File) da-ch5-ex1/src/main/java/main/StringDigitExtractor.java

```
public List<Integer> extractDigits() {
  new Exception().printStackTrace();     ← 예외 객체를 생성하고
  List<Integer> list = new ArrayList<>();   스택 트레이스를 출력한다.
  for (int i = 0; i < input.length(); i++) {
    if (input.charAt(i) >= '0' && input.charAt(i) <= '9') {
      list.add(Integer.parseInt(String.valueOf(input.charAt(i))));
    }
  }

  return list;
}
```

콘솔에는 다음 코드 스니펫처럼 예외 스택 트레이스가 출력된다. 실제 시나리오에서 스택 트레이스는 2, 3장에서 살펴본 것처럼 실행 흐름을 바로 식별하는 데 큰 도움이 된다. 예제의 로그를 보면 decode() 메서드에 있는 Decoder 클래스의 11번째 라인에서 extractDigits() 메서드가 호출되었음을 알 수 있다.

```
java.lang.Exception at main.StringDigitExtractor
→ extractDigits(StringDigitExtractor.java:15)
    at main.Decoder.decode(Decoder.java:11)
    at main.Main.main(Main.java:9)
```

로그 메시지를 보면 커맨드의 실행 시간을 쉽게 측정할 수 있다. 주어진 코드 라인 전후로 타임스탬프 값의 차이를 기록하면 된다. 어떤 기능의 실행 시간이 너무 길어 성능이 떨어지는 문제를 조사한다고 하자. 아무래도 DB에서 데이터를 조회하는 쿼리가 의심스럽다. 특정 인숫값이 전달될 때 쿼리가 느려져 앱 성능이 전체적으로 떨어지는 것 같다.

문제를 일으키는 인숫값을 찾아내려면 쿼리와 그 실행 시간을 로그에 기록하면 된다. 이렇게 하여 의심스러운 인숫값을 찾아내면 DB 테이블에 인덱스를 하나 더 추가하든지, 쿼리가 더 빠르게 실행되도록 튜닝하든지 하여 어떻게든 해결 방안을 강구할 수 있을 것이다.

예제 5.2는 특정 구간의 실행 시간을 기록하는 코드다. 예를 들어, DB에서 전체 상품 정보를 조회하는 시간이 궁금하다고 하자. 물론, 여기에 매개변수는 없지만 프로그램 구문에 집중하려고 예제를 단순화한 것이고 실무에서는 이보다 훨씬 더 복잡한 연산을 조사하게 될 것이다.

예제 5.2 특정 코드 라인의 실행 시간을 기록한다.

```
public TotalCostResponse getTotalCosts() {
  TotalCostResponse response = new TotalCostResponse();     // 메서드를 실행하기 이전의
                                                            //   타임스탬프를 로깅한다.

  long timeBefore = System.currentTimeMillis();      // 실행 시간을 측정하려는 메서드를 실행한다.
  var products = productRepository.findAll();
  long spentTimeInMillis =
    System.currentTimeMillis() - timeBefore;    // 실행 전후 타임스탬프의 차이가 곧 실행 시간이다.

  log.info("Execution time: " + spentTimeInMillis);

                                                // 실행 시간을 출력한다.
  var costs = products.stream().collect(
    Collectors.toMap(
      Product::getName,
      p -> p.getPrice()
        .multiply(new BigDecimal(p.getQuantity()))));

  response.setTotalCosts(costs);

  return response;
}
```

커맨드의 실행 시간을 정확하게 측정하는 일은 간단하지만 효과적인 방법이다. 하지만 나는 어떤 문제를 조사할 때 이 기법을 임시로 잠깐만 사용한다. 이런 로그는 나중에 쓸모가 없을 가능성이

높고 코드의 가독성을 떨어뜨리기 때문에 가급적 코드에 오래 보관하지 않는 편이 좋다. 성능 문제가 해소되고 실행 시간을 더 이상 알 필요가 없으면 과감하게 로그를 삭제하라.

5.1.4 멀티스레드 아키텍처에서 커맨드 실행 문제 조사

스레드를 여러 개 사용하여 기능을 구현하는 멀티스레드 아키텍처 기반의 앱은 외부 간섭에 민감하게 반응하는 편이다(그림 5.8). 실제로 (앱의 실행에 간섭을 일으키는 도구인) 디버거나 프로파일러를 사용하면 앱 동작이 그때그때 달라질 수 있다(그림 5.9).

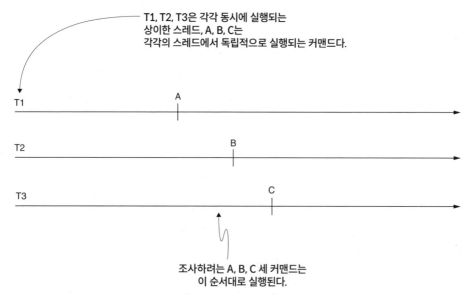

그림 5.8 멀티스레드 앱에서 독립적인 세 스레드(T1, T2, T3)를 명시적으로 동기화하지 않으면
각각의 스레드에서 실행되는 세 커맨드(A, B, C)가 어떤 순서로 실행될지 아무도 모른다.

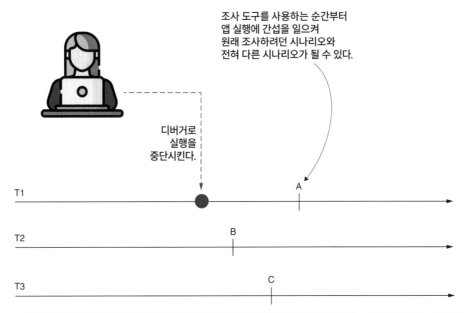

조사 도구를 사용하는 순간부터
앱 실행에 간섭을 일으켜
원래 조사하려던 시나리오와
전혀 다른 시나리오가 될 수 있다.

디버거로
실행을
중단시킨다.

T1

A

T2

B

T3

C

그림 5.9 디버거나 프로파일러 등의 도구를 사용하면 실행에 간섭이 일어나 결국 일부(또는 모든) 스레드가 느려지게 되고
원래 조사하려던 시나리오와 실행 순서가 달라질 가능성이 있다. 그러면 원하는 동작을 조사할 수 없기 때문에
더 이상 조사 작업은 쓸모가 없다.

이럴 때 로그를 사용하면 실행 중인 앱에 미치는 영향도를 낮출 수 있다. 물론 로그 역시 멀티스레드 앱에서 간섭을 일으킬 수 있지만, 앱의 흐름 자체를 바꿀 정도로 큰 영향을 미치지는 않는다. 따라서 조사에 필요한 데이터를 수집하기 좋은 방법이다.

로그 메시지에는 (이 장 앞부분에서 언급한 것처럼) 타임스탬프가 포함되어 있다. 그래서 로그 메시지를 타임스탬프 순서로 정렬하면 실행 흐름을 정확히 파악할 수 있다. 자바 앱은 커맨드를 실행하는 스레드의 이름도 함께 기록하는 것이 좋다. 현재 실행 중인 스레드명은 다음과 같이 얻을 수 있다.

```
String threadName = Thread.currentThread().getName();
```

자바 앱은 모든 스레드가 각자 이름을 갖고 있다. 이 이름은 개발자가 부여하거나 JVM이 Thread-x 형식으로 명명한다. 가령, 최초 생성된 스레드는 Thread-0, 그다음에 생성된 스레드는 Thread-1이 되는 식이다. 이렇게 스레드에 이름을 붙여야 나중에 문제를 조사할 때 식별하기 편하다.

5.2 로깅을 구현하는 방법

이번 절에서는 로깅 기능을 앱에 구현하는 베스트 프랙티스를 살펴보겠다. 문제가 생겨 앱을 조사할 때 로그 메시지가 제 몫을 다하려면 준비가 필요하고, 로깅 때문에 앱 실행 시 문제가 되지 않게 하려면 신경 써야 할 부분이 있다.

5.2.1절에서는 로그를 저장하는 방법과 각각의 장단점을 살펴보고, 5.2.2절에서는 로그 메시지를 심각도에 따라 분류하여 로깅을 보다 효율적으로 사용하고 앱 성능을 향상시키는 방법을 배운다. 5.2.3절에서는 로그 메시지 때문에 발생할 수 있는 문제와 이를 방지하는 방법을 설명한다.

5.2.1 로그 메시지 저장

퍼시스턴스(persistence, 영구 저장)는 로그 메시지의 핵심적인 특징 중 하나다. 5장 도입부에서 말했듯이 로깅은 현재보다는 과거에 더 초점을 둔다는 점에서 다른 조사 기법과 다르다. 로그를 읽어야 무슨 일이 일어났는지 알 수 있으므로 앱은 나중에 읽어볼 수 있게 어딘가 로그를 저장해야 한다. 로그 메시지를 저장하는 방식은 로그의 유용성과 앱 성능에 영향을 미칠 수 있다. 나는 지금까지 많은 앱을 작업하면서 다양한 로그 메시지 퍼시스턴스 메커니즘을 적용해볼 기회가 있었다.

- 비관계형 DB에 로그 저장
- 파일에 로그 저장
- 관계형 DB에 로그 저장

앱의 기능에 따라서 이 세 가지 방법 어느 것이라도 좋지만, 가장 나은 결정을 내리기 위해 고려해야 할 몇 가지 주요 요소를 알아보자.

비관계형 DB에 로그 저장

비관계형(NoSQL) DB는 성능과 일관성 사이의 균형을 맞출 수 있는 좋은 방법이다. NoSQL DB를 사용하면 로그를 좀 더 성능 위주로 저장할 수 있기 때문에 로그 메시지가 소실되거나 앱이 기록한 순서대로 저장되지 않을 가능성이 있다. 그러나 일반적으로 로그 메시지에는 메시지가 저장된 타임스탬프가 있고 메시지 시작부에 포함되어 있기 때문에 크게 문제되지 않는다.

요즘은 NoSQL DB에 로그 메시지를 저장하는 것이 일반적이다. 이때 로그를 저장하고 로그 메시지를 조회, 검색, 분석하는 완전한 기능을 갖춘 ELK 스택[1], 스플렁크(Splunk)[2] 등의 엔진을 사용하는 경우가 대부분이다.

파일에 로그 저장

예전에는 로그를 파일로 저장했다. 아직도 로그 메시지를 파일에 직접 기록하는 오래된 앱이 많지만, 이 방식은 대개 속도가 떨어지고 로깅된 데이터를 검색하기 어렵기 때문에 사용 빈도는 점점 줄어들고 있다. 인터넷을 찾아보면 앱에서 로그를 파일에 저장하는 방법을 설명한 튜토리얼과 예제가 많은데, 요즘 앱이라면 아무래도 피하는 것이 좋기 때문에 언급한다.

관계형 DB에 로그 저장

드물긴 하지만 관계형 DB에 로그를 저장할 수도 있다. 관계형 DB는 데이터 일관성을 확실히 보장하므로 로그 메시지가 소실되는 일은 없고, DB에 저장된 로그 메시지는 언제라도 조회할 수 있다. 그러나 이러한 일관성에는 성능 저하라는 비용이 수반된다.

대부분의 앱에서 로그 메시지가 한두 개 소실된다고 큰 문제가 되진 않으므로 일반적으로 일관성보다는 성능을 좀 더 우선시한다. 하지만 세상만사가 다 그렇듯이 실제 앱에서는 예외가 있다. 예를 들어 요즘 각국 정부는 금융 앱, 특히 결제 기능에 관한 로그 메시지에 대하여 엄격한 규제를 가하는 추세다. 결제 같은 기능은 일반적으로 앱에서 절대로 없어지면 안 될 중요한 로그 메시지를 남긴다. 규정을 준수하지 못할 경우 각종 제재를 받거나 벌금이 부과될 수 있으니 유의해야 한다.

5.2.2 로깅 레벨을 정의하고 로깅 프레임워크를 사용하는 방법

이번에는 로깅 프레임워크를 사용하여 앱에서 로그 레벨을 설정하고 구현하는 방법을 알아보자. **심각도**(severity)라고도 하는 로깅 레벨(logging level)은 조사 중요도에 따라 로그 메시지를 분류한 것이다. 일반적으로 앱은 실행 도중 엄청난 수의 로그 메시지를 생성하지만, 이 모든 로그 메시지에 포함된 세부 정보가 전부 필요한 것은 아니다. 메시지마다 중요도가 다르며, 그중에는 즉시 확인해봐야 할 이벤트가 포함된 메시지도 있을 것이다.

일반적으로 가장 많이 사용하는 로그 레벨은 다음과 같다.

---

1   https://www.elastic.co/what-is/elk-stack
2   https://www.splunk.com

- **Error(에러)**: 아주 중대한 문제가 발생한 것으로, 이런 이벤트는 반드시 기록해야 한다. 보통 자바 앱에서 처리되지 않은 예외(unhandled exception)는 에러로 기록된다.
- **Warn(경고)**: 잠재적으로 에러일 수 있으나 앱이 처리한 이벤트다. 예를 들어 타사 시스템과의 데이터 연동이 처음에는 실패했지만 두 번째 시도에는 성공했다면 경고로 기록한다.
- **Info(정보)**: '상시(common)' 로그 메시지. 대부분의 상황에서 앱이 어떻게 작동하고 있는지 이해하는 데 유용한, 주요한 앱 실행 이벤트를 나타낸다.
- **Debug(디버그)**: Info 메시지만으로 불충분한 경우에 한하여 매우 세분화된(fine-grained) 정보를 남긴다.

[**NOTE**] 라이브러리마다 이 네 가지보다 더 많은 로그 레벨을 사용하거나 다른 이름으로 사용하는 경우가 있다. 예를 들어, 어떤 앱이나 프레임워크에서는 (에러보다 더 심각한 치명적인) **fatal**이나 (디버그보다 덜 심각한) **trace** 레벨을 사용한다. 나는 실제 앱에서 가장 많이 쓰이는 심각도와 용어만 집중적으로 살펴보겠다.

로그 메시지를 심각도에 따라 분류하면 앱이 저장하는 로그 메시지 수를 최소화할 수 있다. 가장 연관성이 높은 세부 정보만 기록하되, 더 자세한 정보가 필요할 때에만 더 많은 로그를 남기도록 설정한다.

그림 5.10은 로그 심각도를 피라미드 형태로 나타낸 것이다.

- 정말 심각한 문제는 그리 많진 않겠지만, 이 정도로 중요한 메시지는 반드시 기록해야 한다.
- 피라미드의 아래로 갈수록 로그 메시지 수는 많지만 중요도는 떨어지고 조사에 단서가 될 가능성도 줄어든다.

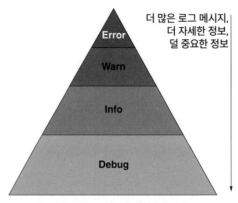

그림 5.10 로그 심각도 피라미드. 맨 위에는 즉시 조치가 필요한 중대한 로그 메시지가, 맨 아래에는 별로 필요하지 않은 세부 정보까지 기록된 로그 메시지가 있다. 아래 방향으로 갈수록 메시지의 중요도는 낮고 개수는 많다. Debug 레벨의 메시지는 용량이 엄청나기 때문에 아주 세세한 정보까지 봐야 하는 소수의 경우에만 잠깐씩 켜서 사용하고 보통은 꺼둔다.

앱을 조사할 때 대부분 Debug 레벨의 메시지는 필요하지 않다. 게다가 그 수가 너무 많아 일일이 들여다보기도 어렵기 때문에 Debug 메시지는 보통 비활성화되어 있다. 자세한 정보가 필요한 경우에만 잠깐씩 활성화하여 사용하는 것이 좋다.

자바를 처음 배울 때 System.out이나 System.err로 콘솔에 출력하는 방법을 배웠을 것이다. 또 5.1.2절에서 설명한 printStackTrace()로 예외 메시지를 기록하는 방법도 배웠다. 그러나 자바 앱에서 이런 식으로 로깅하면 유연성이 떨어지기 때문에 실제로는 로깅 프레임워크를 사용하는 것이 좋다.

로깅 레벨은 간단히 구현할 수 있다. 오늘날 자바 세상에는 로그백(Logback), Log4j, 자바 로깅(Java Logging) API 등의 다양한 로깅 프레임워크가 있다. 종류는 많지만 사용법이 대개 비슷하고 어렵지 않다.

이 중에서 Log4j로 로깅을 구현해보자. 먼저, 메이븐(Maven) 프로젝트의 pom.xml 파일을 열고 Log4j 디펜던시를 추가한다.

예제 5.3 Log4j 디펜던시를 추가한다. ⒻFile da-ch5-ex2/pom.xml

```xml
<dependencies>
  <dependency>
    <groupId>org.apache.logging.log4j</groupId>
    <artifactId>log4j-api</artifactId>
    <version>2.14.1</version>
  </dependency>
  <dependency>
    <groupId>org.apache.logging.log4j</groupId>
    <artifactId>log4j-core</artifactId>
    <version>2.14.1</version>
  </dependency>
</dependencies>
```

이제 로그 메시지를 남길 모든 클래스에서 Logger 인스턴스를 선언해서 쓸 수 있다. Log4j를 사용하는 가장 간단한 방법은 예제 5.4처럼 LogManager.getLogger() 메서드로 Logger 인스턴스를 생성하는 것이다. 이 인스턴스를 사용하여 로그 메시지로 나타낼 이벤트의 심각도와 동일한 이름의 메서드로 로그 메시지를 남긴다. 예를 들어, Info 레벨의 메시지는 info() 메서드, Debug 레벨의 메시지는 debug() 메서드를 사용하면 된다.

예제 5.4 심각도가 다른 로그 메시지를 기록한다. `File` da-ch5-ex2/src/main/java/main/StringDigitExtractor.java

```java
public class StringDigitExtractor {

  private static Logger log = LogManager.getLogger();   ◄──── 현재 클래스에서 로그 메시지를 기록할
                                                                 Logger 인스턴스를 선언한다.
  private final String input;

  public StringDigitExtractor(String input) {
    this.input = input;
  }
                                                         Info 레벨의
                                                         메시지를 남긴다.
  public List<Integer> extractDigits() {
    log.info("Extracting digits for input {}", input);   ◄────
    List<Integer> list = new ArrayList<>();
                                                         Debug 레벨의
    for (int i = 0; i < input.length(); i++) {           메시지를 남긴다.
      log.debug("Parsing character {} of input {}",   ◄────
        input.charAt(i), input);
      if (input.charAt(i) >= '0' && input.charAt(i) <= '9') {
        list.add(Integer.parseInt(String.valueOf(input.charAt(i))));
      }
    }

    log.info("Extract digits result for input {} is {}", input, list);
    return list;
  }
}
```

Logger 인스턴스의 메서드로 기록한 메시지를 어디에, 어떻게 기록할지도 설정해야 한다. Log4j의 설정 파일은 log4j2.xml이라는 XML 파일이다. 앱의 클래스 패스(class path)에 있어야 하므로 이 파일을 메이븐 프로젝트의 resources 폴더에 추가한다. 이 파일에서 설정할 항목은 다음 세 가지 다(그림 5.11).

- **로거(logger)**: 어떤 메시지를 어느 어펜더에 기록하는가?
- **어펜더(appender)**: 로그 메시지를 어디에 기록하는가?
- **포매터(formatter)**: 메시지를 어떻게 출력하는가?

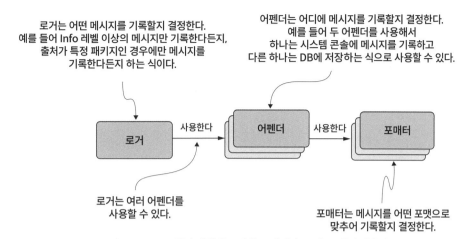

로거는 어떤 메시지를 기록할지 결정한다.
예를 들어 Info 레벨 이상의 메시지만 기록한다든지,
출처가 특정 패키지인 경우에만 메시지를
기록한다든지 하는 식이다.

어펜더는 어디에 메시지를 기록할지 결정한다.
예를 들어 두 어펜더를 사용해서
하나는 시스템 콘솔에 메시지를 기록하고
다른 하나는 DB에 저장하는 식으로 사용할 수 있다.

로거 사용한다 어펜더 사용한다 포매터

로거는 여러 어펜더를
사용할 수 있다.

포매터는 메시지를 어떤 포맷으로
맞추어 기록할지 결정한다.

그림 5.11 Log4j 설정 파일에 등장하는 어펜더, 로거, 포매터 삼총사

로거는 어떤 메시지를 기록할지 결정한다. 예제는 Root 로거를 사용하여 앱의 모든 파트에서 온 메시지를 기록하도록 설정해보자. level 애트리뷰트를 info로 바꾸면 심각도가 Info 레벨 이상인 메시지만 기록된다. 앱의 특정 파트에서 온 메시지만 기록할 수도 있다. 가령, 프레임워크를 사용하는 앱이라면 프레임워크에서 만든 메시지는 과감히 제외하고 앱에서 생성한 메시지만 출력하도록 설정하는 식이다. 로그 메시지는 꼭 필요한 것만 남기는 것이 좋다. 그렇게 안 하면 나중에 불필요한 로그 메시지를 걸러내느라 조사 과정이 순탄치 않을 수 있다.

실제 앱에는 어펜더를 여럿 지정할 수 있다. 보통 DB 또는 파일 시스템처럼 서로 다른 소스에 각각 메시지를 저장할 때 여러 어펜더를 구성한다. 5.2.1절에서 로그 메시지를 저장하는 다양한 수단을 설명했는데, 어펜더가 바로 이 로그 메시지를 저장하는 실질적인 구현체다.

어펜더는 메시지 포맷을 정의한 포매터를 사용한다. 예제는 타임스탬프와 로그 레벨은 반드시 포함하고 메시지는 그냥 전달하도록 구성하자.

예제 5.5는 어펜더와 로거를 모두 정의한 Log4j 파일의 예다. 여기서는 시스템의 표준 아웃풋 스트림(콘솔)에 메시지를 쓰도록 하나의 어펜더만 정의했다.

예제 5.5 Log4j 어펜더와 로거를 구성한다.　　　　　　　　(File) da-ch5-ex2/src/main/resouces/log4j.xml

```xml
<?xml version="1.0" encoding="UTF-8"?>
<Configuration status="WARN">              어펜더를 정의한다.
  <Appenders>  ◀
    <Console name="Console" target="SYSTEM_OUT">
      <PatternLayout pattern="%d{yy-MM-dd HH:mm:ss.SSS} [%t]
```

```
        %-5level %logger{36} - %msg%n"/>
    </Console>
  </Appenders>
  <Loggers> ◄──── 로거를 설정한다.
    <Root level="info">
      <AppenderRef ref="Console"/>
    </Root>
  </Loggers>
</Configuration>
```

예제 5.5의 XML 파일에 구성된 세 가지 컴포넌트(로거, 어펜더, 포매터) 사이의 관계는 그림 5.12와 같이 나타낼 수 있다.

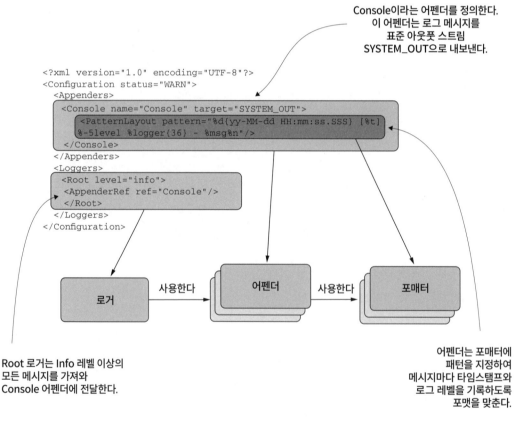

그림 5.12 어펜더, 로거, 포매터의 관계

예제 코드를 실행하면 다음과 같이 콘솔에 로그가 출력될 것이다. Debug 메시지는 Info 메시지보다 하위 레벨이라서 기록되지 않는다(예제 5.5의 10번째 라인).

```
21-07-28 13:17:39.915 [main] INFO
➥ main.StringDigitExtractor
➥ Extracting digits for input ab1c
21-07-28 13:17:39.932 [main] INFO
➥ main.StringDigitExtractor
➥ Extract digits result for input ab1c is [1]
21-07-28 13:17:39.943 [main] INFO
➥ main.StringDigitExtractor
➥ Extracting digits for input a112c
21-07-28 13:17:39.944 [main] INFO
➥ main.StringDigitExtractor
➥ Extract digits result for input a112c is [1, 1, 2]
...
```

Debug 레벨의 메시지까지 남기려면 예제 5.6과 같이 변경하면 된다.

예제 5.6 로그 레벨을 변경한다.   File da-ch5-ex2/src/main/resources/log4j.xml

```
<?xml version="1.0" encoding="UTF-8"?>            내부 Log4j 이벤트의
<Configuration status="WARN">   ◀━━━━━         로그 레벨을 지정한다.
  <Appenders>
    <Console name="Console" target="SYSTEM_OUT">
      <PatternLayout pattern="%d{yy-MM-dd HH:mm:ss.SSS} [%t]
        %-5level %logger{36} - %msg%n"/>
    </Console>
  </Appenders>

  <Loggers>                                     Root 로거의 로그 레벨을
    <Root level="debug">   ◀━━━━━              debug로 바꾼다.
      <AppenderRef ref="Console"/>
    </Root>
  </Loggers>
</Configuration>
```

예제 5.6에 있는 status와 level 애트리뷰트가 다소 헷갈릴 수도 있다. 지금 우리의 관심사는 어느 심각도 이상의 메시지를 기록할지를 의미하는 level 애트리뷰트다. <Configuration> 태그의 status 애트리뷰트는 Log4j 이벤트의 심각도, 즉 이 라이브러리 자체의 문제를 의미한다. 다시 말해서 status 애트리뷰트는 로깅 라이브러리 자신의 로깅 설정이다.

```
21-07-28 13:18:36.164 [main ] INFO
↪ main.StringDigitExtractor
↪ Extracting digits for input ab1c
21-07-28 13:18:36.175 [main] DEBUG
↪ main.StringDigitExtractor
↪ Parsing character a of input ab1c
21-07-28 13:18:36.176 [main] DEBUG
↪ main.StringDigitExtractor
↪ Parsing character b of input ab1c
21-07-28 13:18:36.176 [main] DEBUG
↪ main.StringDigitExtractor
↪ Parsing character 1 of input ab1c
21-07-28 13:18:36.176 [main] DEBUG
↪ main.StringDigitExtractor
↪ Parsing character c of input ab1c
21-07-28 13:18:36.177 [main] INFO
↪ main.StringDigitExtractor
↪ Extract digits result for input ab1c is [1]
21-07-28 13:18:36.181 [main] INFO
↪ main.StringDigitExtractor
↪ Extracting digits for input a112c
...
```

로깅 라이브러리를 사용하면 원하는 대로 유연하게 로그를 남길 수 있다. 어떤 문제를 조사하는 데 필요한 최소한의 로그 메시지를 남기는 습관을 잘 들이면 나중에 로그를 더 쉽게 이해할 수 있고, 앱 성능과 유지보수에 도움이 된다. 로깅 라이브러리가 있으면 앱을 재컴파일하지 않아도 로그 설정을 할 수 있는 또 다른 장점도 있다.

5.2.3 로깅 때문에 발생하는 문제와 예방 조치

로깅은 나중에 어느 시점이나 시간대에 걸쳐 앱이 어떻게 작동했는지 파악하는 데 요긴하다. 그러나 이렇게 여러모로 유용한 로그 역시 제대로 다루지 않으면 독이 될 수 있다. 로그 때문에 생길 수 있는 세 가지 문제와 이를 방지하는 방법을 알아보자(그림 5.13).

- **보안 및 프라이버시 문제**: 로그 메시지에 개인정보가 노출된다.
- **성능 문제**: 지나치게 큰 로그 메시지를 과도하게 생성하면 문제가 된다.
- **유지보수 문제**: 로그를 남기는 커맨드 때문에 소스 코드의 가독성이 떨어진다.

그림 5.13 사소한 부분 때문에 큰 문제가 야기될 수 있다. 개발자는 로깅 기능이 무해하다고 보고 별문제 없을 거라 넘겨짚는 경향이 있는데, 다른 모든 소프트웨어 기능과 마찬가지로 데이터를 다루는 기능인 로깅 역시 잘못 구현하면 앱 기능과 유지보수에 심각한 영향을 미칠 수 있다.

보안 및 프라이버시 문제

놀랍게도 로그 때문에 앱에 보안 취약점이 유발되는 경우가 있다. 많은 개발자가 로그 메시지에 남기는 세부 정보에 제대로 신경을 쓰지 않기 때문이다. 로그 안의 내용은 액세스할 권한을 가진 사람이라면 누구나 볼 수 있다는 사실을 명심해야 한다. 그가 해당 로그를 봐도 되는지, 다른 문제는 없는지 반드시 고려하라(그림 5.14).

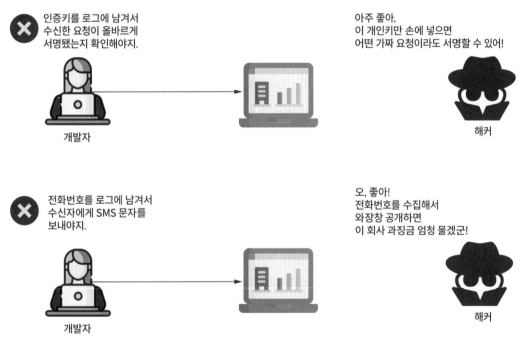

그림 5.14 민감한 정보가 로그 메시지에 그대로 노출되면, 시스템을 망가뜨리거나 보안 사고를 일으키려는 악의적인 해커에게 유용한 정보를 갖다 바치는 것과 다름없다.

예를 들어 다음과 같이 민감한 정보가 여과 없이 그대로 로그에 노출됐다고 하자.

```
Successful login.
User bob logged in with password RwjBaWIs66
```

```
Failed authentication.
The token is unsigned.
The token should have a signature with IVL4KiKMfz.

A new notification was sent to
➥ the following phone number +1233...
```

어떤 점이 문제일까? 처음 두 로그 메시지에 개인정보가 있다. 토큰을 서명할 때 사용하는 패스워드나 개인키, 그 밖에 주고받은 정보는 어떤 일이 있어도 로그에 기록하면 안 된다. 특히, 패스워드는 소유자만 알고 있어야 하는 정보다. 어떤 경우라도 로그나 DB에 일반 텍스트로 패스워드를 저장하는 것은 위험천만한 일이다. 개인키와 이와 유사한 기밀 정보는 도난 방지 차원에서 별도의 비밀 보관소에 저장해야 한다. 누군가 키 값을 몰래 빼낸 뒤, 앱 또는 사용자를 사칭할 수 있기 때문이다.

세 번째 로그 메시지에는 개인정보에 해당하는 전화번호가 노출되어 있다. 전 세계적으로 이러한 개인정보의 사용은 엄격히 제한하는 추세다. 예를 들어, 유럽 연합(EU)은 2018년 5월부터 일반 데이터 보호 규칙(General Data Protection Regulation, GDPR)[3]을 시행 중인데, EU 회원국에서 사용하는 앱은 반드시 준수해야 한다. 이 규정에 따르면 사용자는 누구라도 앱이 사용하는 자신의 모든 개인 데이터를 요청할 수 있고 해당 데이터의 즉각적인 삭제(immediate deletion)를 요청할 수 있다. 전화번호 같은 개인정보를 로그에 쌓아두면 일일이 조회하여 삭제하기가 어려워진다.

성능 문제

로그를 쓰려면 세부 정보(일반적으로 스트링)를 I/O 스트림을 통해 앱 외부의 어딘가로 보내야 한다. 설정에 따라 단순히 앱의 콘솔(터미널)로 보낼 수도 있지만, 파일이나 DB에 저장할 수도 있다(5.2.1절). 어쨌든 메시지를 로깅하는 시간은 조금이라도 걸리기 때문에 너무 많은 로그 메시지를 추가하면 앱 성능이 크게 떨어질 수 있다는 점을 기억해야 한다.

수년 전 내가 있던 팀에서 조사했던 문제가 있다. 아시아 지역 한 고객사의 공장에서 개발 중인 재고 관리 앱에 문제가 있다는 것이다. 큰 문제는 아니었지만 근본 원인을 찾기가 어려웠기 때문에 로그 메시지를 추가하기로 결정했다. 그런데 사소한 변경 사항이 포함된 패치를 배포했더니 시스

---

3 [옮긴이] 유럽연합법으로 유럽연합에 속해 있거나 유럽경제공동체에 속해 있는 모든 인구들의 사생활 보호와 개인정보들을 보호해주는 규제다. 이 법은 유럽연합과 유럽경제공동체 이외 지역의 개인정보의 침해 또한 적용이 가능하다(출처: 위키백과).

템이 갑자기 느려지면서 거의 먹통이 되는 것이 아닌가! 결국 프로덕션 서버가 중단되어 재빨리 원상 복구를 하였다. 빈대 잡으려다 초가삼간을 태울 뻔한 셈이다.

아, 힘드셨겠어요!
잘 끝났나요?

고객사 담당자는 당연히 불만을 터뜨렸지만,
다행히 진짜 일이 커지기 전에 빨리 되돌렸어.

요점은, 나 같은 실수를 되풀이하지 말라는 거야.
자기 실수로부터 배우는 것도 좋지만,
다른 사람의 실패 경험담을 듣고 미리 배우는 것이 가장 좋아.

어떻게 그 작고 간단한 로그 메시지가 그렇게 큰 문제를 일으켰던 것일까? 로그 메시지를 네트워크상의 다른 서버로 보내도록 설계됐기 때문이다. 이 공장의 내부 네트워크는 속도가 느리기로 악명이 높았는데, 엄청난 횟수로 반복하는 루프 안에서 로그 메시지를 계속 추가하니 앱 속도가 상당히 느려졌던 것이다.

결국 우리는 다음과 같은 몇 가지 교훈을 얻었고 같은 실수를 되풀이하지 않겠다고 마음먹었다.

- 앱에서 메시지를 어떻게 기록하는지 알아야 한다. 동일한 앱이라도 배포를 어떻게 하는지에 따라 구성이 제각각일 수 있다(5.2.2절 참조).
- 메시지를 너무 많이 기록하면 안 된다. 엄청난 횟수를 반복하는 루프 안에서 메시지를 기록하지 말라. 로그 메시지가 너무 많이 쌓이면 나중에 읽기도 힘들다. 큰 루프 안에서 메시지를 남겨야 한다면 조건식을 사용해서 메시지가 기록되는 범위를 좁혀라.
- 꼭 필요한 메시지만 저장하라. 로깅 레벨을 이용하면 로그 메시지를 효과적으로 제한할 수 있다.
- 서비스를 재시작하지 않아도 로깅 메커니즘을 켜고 끌 수 있도록 구현하라. 이래야 필요시 로깅 레벨을 낮추어 더 많은 세부 정보를 얻은 후, 다시 로깅 레벨을 높여 원래 상태로 돌아갈 수 있다.

유지보수성

로그 메시지는 앱의 유지보수성(maintainability)에도 부정적인 영향을 미칠 수 있다. 로그를 너무 자주 남기는 코드가 뒤섞이면 정작 중요한 앱 로직을 파악하기 힘들어진다. 예제 5.7과 예제 5.8을 비교해보자. 어느 쪽이 더 이해하기 쉬운가?

예제 5.7 로직이 간단한 메서드

```java
public List<Integer> extractDigits() {
  List<Integer> list = new ArrayList<>();
  for (int i = 0; i < input.length(); i++) {
    if (input.charAt(i) >= '0' && input.charAt(i) <= '9') {
      list.add(Integer.parseInt(String.valueOf(input.charAt(i))));
    }
  }

  return list;
}
```

예제 5.8 로직이 간단한 코드에 로그 메시지를 남기는 코드가 뒤섞여 어지럽다.

```java
public List<Integer> extractDigits() {
  log.info("Creating a new list to store the result.");
  List<Integer> list = new ArrayList<>();
  log.info("Iterating through the input string " + input);
  for (int i = 0; i < input.length(); i++) {
    log.info("Processing character " + i + " of the string");
    if (input.charAt(i) >= '0' && input.charAt(i) <= '9') {
      log.info("Character " + i +
               " is digit. Character: " +
               input.charAt(i))
      log.info("Adding character" + input.charAt(i) + " to the list");
      list.add(Integer.parseInt(String.valueOf(input.charAt(i))));
    }
  }
  Log.info("Returning the result " + list);
  return list;
}
```

비즈니스 로직은 동일하지만 예제 5.8은 로그 메시지가 덕지덕지 붙어 있어 가독성이 한참 떨어진다. 앱의 유지보수성을 해치지 않고 로그를 남기려면 어떻게 해야 할까?

• 코드에 있는 커맨드 하나하나를 로깅할 필요는 없다. 어떤 커맨드가 가장 연관성이 큰 세부 정보를 제공하는지 파악하라. 기존 로그 메시지로 충분하지 않으면 나중에 얼마든지 로그를 더

추가할 수 있다.

- 메서드의 인숫값과 리턴값 정도만 남기도록 로깅 코드를 적당히 구현하라.
- 프레임워크를 사용하면 일부 로깅 코드를 메서드에서 디커플링할 수 있다. 예를 들어 스프링에서 커스텀 애스팩트(custom aspect)[4]를 이용하면 메서드의 실행 결과(인숫값 + 실행 후 메서드가 리턴한 값)를 기록할 수 있다.

5.3 로그와 원격 디버깅

4장에서 원격 디버깅 이야기를 할 때, 여러분은 외부 환경에서 실행되는 앱에 디버거로 접속할 수 있다고 배웠다. 내가 가르치는 학생들은 직접 디버거로 접속해서 문제를 조사하면 될 일을 왜 굳이 로그를 사용해야 하는지 종종 질문한다. 하지만 이미 언급했듯이, 두 가지 디버깅 기법은 상호 배타적인 관계가 아니다. 어느 한 쪽이 다른 쪽보다 나은 경우도 있고, 함께 사용해야 더 빛을 발하는 경우도 있다.

원격 디버깅과 로깅, 이 두 가지 기법을 효과적으로 활용할 수 있도록 각자 할 수 있는 일과 할 수 없는 일을 정리했다(표 5.1).

표 5.1 로깅과 원격 디버깅의 비교표

기능	로깅	원격 디버깅
원격 실행되는 앱의 동작을 파악하는 데 사용할 수 있다.	✓	✓
특별한 네트워크 퍼미션 또는 구성이 필요하다.	✗	✓
실행 단서를 영구 저장한다.	✓	✗
특정 코드 라인에서 실행을 중단시켜 앱이 무슨 일을 하는지 파악할 수 있다.	✗	✓
실행 로직을 방해하지 않고 앱 동작을 이해하는 데 사용할 수 있다.	✓	✗
프로덕션 환경에 권장한다.	✓	✗

---

4 [옮긴이] https://www.baeldung.com/spring-aop-annotation

로그와 원격 디버깅 모두 원격 실행되는 앱의 동작을 파악할 수 있는 도구다. 물론, 각자 일장일단이 있다. 로깅은 조사에 필요한 이벤트와 데이터를 앱이 기록한다는 것을 전제로 한다. 따라서 로그를 남기는 커맨드를 추가하고 앱을 다시 배포해야 한다. 보통 개발자는 이를 '부가 로그(extra log)를 남긴다'고 말한다. 원격 디버깅은 이러한 번거로움 없이 디버거로 원격 실행 중인 앱에 접속할 수 있지만 특정 네트워크 구성이나 퍼미션을 미리 부여받아야 한다.

아무래도 가장 큰 차이점은 각자가 지닌 고유한 철학일 것이다. 디버깅은 현재에 초점을 두고 실행을 일시 중단시켜 앱의 현재 상태를 관찰한다. 로깅은 과거에 더 초점을 두고 로그 메시지를 수집하여 타임라인 위주로 실행을 분석한다. 흔히 복잡한 문제를 조사할 때에는 디버깅과 로깅을 함께 사용하는데, 둘 중 어느 것을 사용할지는 개발자의 취향과 선호도에 달려 있다. 그냥 더 익숙하고 편하다는 이유로 어느 한쪽을 주로 쓰는 개발자도 자주 보았다.

요약

- 어떤 문제든지 조사하기 전에 먼저 앱 로그를 확인하라. 로그를 보면 무엇이 잘못됐는지 알 수 있고, 적어도 어디서부터 조사를 시작해야 할지 힌트를 얻을 수 있다.

- 로그 메시지에는 반드시 타임스탬프가 기록돼야 한다. 어느 시스템이건 로그가 저장되는 순서는 보장되지 않으므로 로그 메시지를 시간순으로 정렬하려면 타임스탬프가 반드시 필요하다.

- 로그 메시지를 너무 많이 저장하지 말라. 모든 세부 항목이 문제를 일으킨 원인을 밝히는 데 크게 도움이 되거나 연관성이 있는 것은 아니다. 지나치게 많은 로그 메시지를 저장하면 앱 성능에 영향을 미치고 코드 가독성이 눈에 띄게 떨어질 수 있다.

- 로깅은 꼭 필요한 경우에만 추가하는 게 좋다. 운영 중인 앱은 필수 메시지만 로깅해야 한다. 자세한 정보가 필요하면 언제든지 금세 더 많은 로깅을 남기도록 설정할 수 있다.

- 로그에 기록된 예외가 항상 문제의 원인인 것은 아니다. 어쩌면 문제의 결과일지도 모른다. 섣불리 속단하지 말고 예외를 일으킨 원인이 무엇인지 조사하라.

- 예외 스택 트레이스를 보면 어떤 메서드를 누가 호출했는지 찾아갈 수 있다. 이 방법은 지저분하고 이해하기 어려운 대규모 코드베이스에서 특히 유용하며 많은 시간을 절약할 수 있을 것이다.

- 비밀번호, 개인키, 기타 개인 신변 등의 민감한 정보는 절대로 로그 메시지에 남기지 말라. 패스워드 또는 개인 키를 기록하면 로그에 액세스할 수 있는 사람이라면 누구나 악용할 수 있기 때문에 보안상 취약하다. 성명, 주소, 전화번호 같은 개인정보를 쓰는 것도 정부 규정에 따라 맞지 않을 가능성이 있다.

트러블슈팅
고급 테크닉

2부에서는 앱 실행을 심층 조사하는 고급 기법을 소개한다. 1부에서 설명한 디버깅과 로깅에 익숙한 개발자도 프로파일링하여 스레드를 조사하고, 메모리 소비 패턴을 분석하며 실행 프로세스의 모든 '비밀'을 밝혀내는 개발자는 흔치 않다. 이러한 기법은 현장에서 꼭 필요하며, 특정한 퍼즐 조각을 맞추는 유일한 방법인 경우도 많다.

6장에서는 CPU와 메모리 사용량을 분석하는 방법, 7장에서는 프로파일러로 레이턴시 문제를 조사하는 방법을 각각 다룬다. 8, 9장에서는 프로파일러로 멀티스레드 아키텍처를 자세히 파헤치고, 10장에서는 스레드 덤프에 대해 설명한다. 이어서 11장에서는 힙 덤프를 생성하여 메모리 문제를 진단하는 방법을 이야기하며 2부를 마무리한다.

PART II

Deep analysis of an app's execution

프로파일링 기법으로
리소스 사용 문제 파악하기

이 장의 주요 내용

- 리소스 소비 상황 파악
- 리소스 소비 관련 이슈 식별

> "그리고 프로도 배긴스, 그대에겐 우리가 가장 사랑하는 별, 에아렌딜의 불빛을 주겠노라. 다른
> 불빛이 모두 꺼진 암흑 속에서도 그대에게 한 줄기 빛이 되길 바라노라."
>
> 갈라드리엘(《반지의 제왕》, J.R.R. 톨킨)

6, 7장은 프로파일러의 사용법을 설명한다. 에아렌딜의 불빛만큼 강력하진 않지만, 다른 불빛이 모두 꺼진 암흑 속에서 프로파일러는 한 줄기 빛과 같은 도구다. **프로파일러**는 다양한 난관에 봉착했을 때 앱이 이상하게 작동되는 근본 원인을 밝혀내는 강력한 도구다. 원인을 찾아낼 가망이 거의 없는 상황에서 프로파일러는 여러분을 안내하는 나침반이 될 것이다. 개발자라면 모름지기 프로파일러 사용법은 꼭 알아야 한다. 이번 장에서 배우겠지만, 프로파일러는 실행 중인 JVM 프로세스를 가로채서 다음과 같이 유용한 세부 정보를 제공한다.

- CPU와 메모리 같은 리소스가 앱에서 어떻게 소비되는가?
- 실행 중인 스레드와 그 현재 상태는 어떤가?
- 실행 중인 코드 및 특정 코드 조각에서 사용하는 리소스(예: 메서드별 실행 시간)는 무엇인가?

6.1절에서는 몇 가지 시나리오 분석을 통해 프로파일러가 제공한 세부 정보가 얼마나 유용한지, 왜 중요한지 살펴본다. 6.2절에서는 6.1절에서 언급한 시나리오를 프로파일러로 해결하는 과정을 알아본다. 6.2.1절에서는 프로파일러를 설치/구성하는 방법을 설명한다. 6.2.2절에서는 앱에서 시스템 리소스를 어떻게 소비하는지, 6.2.3절에서는 앱에서 메모리 관리가 제대로 안 되는 경우를 어떻게 식별하는지 알아본다.

이 장의 예제는 모두 VisualVM[1] 프로파일러를 사용한다. VisualVM은 내가 수년 동안 잘 사용해온 무료 프로파일러다. 이 밖에 자바 앱용 프로파일링 도구로는 JMC(Java Mission Control)[2] 및 JProfiler[3]가 있다.

6.1 프로파일러는 어떤 경우에 유용할까?

프로파일링 도구가 도움이 되는 상황을 세 가지 정도 꼽아보면 이렇다.

- 비정상적인 리소스 사용량 식별
- 코드의 어느 부분이 실행되는지 찾기
- 앱 실행 속도가 저하되는 문제 파악

6.1.1 비정상적인 리소스 사용량 식별

프로파일러는 대개 앱이 CPU와 메모리를 어떻게 소비하는지 파악하는 용도로 쓰인다. 그래서 앱의 특정한 문제를 이해하는 데 도움을 주며, 그런 문제를 조사하는 첫 단추로 활용된다. 앱이 리소스를 어떤 패턴으로 소비하는지 살펴보면 다음 두 가지 범주의 문제점이 발견된다.

- **스레드 관련 문제**(thread-related issue): 동기화가 결여되어 있거나 제대로 되지 않을 때 발생하는 동시성 문제
- **메모리 누수**(memory leak): 불필요한 데이터를 메모리에서 비우지 못하여 앱 실행 속도가 느려지고 결국 완전히 앱이 멈추게 되는 문제

---

1   https://visualvm.github.io/download.html에서 내려받을 수 있다.
2   http://mng.bz/AVQE
3   http://mng.bz/ZpLj

나 역시 실제로 이 두 가지 문제를 숱하게 겪어왔다. 리소스 사용량 문제는 매우 다양한 결과로 나타나는데, 그냥 앱 속도가 조금 느려질 때도 있고 완전히 앱이 중단되는 경우도 있다. 내가 프로파일러로 곧잘 해결한 스레드 관련 문제는, 모바일 기기의 배터리에서 일어났다. 사실 속도 저하가 가장 심각한 문제는 아니다. 안드로이드 기반의 앱을 내려받아 사용하는 사용자가 배터리가 너무 빨리 소모된다고 불평하기 시작했다. 당연히 조사에 착수했다. 앱이 작동하는 모습을 오랫동안 관찰한 결과, 앱이 사용하는 라이브러리 중 하나가 실행 중인 상태로 남아 시스템 리소스를 잔뜩 점유한 스레드를 계속 생성하는 것을 발견했다. 모바일 앱에서는 CPU 리소스 사용이 곧 배터리의 소모로 이어지기 마련이다.

이러한 잠재적인 문제를 발견한 후에는 스레드 덤프(10장 참고)를 수집하여 더 자세히 조사할 수 있다. 일반적으로 이런 문제의 근본 원인은 스레드의 동기화 결함이다.

나는 앱에서 메모리 누수가 발생하는 모습도 자주 발견했다. 메모리 누수는 대부분 앱 크래시를 일으키는 OOM 에러로 귀결된다. 그래서 앱 크래시가 났다는 소식을 들으면 본능적으로 메모리 문제를 의심한다.

TIP 앱 크래시가 시도 때도 없이 발생하면 메모리 누수를 의심해봐야 한다.

리소스를 비정상적으로 사용하는 근본 원인은 코딩 에러 때문에 더 이상 필요 없는 객체의 레퍼런스가 메모리에 고스란히 남아 있기 때문인 경우가 많다. JVM은 메모리에서 불필요한 데이터를 알아서 비우는 메커니즘, 즉 **가비지 컬렉터**(Garbage Collector, GC)를 제공하지만 불필요한 데이터의 레퍼런스를 삭제하는 일은 여전히 개발자의 몫이라는 사실을 기억하라. 객체 레퍼런스를 붙들고 있도록 코드를 짜면 GC는 그 객체를 더 이상 사용하지 않는다는 사실을 알 도리가 없기 때문에 메모리에서 절대로 수거되지 않는다. 이러한 상황을 **메모리 누수**라고 한다. 6.2.3절에서는 프로파일러를 사용하여 메모리 누수가 발생하는 시점을 어떻게 포착하는지 설명하겠다. 11장에서는 힙 덤프를 수집하여 좀 더 근본적인 원인을 조사하는 방법을 배운다.

6.1.2 실행되는 코드 찾기

개발자이자 컨설턴트인 나는 지금까지 굉장히 크고 복잡하면서도 지저분한 코드베이스를 맞닥뜨린 경험이 풍부하다. 앱의 어떤 기능을 조사해야 하는데, 문제를 재현할 수는 있지만 코드의 어느 부분이 연관되어 있는지 도통 알 수 없을 때도 많았다. 몇 년 전 어떤 프로세스를 실행하는 레거시 앱의 문제를 조사한 적이 있었다. 회사 경영진은 코드를 잘못 작성한 책임을 개발자 한 사람에게만 지우려는 비상식적인 결정을 내렸다. 아무도 어떤 코드가 문제인지, 그 코드를 어떻게 찾아낼지는 별생각이 없었다. 결국 그 개발자는 어떤 문서도, 친절한 코드베이스도 남기지 않은 채 퇴사했고, 문제의 원인을 찾아달라는 부름을 받고 부랴부랴 작업에 착수하게 되었다.

코드를 처음 볼 때는 약간 두려움이 앞섰다. 앱의 클래스 설계가 엉망이고 자바와 스칼라 코드가 일부 자바 리플렉션(reflection)[4] 중심의 코드와 뒤섞여 있었다.

이런 상황에서 어느 코드를 조사해야 할지 어떻게 알 수 있을까? 실행 중인 코드를 샘플링하는 능력을 지닌 프로파일러를 이용하면 된다. 이 도구는 여러 메서드를 서로 연관 짓고 무엇이 실행되는지 시각화하므로 조사 착수에 필요한 충분한 단서를 제공한다. 실행 중인 코드를 알면 2~4장에서 배운 대로 코드를 읽어보면서 디버거를 사용하면 된다.

프로파일러가 있으면 코드를 직접 들여다보지 않아도 어느 코드가 백그라운드에서 실행 중인지 쉽게 찾을 수 있다. 이런 기능을 **샘플링**(sampling)이라고 한다. 코드가 너무 복잡해서 무엇이 호출되는지 파악하기 어려울 때 매우 유용한 기능이다.

6.1.3 앱 실행 속도가 느려지는 원인을 파악

성능 문제를 해결해야 하는 경우도 있을 것이다. '무엇 때문에 이렇게 실행 시간이 오래 걸릴까?' 하는 의문이 들 때. 개발자는 본능적으로 I/O 관련 코드를 가장 먼저 의심한다. 웹 서비스 호출, DB 연결, 데이터를 파일로 저장하는 등의 작업은 흔히 앱에서 레이턴시를 일으키는 사례다. 그러나 I/O만 속도 저하를 일으키는 주범은 아니다. 코드베이스를 완전히 머릿속에 집어넣지 않는 한 (현실적으로 어렵다), 아무 도구 없이 문제의 원인을 파악하기는 지극히 어렵다.

다행히 프로파일러는 실행 중인 코드를 가로채서 각 코드가 소비하는 리소스를 계산하는 '마법'을 부린다. 이러한 능력은 7장에서 자세히 다루겠다.

6.2 프로파일러 사용 방법

이제 프로파일러로 문제를 해결하는 방법을 알아보자. 예제 앱은 각 토픽에 집중할 만큼 범위는

4 　[옮긴이] https://docs.oracle.com/javase/tutorial/reflect/index.html

좁지만 앞으로 설명할 내용과의 연관성은 부족하지 않을 정도로는 복잡하다.

6.2.1절에서는 VisualVM을 설치/구성하고 프로파일러의 조사 기능을 살펴본다. 6.2.2절에서는 시스템 리소스 소비 패턴과 앱이 리소스를 과소비하는 것은 아닌지 확인하는 방법을 설명한다. 6.2.3절에서는 앱에서 어떤 종류의 메모리 문제가 발생할 수 있고 그것을 짚어내는 방법을 알아보겠다.

6.2.1 VisualVM 설치 및 구성

VisualVM 설치는 간단하다. 공식 사이트[5]에서 본인의 PC 운영체제에 맞는 버전을 내려받고 JDK 경로를 올바르게 세팅하면 된다. /etc/visual.config 파일을 열고 다음과 같이 `visualvm_jdkhome` 라는 환경 변숫값에 JDK 경로를 지정한 다음 해당 라인의 주석을 해제(라인 맨 앞의 #를 삭제)한다. VisualVM을 실행하려면 자바 8 이상의 버전이 필요하다.

```
visualvm_jdkhome="C:\Program Files\Java\openjdk-17\jdk-17"
```

JDK 경로를 정확하게 지정한 뒤 앱을 설치한 bin 폴더의 실행 파일을 사용하여 VisualVM을 실행한다(그림 6.1).

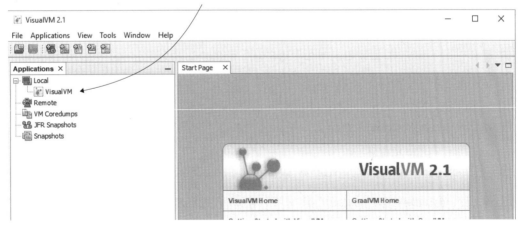

그림 6.1 VisualVM 시작 화면. 우리가 조사할 로컬 프로세스는 좌측 패널에 표시된다. GUI가 단순해서 배우기 쉽다.

---

[5] https://visualvm.github.io/download.html

예제 앱은 da-ch6-ex1 프로젝트에 있다. 여기서 자바 앱을 실행하라. 자바 프로세스의 프로파일링은 앱을 IDE에서 실행하든, 콘솔에서 직접 실행하든 상관없다.

앱을 시작하면 VisualVM 좌측 패널에 프로세스가 표시된다. 보통 프로세스에 어떤 이름을 부여하진 않기 때문에 메인 클래스명으로 보일 것이다(그림 6.2).

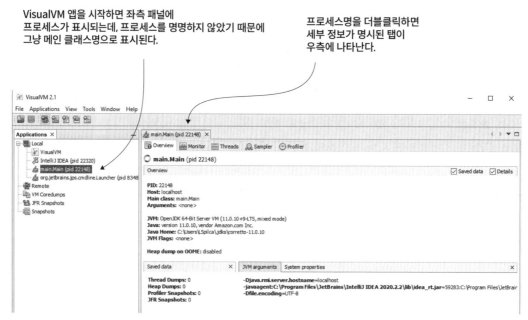

그림 6.2 좌측 패널에서 프로세스명을 더블클릭하면 우측에 새 탭이 표시되고
여기에 해당 프로세스를 조사하는 데 필요한 정보가 담겨 있다.

이따금 어떤 사유로 인해 로컬 프로세스에 접속하지 못할 수도 있다(그림 6.3). 이럴 때는 먼저 프로파일링할 앱을 시작할 때 VM 인수로 도메인명을 전달해본다.

```
-Djava.rmi.server.hostname=localhost
```

VisualVM이 해당 JVM 버전을 지원하지 않는 경우에도 비슷한 문제가 생길 수 있다. `-Djava.rmi.server.hostname=localhost` 인수를 넣어도 해결되지 않으면 VisualVM Download 페이지[6]로 가서 JVM 버전이 호환되는지 확인한다.

---

6 https://visualvm.github.io/download.html

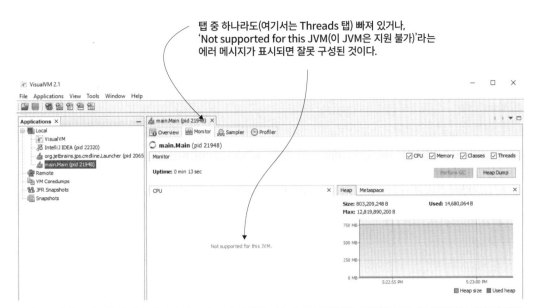

탭 중 하나라도(여기서는 Threads 탭) 빠져 있거나, 'Not supported for this JVM(이 JVM은 지원 불가)'라는 에러 메시지가 표시되면 잘못 구성된 것이다.

그림 6.3 제대로 작동하지 않으면 먼저 VisualVM에서 사용 가능한 JVM 버전을 사용하고 있는지 확인하고, 경우에 따라 조사하려는 로컬 프로세스에 접속하지 못할 수도 있으므로 프로세스가 어떻게 기동됐는지도 살펴본다.

6.2.2 CPU와 메모리 사용량 관찰

프로파일러로 할 수 있는 가장 간단한 작업은 앱이 시스템 리소스를 사용하는 모습을 관찰하는 것이다. 이렇게만 보아도 앱에서 메모리 누수가 발생하거나 좀비 스레드가 생기는 등의 문제점을 발견할 수 있다.

DEFINITION 메모리 누수(memory leak)는 앱이 불필요한 데이터를 메모리에서 해제하지 않는 현상이다. 시간이 지나면 가용 메모리가 고갈되어 심각한 문제를 일으킨다.

실행 중인 앱을 프로파일러로 들여다보면 비정상적인 앱 동작을 쉽게 발견할 수 있다. 가령, 앱 실행이 끝난 뒤에도 계속 실행 상태로 남아 앱의 리소스를 차지한 **좀비 스레드**는 VisualVM에서 바로 드러난다. 이제 비정상적으로 리소스를 소모하는 앱의 이상 징후를 VisualVM으로 어떻게 찾아내고 관찰하는지 살펴보자.

da-ch6-ex1 프로젝트를 보자. 앱 로직은 단순하다. 두 스레드는 자바 List에 계속 값을 추가하고 (생산하고), 다른 두 스레드는 이 List에서 계속 값을 삭제한다(소비한다). **프로듀서/컨슈머 접근 방식** (producer-consumer approach)이다. 요즘 앱에서 흔히 볼 수 있는 멀티스레드 디자인 패턴이다.

예제 6.1 프로듀서 스레드는 리스트에 값을 추가한다. File da-ch6-ex1/src/main/java/main/Producer.java

```java
public class Producer extends Thread {

  private Logger log = Logger.getLogger(Producer.class.getName());

  @Override
  public void run() {
    Random r = new Random();
    while (true) {                            리스트에 추가 가능한 최대 개수를 지정한다.
      if (Main.list.size() < 100) {     ◄─┘
        int x = r.nextInt();          리스트에 랜덤값을 추가한다.
        Main.list.add(x);        ◄─┘
        log.info("Producer " + Thread.currentThread().getName() +
                " added value " + x);
      }
    }
  }
}
```

예제 6.2 컨슈머 스레드는 리스트에서 값을 삭제한다. File da-ch6-ex1/src/main/java/main/Consumer.java

```java
public class Consumer extends Thread {

  private Logger log = Logger.getLogger(Consumer.class.getName());

  @Override
  public void run() {
    while (true) {                          리스트에 값이 하나라도 있는지 체크한다.
      if (Main.list.size() > 0) {     ◄─┘
        int x = Main.list.get(0);        리스트에 있는 첫 번째 값을 삭제한다.
        Main.list.remove(0);       ◄─┘
        log.info("Consumer " + Thread.currentThread().getName() +
                " removed value " + x);
      }
    }
  }
}
```

Main 클래스는 프로듀서 스레드 2개, 컨슈머 스레드 2개를 각각 생성하기 시작한다.

예제 6.3 프로듀서 및 컨슈머 스레드를 만들어 시작하는 Main 클래스 ⒻileⓉ da-ch6-ex1/src/main/java/main/Main.java

```java
public class Main {

  public static List<Integer> list = new ArrayList<>();  ◄──  프로듀서가 생성한
                                                              랜덤값을 보관할 리스트

  public static void main(String[] args) {                    프로듀서 스레드와
    new Producer().start();  ◄──                               컨슈머 스레드를 각각 시작한다.
    new Producer().start();
    new Consumer().start();
    new Consumer().start();
  }
}
```

그런데 이 앱에서 멀티스레드 프로그램을 잘못 작성했다. 다수의 스레드가 **ArrayList** 타입의 리스트에 동시에 달려들어 변경을 일으키지만, 자바 **ArrayList**는 동시성 컬렉션 구현체가 아니기 때문에 스레드의 액세스 자체는 관리하지 않는다. 따라서 여러 스레드가 이 컬렉션에 액세스하면 **경쟁 상태**(race condition)[7]에 빠질 공산이 크다. 경쟁 상태는 이렇게 여러 스레드가 동일한 리소스에 서로 다투어 액세스하려고 할 때 발생한다.

이 앱에는 스레드 동기화 기능이 빠졌다. 그래서 어떤 스레드는 경쟁 상태에 빠져 예외가 발생하며 잠깐씩 중단되는 동안 다른 스레드는 영원히 살아남아 아무 일도 하지 않는다(즉, 좀비 스레드가 된다). VisualVM으로 문제를 식별한 뒤, 스레드 동기화 기능이 추가된 da-ch6-ex2 프로젝트의 앱을 실행하자. 그런 다음 VisualVM에 표시된 결과를 비교함으로써 정상 앱과 비정상 앱은 어떤 차이점이 있는지 알아보겠다.

da-ch6-ex1 프로젝트의 앱은 실행하자마자 곧 (콘솔에 예외 스택 트레이스를 장렬히 내뿜으며) 멈출 것이다. 콘솔에는 다음과 같은 로그 메시지가 출력된다.

```
Aug 26, 2021 5:22:42 PM main.Producer run
INFO: Producer Thread-0 added value -361561777
Aug 26, 2021 5:22:42 PM main.Producer run
INFO: Producer Thread-1 added value -500676534
Aug 26, 2021 5:22:42 PM main.Producer run
INFO: Producer Thread-0 added value 112520480
```

---

7 ᴏᴘᴛᴵᴼᴺ옮긴이 공유 자원에 대해 여러 개의 프로세스가 동시에 접근을 시도할 때 접근의 타이밍이나 순서 등이 결괏값에 영향을 줄 수 있는 상태 (출처: 위키백과)

클래스가 3개밖에 없는 앱에 거창하게 프로파일러까지 동원할 필요가 있을까? 정말 클래스가 3개뿐인 앱이라면 별다른 도구 없이도 문제를 조치할 수 있겠지만, 실제 앱은 이보다 훨씬 더 복잡하기에 프로파일러 같은 도구 없이는 정말 어렵다.

앱은 중단된 것처럼 보이지만 백그라운드에서 일어나고 있는 일을 살펴보면 흥미로운 단서가 보이기 시작한다.

1. 프로세스의 CPU 사용량을 확인한다.
2. 프로세스의 메모리 사용량을 확인한다.
3. 실행 중인 스레드를 시각화하여 조사한다.

프로세스가 CPU 리소스를 많이 쓰고 있는데, 어떻게든 살아 있는 듯하다. 좌측 패널에서 프로세스명을 더블클릭하면 우측에 Monitor 탭이 표시되는데, 여기서 CPU 사용량이 그래프 형태로 표시된 위젯을 살펴보자(그림 6.4).

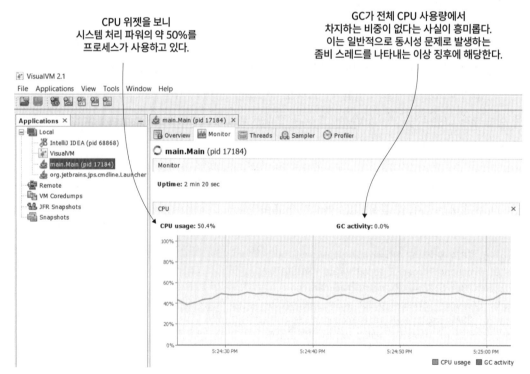

그림 6.4 Monitor 탭에 있는 위젯을 보면 프로세스와 GC 때문에 얼마나 많은 CPU 리소스가 사용 중인지 알 수 있다. 이런 정보는 앱 실행에 문제가 있는지 판단하는 데 유용하고 다음 단계를 조사하기 위한 훌륭한 지침이 된다.

컨슈머/프로듀서 스레드가 제대로 일을 하지 못하고 있지만 계속 실행 상태로 남아 시스템 리소스를 소모하는 듯하다. 여러 스레드가 비동시성 컬렉션에 액세스하여 변경을 시도하다 보니 경쟁 상태가 발생했기 때문이다. 이미 우리는 이 앱이 잘못됐다는 사실을 알고 있지만, 실무에서도 이런 식으로 어떤 문제로 인한 증상을 관찰하면 해결의 실마리를 얻을 수 있다.

이 위젯에는 GC가 사용한 CPU 리소스의 양도 표시된다. GC는 메모리에서 쓸모없는 데이터를 비우는 환경미화원이다. GC의 CPU 사용량은 앱의 메모리 할당에 문제가 있음을 암시하는 중요한 정보다. GC가 CPU 리소스를 많이 차지하고 있다면 메모리 누수가 발생한 징후일지도 모른다.

이 예제는 GC가 CPU 리소스를 전혀 사용하지 않는다. 앱이 많은 처리 능력을 소비하면서도 실제로 아무것도 처리하지 않고 있다는 뜻이므로 이 역시 반가운 신호는 아니다. 이러한 현상은 일반적으로 좀비 스레드를 나타내는 징후로서 동시성 문제가 생긴 결과다.

다음으로 메모리 소비량을 나타낸 위젯을 보자. CPU 사용량 위젯 우측에 나란히 배치되어 있다 (그림 6.5). 이 위젯에 대해서는 6.2.3절에서 더 자세히 설명하겠지만, 현재 상황을 보면 이 앱은 메모리를 거의 사용하지 않고 있다. 이것도 '앱이 아무 일도 하지 않는다'는 것을 의미하므로 좋은 신호는 아니다. 이렇게 두 위젯만 보아도 동시성이 문제의 근원일 가능성이 높다고 결론 내릴 수 있다.

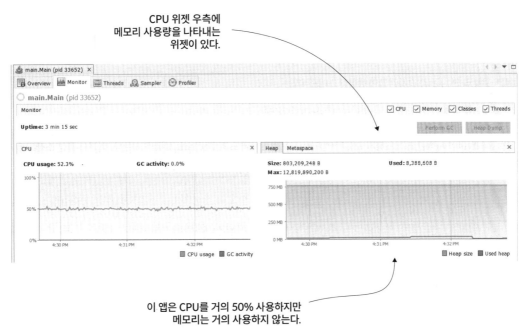

CPU 위젯 우측에
메모리 사용량을 나타내는
위젯이 있다.

이 앱은 CPU를 거의 50% 사용하지만
메모리는 거의 사용하지 않는다.

그림 6.5 메모리를 거의 사용하지 않기 때문에 GC도 할 일이 없는 것이며, 결국 이 앱은 아무것도 하지 않는 셈이다.

NOTE 나는 실행 중인 스레드를 자세히 조사하기 전에 VisualVM으로 스레드가 어떻게 실행되고 있는지 시각적으로 들여다보는 것을 좋아한다. 이렇게 하면 대부분의 경우 어떤 스레드에 관심을 가져야 할지 충분한 단서를 얻게 된다. 그 다음에는 스레드 덤프를 사용해서 동시성 문제의 원인을 찾아 해결 방법을 모색한다.

그림 6.6은 Monitor 탭 근처에 있는 Threads 탭 화면이다. 이 탭에는 실행 중인 스레드와 그 상태가 보기 좋게 표시되어 있다. 예제 앱은 모두 4개의 스레드를 시작했고 현재 모두 실행 중인 상태다.

앱이 아무것도 안 하는 것 같지만 앱이 생성한 스레드 4개는 계속 실행 중이다. 이렇게 아무 일도 안 하면서 계속 실행 상태로 남은 스레드를 좀비 스레드라고 한다. 이들은 그저 CPU 리소스를 축내고 있을 뿐이다.

그림 6.6 JVM이 시작한 스레드까지 포함하여 모든 프로세스 스레드가 Threads 탭에 표시된다. 여기서 활성 스레드 및 상태를 보면 어떤 스레드를 관심 있게 지켜봐야 하는지, 스레드 덤프를 수집해 더 깊이 살펴봐야 하는지 알 수 있다.

동시성 문제는 시시각각 그 결과가 다르다. 가령, 모든 스레드가 살아 있는 결과 한 가지만 있는 게 아니라, 일부 또는 모든 스레드가 완전히 중단되는 예외가 발생하기도 한다. 다음 코드 스니펫도 앱 실행 중에 발생할 수 있는 예외의 일례다.

```
Exception in thread "Thread-1"
➥ java.lang.ArrayIndexOutOfBoundsException:
➥ Index -1 out of bounds for length 109
```

```
    at java.base/java.util.ArrayList.add(ArrayList.java:487)
    at java.base/java.util.ArrayList.add(ArrayList.java:499)
    at main.Producer.run(Producer.java:16)
```

이런 예외가 발생하면 일부 스레드는 중단되면서 Threads 탭에 표시되지 않을 것이다. 그림 6.7은
앱에서 예외가 발생하여 4개 중 하나의 스레드만 살아남은 경우다.

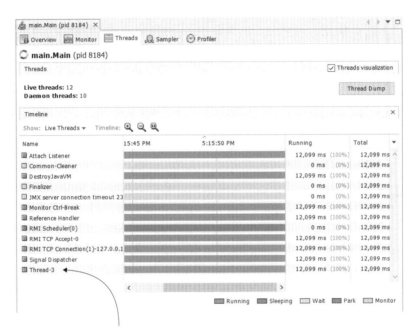

네 개의 스레드 중 하나만 살아 좀비 스레드가 됐고,
다른 세 개의 스레드는 경쟁 상태로 예외가 발생해서 중단됐다.

그림 6.7 앱 실행 도중 예외가 발생하면 일부 스레드가 중단될 수 있다.
이처럼 멀티스레드 앱은 동시성 문제로 인해 전혀 예기치 못한 현상이 나타날 수 있다.

동시성 문제의 정확한 원인을 밝히려면 7장에서 배울 스레드 덤프를 살펴봐야 하겠지만, 일단 지
금은 리소스 소비 문제를 파악하는 문제에만 집중하자. 건강한 앱과 부실한 앱을 서로 비교하면
서, 올바른 앱 동작과 이상한 앱 동작을 바로 캐치하는 감각을 익히는 것이 중요하다.

da-ch6-ex2는 da-ch6-ex1의 동시성 문제를 해결한 프로젝트다. 스레드 간의 동시 액세스와 경쟁
상태를 방지하기 위해 동기화(synchronized) 블록을 추가했다. 컨슈머/프로듀서 모두 list 인스턴
스를 동기화 코드 블록의 스레드 모니터로 사용한다.

예제 6.4 컨슈머의 액세스 동기화 File da-ch6-ex2/src/main/java/main/Consumer.java

```java
public class Consumer extends Thread {

  private Logger log = Logger.getLogger(Consumer.class.getName());

  public Consumer(String name) {
    super(name);
  }

  @Override
  public void run() {
    while (true) {
      synchronized (Main.list) {         ◄─── list 인스턴스를 스레드 모니터로 사용하여
        if (Main.list.size() > 0) {            리스트에 대한 액세스를 동기화한다.
          int x = Main.list.get(0);
          Main.list.remove(0);
          log.info("Consumer " +
            Thread.currentThread().getName() +
            " removed value " + x);
        }
      }
    }
  }
}
```

Producer 클래스에도 이와 비슷하게 동기화 블록을 추가한다.

예제 6.5 프로듀서의 액세스 동기화 File da-ch6-ex2/src/main/java/main/Producer.java

```java
public class Producer extends Thread {

  private Logger log = Logger.getLogger(Producer.class.getName());

  public Producer(String name) {
    super(name);
  }

  @Override
  public void run() {
    Random r = new Random();
    while (true) {
      synchronized (Main.list) {         ◄─── list 인스턴스를 스레드 모니터로 사용하여
        if (Main.list.size() < 100) {          리스트에 대한 액세스를 동기화한다.
          int x = r.nextInt();
          Main.list.add(x);
          log.info("Producer " +
```

```
                    Thread.currentThread().getName() +
                    " added value " + x);
            }
          }
        }
      }
    }
```

또 스레드마다 이름을 부여했다. 여러분도 항상 이렇게 하는 것을 추천한다. 앞서 JVM이 각 스레드에 부여한 Thread-0, Thread-1, Thread-2 등의 이름은 어떤 스레드를 쉽게 식별하는 데 별로 도움이 안 된다. 가능한 한 빨리 스레드를 식별할 수 있도록 적당히 스레드를 명명하는 것이 좋다. 언더스코어(_)로 시작하는 이름을 지정하면 정렬하기가 한결 편하다. 그래서 다음 예제 6.6처럼 두 클래스 Consumer(예제 6.4) 및 Producer(예제 6.5)에 생성자를 만들어 super() 생성자에 스레드명을 전달했다.

예제 6.6 스레드마다 적당한 이름을 부여한다. (File) da-ch6-ex2/src/main/java/main/Main.java

```java
public class Main {
  public static List<Integer> list = new ArrayList<>();
  public static void main(String[] args) {
    new Producer("_Producer 1").start();
    new Producer("_Producer 2").start();
    new Consumer("_Consumer 1").start();
    new Consumer("_Consumer 2").start();
  }
}
```

앱을 시작하면 콘솔에 로그가 표시되는데, da-ch6-ex1 프로젝트의 앱처럼 중단되지는 않는다. VisualVM으로 리소스 소비량을 살펴보자. CPU 위젯을 보면 CPU를 훨씬 덜 사용하며, 메모리 사용량 위젯에는 앱이 실행 중에 할당된 메모리를 일부 사용하는 것으로 나타났다. GC가 활동한 흔적도 포착됐다. 이 장 뒷부분에서 배우겠지만, 메모리 그래프 우측을 보니 계곡 같은 형태로 GC가 활동한 결과가 남아 있다.

스레드가 연속적으로 실행되지 않기 때문에 CPU 사용량은 낮은 편이다(그림 6.8). 그림 6.9에서 Threads 탭을 보면 한 번에 하나의 스레드만 동기화 블록에 들어가도록 모니터가 스레드를 차단하는 모습이 잘 담겨 있다.

NOTE 동기화 블록을 추가해도 이 블록 밖에 있는 코드 때문에 그림 6.9처럼 스레드가 동시 실행되는 것처럼 보일 수 있다.

정상적으로 작동되는 앱은
CPU 리소스를 많이 소비하지 않는다.

앱이 메모리를 사용한다는 것은
실제로 어떤 일을 하고 있다는 뜻이다.

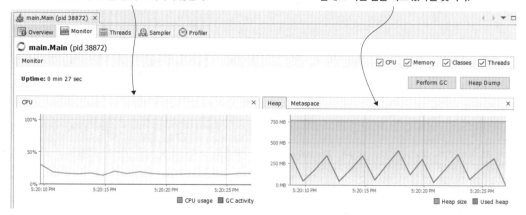

그림 6.8 코드를 올바르게 동기화하면 CPU 소비는 줄고 앱은
메모리를 약간 사용하는 형태로 리소스 소비 패턴 자체가 달라진다.

스레드가 더 이상 연속적으로 실행되지 않고
모니터에 의해 차단되거나, 대기하거나, 잠든
것으로 표시된다.

동기화 블록을 벗어난 커맨드 때문에
스레드가 동시 실행될 수는 있다. 두 프로듀서 스레드가
동시에 음영 처리된 부분이 바로 그런 경우다.

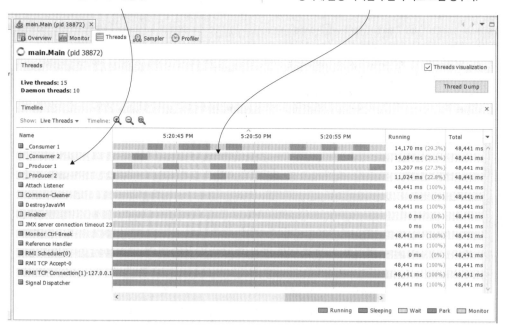

그림 6.9 Threads 탭에서 스레드가 실행되는 모습을 실시간으로 지켜볼 수 있다.
스레드명은 언더스코어로 시작하므로 Name 열을 기준으로 정렬하면 쉽게 조회 가능하다.
동기화 블록이 있어서 모니터가 한 번에 하나의 스레드만 실행되도록 수시로 실행을 중단시키는 모습이 확인된다.

6.2.3 메모리 누수 현상 식별

메모리 누수는 앱이 사용하지 않는 객체 레퍼런스가 메모리에 계속 남아 있는 현상을 말한다(그림 6.10). 앱이 할당받은 메모리에서 불필요한 데이터를 비우는 GC도 이런 레퍼런스가 남아 있기 때문에 삭제할 수가 없다. 점점 더 많은 데이터가 쌓이면 결국 메모리는 가득 차고, 더 이상 새 데이터를 추가할 공간이 없으면 OOM 에러가 나면서 앱이 중단될 것이다.

1. 객체 인스턴스를 생성하여 그 레퍼런스를 리스트에 보관하는 앱이 있다고 가정한다.

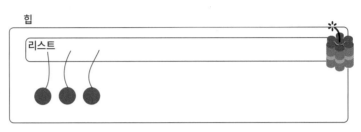

2. 앱은 새로운 인스턴스를 계속 찍어낸다. 이전에 만든 인스턴스는 사실 필요가 없는데도 해당 레퍼런스를 리스트에서 지우지 않는다.

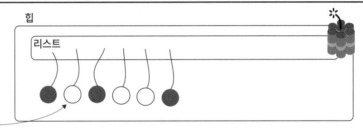

3. 앱이 계속 레퍼런스를 갖고 있기 때문에 GC는 메모리에서 삭제하지 못하고 결국 메모리가 가득 차, 앱이 더 이상 객체를 할당할 수 없는 지경에 이르면 프로세스가 중단되고 앱은 OOM 에러를 내며 실패한다.

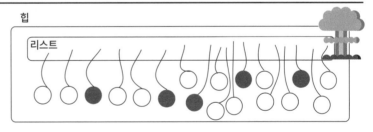

그림 6.10 OOM 에러는 일종의 시한폭탄이다. 사용하지 않는 객체 레퍼런스가 계속 유지되어 GC가 가비지로 수집하지 못하고 점점 더 많은 객체가 생성되면서 언젠가 메모리는 가득 차게 될 것이다. 결국 힙에 더 이상 객체를 할당할 공간이 없으면 OOM 에러가 나고 앱은 실패한다.

da-ch6-ex3 프로젝트에 OOM 에러를 일으키는 간단한 앱이 있다. 이 앱은 예제 6.7처럼 임의의 인스턴스를 리스트에 저장하지만 그 레퍼런스를 삭제하지 않는다.

예제 6.7 OOM 에러를 일으키는 코드   (File) da-ch6-ex3/src/main/java/main/Main.java

```java
public class Main {

  public static List<Cat> list = new ArrayList<>();
```

```
  public static void main(String[] args) {
    while(true) {
      list.add(new Cat(new Random().nextInt(10)));  ◄──── JVM 메모리가 고갈될 때까지
    }                                                       계속 새 인스턴스를 리스트에 추가한다.
  }
}
```

Cat 클래스는 단순 자바 객체다(da-ch6-ex3/src/main/java/main/Cat.java).

```
public class Cat {

  private int age;

  public Cat(int age) {
    this.age = age;
  }

  // 게터 및 세터 생략
}
```

앱을 실행하고 VisualVM으로 리소스 사용량을 살펴보자. 특히 메모리 사용량을 나타낸 위젯에
집중하자. 메모리 누수가 앱에 영향을 미칠 즈음이면 메모리 사용량이 계속 증가하는 양상을 보일
것이다. GC는 사용하지 않는 데이터를 메모리에서 비우려고 애쓰지만 그 양은 턱없이 적다. 결국
메모리는 빠르게 소진되고 새 데이터를 저장할 공간이 동나면서 OOM 에러가 발생한다(그림 6.11).

앱을 실행하면 얼마 지나지 않아 다음과 같이 에러 스택 트레이스가 콘솔에 표시될 것이다.

```
Exception in thread "main" java.lang.OutOfMemoryError: Java heap space
    at java.base/java.util.Arrays.copyOf(Arrays.java:3689)
    at java.base/java.util.ArrayList.grow(ArrayList.java:238)
    at java.base/java.util.ArrayList.grow(ArrayList.java:243)
    at java.base/java.util.ArrayList.add(ArrayList.java:486)
    at java.base/java.util.ArrayList.add(ArrayList.java:499)
    at main.Main.main(Main.java:13)
```

단, 여기서 OOM 에러 스택 트레이스가 반드시 문제를 일으킨 코드를 가리키는 것은 아니라는 점
을 기억하라. 앱에 할당된 힙 메모리 공간은 하나뿐이므로 어떤 스레드라도 문제를 일으킬 수 있
다. 실제로 메모리 공간을 마지막으로 차지하려고 시도하다가 에러를 낸, 운이 나쁜 스레드도 있을
것이다. 근원을 밝히는 가장 확실한 방법은 11장에서 배울 힙 덤프를 살펴보는 것이다.

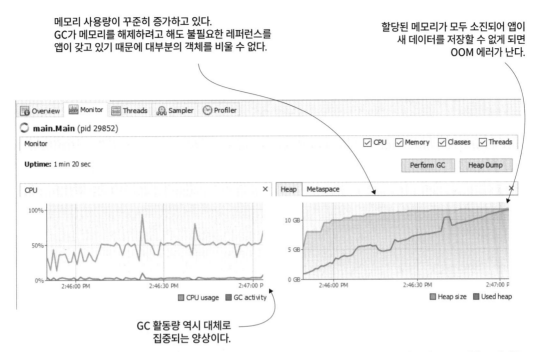

메모리 사용량이 꾸준히 증가하고 있다.
GC가 메모리를 해제하려고 해도 불필요한 레퍼런스를
앱이 갖고 있기 때문에 대부분의 객체를 비울 수 없다.

할당된 메모리가 모두 소진되어 앱이
새 데이터를 저장할 수 없게 되면
OOM 에러가 난다.

GC 활동량 역시 대체로
집중되는 양상이다.

그림 6.11 메모리 누수가 발생하면 GC가 메모리를 비우지 못하기 때문에 메모리 사용량이 지속적으로 증가하는 패턴을 보인다. 결국 앱이 더 이상 메모리를 할당할 수 없는 지경에 이르면 OOM 에러가 나며 중단된다. 또 많은 경우 메모리 누수는 GC 활동량의 증가를 일으키기도 하는데, CPU 위젯의 그래프를 보면 알 수 있다.

그림 6.12는 VisualVM에서 정상 실행 중인 앱 동작과 메모리 누수가 발생한 앱 동작을 비교한 것이다. 메모리 누수가 없는 정상 앱을 보면 그래프에 피크(peak, 봉우리)와 밸리(valley, 골짜기)가 분명하다. 앱에 필요한 메모리가 할당되고(피크) GC가 불필요한 데이터를 삭제하는(밸리) 일이 반복되는 것이다. 이렇게 오르락내리락하는 형태는 앱이 메모리 누수의 영향을 받고 있지 않다는 길조다.

하지만 메모리가 점점 채워지는데도 GC가 메모리를 청소를 하지 않는 모습이면 메모리 누수일 가능성이 있다. 만약 메모리 누수가 의심될 경우, 힙 덤프를 보면서 추가 조사를 계속해야 한다.

자바 앱에 할당되는 힙 크기는 조정할 수 있다. JVM이 이 최대 크기까지 메모리를 앱에 할당할 수 있다. 메모리를 더 많이 할당한다고 메모리 누수 문제가 해결되는 것은 아니지만, 근본 원인을 찾는 시간을 조금 더 벌 수 있는 임시방편은 될 수 있다. 최대 힙 크기는 JVM 애트리뷰트 -Xmx 다음에 할당할 메모리를 입력한다(예: -Xmx1G는 최대 힙 크기를 1GB로 설정한다). 마찬가지로 -Xms 애트리뷰트를 사용하면 최소 초기 힙 크기를 설정할 수 있다(예: -Xms500m은 최소 힙 크기를 500MB로 할당).

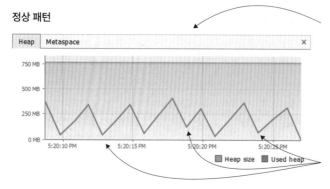

정상 패턴

정상적으로 작동되는 앱은 이런 패턴을
나타낸다. 메모리가 가득 차면 그때마다
GC가 불필요한 데이터를 정리하여
메모리를 확보한다.

이 밸리 부분이 GC가 불필요한 데이터를
정리하여 추가 메모리 공간을 확보한
지점이다.

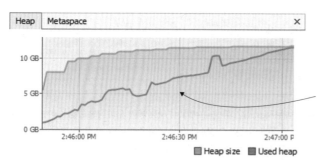

비정상 패턴

메모리 누수가 발생하면 메모리 사용량이
꾸준히 증가한다. GC가 메모리를 해제하려고
해도 불필요한 레퍼런스를 앱이 갖고 있기
때문에 대부분의 객체를 비울 수 없다.

그림 6.12 정상 앱과 메모리 누수로 문제가 생긴 앱의 메모리 사용량을 비교한 그림이다.
GC는 정상 앱이 사용 중인 메모리에서 불필요한 데이터를 삭제하여 할당된 공간을 가득 차지 않게 정리한다.
메모리 누수가 발생한 앱은 GC가 충분한 데이터를 삭제할 수 없고 언젠가 메모리가 가득 차면 OOM 에러가 발생한다.

힙 공간 외에도 모든 자바 앱은 **메타스페이스**(metaspace)[8]를 사용한다. 메타스페이스 할당량은
VisualVM의 메모리 할당 위젯의 Metaspace 탭에서 확인할 수 있다(그림 6.13).

이 메타데이터 공간에서 OOM 에러가 발생하는 일은 드물지만 불가능한 것은 아니다. 실제로 최
근에 데이터 퍼시스턴스용 프레임워크를 오용한 앱에서 그런 일이 발생하는 현상을 직접 목격한
바 있다. 자바 리플렉션을 사용하는 프레임워크와 라이브러리는 다이내믹 프록시(dynamic proxy)[9]
와 간접 호출(indirect call)에 많이 의존하기 때문에 잘못 사용하면 이런 문제가 발생할 공산이 크
다.

---

8 앱 실행에 필요한 클래스 메타데이터가 저장되는 메모리 공간

9 옮긴이 java.lang.reflect.Proxy 객체를 사용하여 생성한 프록시 객체로, 런타임에 특정 인터페이스를 구현한 클래스나 인스턴스를 만
   들어내는 기법

내가 조사한 앱은 하이버네이트라는 프레임워크를 잘못 사용하고 있었다. 하이버네이트는 자바 앱에서 퍼시스턴트 데이터를 관리하는 가장 일반적인 솔루션으로, 한 번쯤 들어본 적이 있을 것이다. 앱에서 가장 많이 쓰이는 퍼시스턴스 기능을 코드를 최소화하여 간편하게 구현할 수 있게 해주는 이 프레임워크는 인스턴스의 콘텍스트를 관리하고 콘텍스트의 변경 사항을 DB에 매핑하는 역할을 한다. 그러나 큰 콘텍스트에 사용하기는 적합하지 않다. 즉, DB에서 한 번에 너무 많은 레코드를 작업하면 안 된다.

메타스페이스의 크기와 사용량은
메모리 사용량 위젯의 **Metaspace** 탭에 표시된다.

그림 6.13 메타스페이스는 클래스 메타데이터를 저장하는 메모리 공간이다. 그런데 이 공간마저 가득 찰 수 있다.

이 앱에는 DB에서 다량의 레코드를 가져와 정해진 방식으로 처리하는 예약 프로세스가 있었는데, 언젠가부터 이 프로세스가 가져오는 레코드 수가 너무 많아지면서 그 자체만으로 메타스페이스가 꽉 차버린 것이다. 프레임워크의 버그라기보다는 프레임워크를 잘못 사용한 결과다. 이런 상황에서는 하이버네이트 대신 JDBC처럼 저수준(low-level)의 다른 방법을 사용하는 것이 타당하다.

중대한 문제였지만 전부 다 리팩터링을 하려면 많은 시간이 걸리므로 나는 단기 해결책을 찾아야 했다. 다행히 메타스페이스도 힙처럼 크기를 지정할 수 있어서(예: `-XX:MaxMetaspaceSize=100M`) 일단 급한 불은 끌 수 있었다. 물론, 이것이 문제를 해결하는 실질적인 대책은 아니다. 장기적으로는 한 번에 너무 많은 레코드를 메모리에 로드하지 말고, 필요시 대체 퍼시스턴스 기술을 사용하는 방향으로 기능을 리팩터링하는 것이 좋다.

요약

- 프로파일러는 앱 실행을 관찰하여 다른 방법으로는 발견하기 어려운 문제의 원인을 파악하는 데 유용한 도구다. 프로파일러로 확인 가능한 정보는 다음과 같다.
  - 앱이 CPU, 메모리 같은 시스템 리소스를 사용하는 방법
  - 실행되는 코드와 메서드별 실행 시간
  - 다른 스레드에 있는 메서드의 실행 스택
  - 실행 중인 스레드와 그 상태
- 프로파일러는 특정 부분을 더 빠르게 이해하는 데 도움이 될 만한 우수한 위젯을 제공한다.
- 프로파일러로 GC 실행 상태를 관찰할 수 있으므로 앱이 메모리에서 사용하지 않는 데이터를 제때 제대로 비우지 못하는 문제(메모리 누수) 등의 식별에 유용하다.

CHAPTER 7

프로파일링 기법으로
숨겨진 이슈 찾기

....

이 장의 주요 내용

■ 앱 실행을 샘플링하여 현재 실행 중인 메서드 찾기

■ 실행 시간 모니터링

■ 앱이 실행하는 SQL 쿼리 분석

....

프로파일러는 세상의 불이 다 꺼졌을 때 길을 안내하는 강력한 도구라고 말했지만, 6장에서 설명한 내용은 프로파일러가 할 수 있는 일 중 극히 일부에 지나지 않는다. 앱 실행을 조사할 때 강력한 도구를 제공하는 프로파일러의 사용법을 제대로 익혀두면 많은 실전 시나리오에서 큰 도움이 될 것이다.

지금까지 나는 그냥 방치된, 모델링이 엉망인 코드 설계 때문에 가독성이 거의 0에 가까운 낡은 앱의 실행을 코드 단위로 평가/조사할 일이 많았다. 이런 경우 프로파일러는 특정한 기능이 트리거되면 어떤 일이 실행되는지 알려주는, 유일하게 효과적인 방법이었다. 6장에서 내가 프로파일러를 에아렌딜의 빛에 비유한 까닭을 여러분도 곧 알게 될 것이다. 갈라드리엘의 말처럼 프로파일러는 정말 내게 다른 불빛이 모두 꺼진 암흑 속에서 한 줄기 빛이었다.

이 장에서는 매우 중요한 세 가지 프로파일링 조사 기법을 소개하겠다.

- 샘플링을 통해 앱 코드의 어떤 부분이 실행되는지 확인한다.

- 실행을 프로파일링(**인스트루멘테이션**(instrumentation)이라고도 한다)하여 잘못된 부분을 찾아내 최적화한다.

- 앱을 프로파일링하여 DB와 통신하는 SQL 쿼리를 식별한다(DBMS).

앱이 실행되는 광경을 시각화하는 고급 기법은 8장에서 계속 설명한다. 이러한 기법을 적절히 잘 활용하면 다양한 문제의 원인을 찾는 시간을 크게 단축시킬 수 있다. 그러나 안타깝게도 많은 개발자가 이 강력한 기법에 익숙하지 않다. 그런 기법이 있다는 사실은 알지만, 사용하기 어렵다고 단정하여 기피하는 이들도 있다(이 장에서 나는 정확히 그 반대가 맞다는 사실을 증명하겠다). 어쨌든 프로파일러를 사용하면 다른 방법으로는 쉽지 않은 문제를 훨씬 효율적으로 해결할 수 있는 경우가 더 많다.

지금부터 작은 4개의 프로젝트를 예로 들어, 프로파일러로 문제를 조사하는 방법을 설명하겠다. 7.1절에서는 샘플링 기법으로 주어진 시간에 어떤 코드가 실행되는지 알아내는 방법, 7.2절에서는 샘플링을 통해 얻은 결과보다 더 자세한 정보를 프로파일러로 알아내는 방법을 각각 살펴본다. 마지막으로 7.3절에서는 프로파일러를 이용하여 앱이 DB에 어떤 SQL 쿼리를 전달하는지 배운다.

7.1 샘플링으로 실행되는 코드 관찰

샘플링이란 무엇인가? 그리고 어떤 이점이 있을까? 샘플링은 프로파일러로 앱이 실행하는 코드를 찾아내는 방법이다. 실행 자체에 대한 상세 정보는 많이 제공하지 않지만, 어떤 일이 일어나고 있는지 큰 그림을 그려보고 추가 분석에 필요한 정보를 제공한다. 그래서 샘플링은 항상 앱 프로파일링의 첫 단계로 활용하는 것이 좋고, 사실 샘플링만으로도 충분한 경우가 많다. 이 절에서는 da-ch7-ex1 프로젝트의 앱을 프로파일러로 샘플링하고 VisualVM에서 주어진 기능의 실행 시간에 관한 문제를 찾아내는 방법을 알아보자.

이 앱은 /demo 엔드포인트를 표출한다. cURL, 포스트맨 같은 도구로 이 엔드포인트를 호출하면 이 앱은 httpbin.org에 있는 엔드포인트를 한 번 더 호출한다.

httpbin.org는 내가 예시 용도로 즐겨 쓰는 웹사이트다. 파이썬으로 작성된 오픈 소스 웹 앱으로, 여러 가지 테스트를 하는 데 편리한 목 엔드포인트(mock endpoint)를 제공한다. 여기서는 앱에서 지연이 발생하고 있는 상황을 시뮬레이션할 목적으로 응답을 5초 동안 늦게 하도록 설정된

httpbin.org의 엔드포인트를 호출할 것이다.

NOTE 일부러 레이턴시를 추가해서 앱이 예상보다 느리게 반응하는 장면을 연출한다.

이 시나리오를 알기 쉽게 정리하면 그림 7.1과 같다.

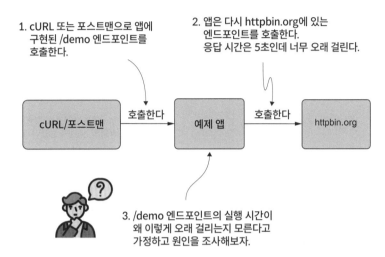

그림 7.1 일부러 레이턴시를 유발하도록 조작된 외부의 목 엔드포인트를 호출하는 예제 앱의 호출 흐름

프로파일링은 다음 두 단계로 진행된다.

1. 샘플링을 통해 어떤 코드가 실행되는지 파악하고 어느 부분을 좀 더 자세히 들여다봐야 하는지 알아낸다(이 절에서 설명하는 방법이다).

2. 프로파일링을 통해 특정 코드의 실행에 관한 상세 정보를 얻는다.

1단계(샘플링)만으로도 충분해서 2단계(프로파일링)로 넘어갈 필요가 없을 때도 있다. 이 장과 8~10 장에 걸쳐 배우겠지만, 필요한 경우 프로파일링을 해보면 실행에 관한 자세한 정보를 획득할 수 있다. 그러나 먼저 그 전에 코드의 어느 부분을 프로파일링할지 알아야 하기 때문에 샘플링이 필요하다.

이 예제는 무엇이 문제일까? /demo 엔드포인트를 호출하면 응답 시간이 5초 이상 걸리는데 너무 느리다(그림 7.2). 이 시간을 가급적 1초 미만으로 줄여야 한다. 그러려면 응답 시간이 오래 걸리는 원인을 찾는 일이 급선무다. 레이턴시가 일어나는 이유는 뭘까? 앱 자체의 문제인가, 아니면 다른 문제인가?

본인이 코드를 잘 모르는 앱의 속도 저하 문제를 조사할 때는 제일 먼저 프로파일러를 떠올리는 것이 좋다. 예제는 극단적으로 쉬운 예를 든 것일 뿐, 꼭 엔드포인트 문제만 해당되는 얘기는 아니다. 그 밖에도 프로세스 실행, 특정 이벤트 발생 시 단순 메서드 호출 등 속도 저하와 연관된 모든 상황에서 프로파일러를 첫 번째 도구로 활용하라.

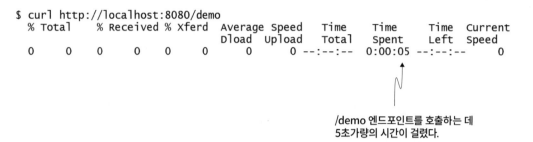

/demo 엔드포인트를 호출하는 데
5초가량의 시간이 걸렸다.

그림 7.2 cURL로 엔드포인트를 호출한 결과

앱을 시작한 다음 VisualVM(프로파일러)을 시작하자. 6장에서 배웠듯이 VM 옵션에 `-Djava.rmi.server.hostname=localhost`를 추가해야 VisualVM이 해당 프로세스에 접속할 수 있다. 좌측 리스트에서 프로세스를 선택하고 우측 Sampler 탭에서 샘플링을 시작한다.

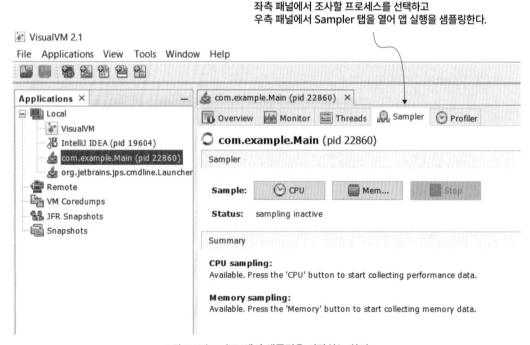

그림 7.3 VisualVM에서 샘플링을 시작하는 화면

실행을 샘플링하는 목적은 세 가지다.

- **어떤 코드가 실행되는지 알아낸다**: 샘플링을 수행하면 백그라운드에서 어떤 코드가 실행되는지 알 수 있다. 앱에서 어느 부분을 조사해야 할지 알려주는 아주 멋진 방법이다.
- **CPU 사용량 파악하기**: 레이턴시 문제를 조사하면서 어떤 메서드가 실행 시간을 공유하는지 파악한다.
- **메모리 소비량 파악하기**: 메모리와 관련된 문제를 분석한다. 메모리 샘플링과 프로파일링은 11장에서 자세히 설명한다.

CPU 버튼을 클릭하여 성능 데이터 샘플링을 시작하면 전체 액티브 스레드 리스트와 해당 스택 트레이스가 표시된다(그림 7.4). 프로파일러는 프로세스 실행을 가로채서 모든 호출된 메서드와 그 대략적인 실행 시간을 표시한다. 이제 /demo 엔드포인트를 호출하고 물밑에서 무슨 일이 벌어지는지 프로파일러 화면을 보면 알 수 있다.

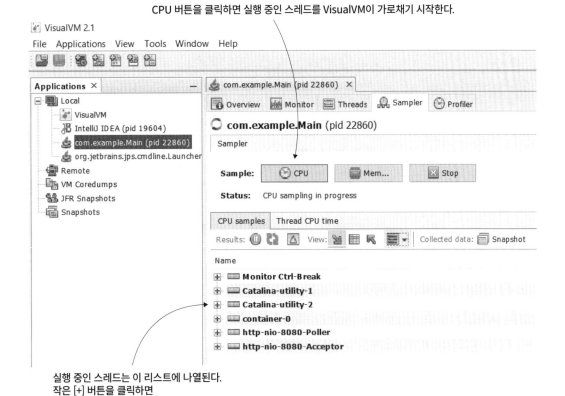

그림 7.4 전체 액티브 스레드는 리스트 형태로 나열되며, 실행 스택을 펼쳐보면 대략적인 실행 시간을 확인할 수 있다.

/demo 엔드포인트를 호출한 후, 그림 7.5처럼 스레드 실행 스택을 펼쳐보면 스레드가 대여섯 개 나타날 것이다. 엔드포인트 호출 시 앱에서 생성되어 시작된 스레드다. 이들을 하나씩 열어보면 앱이 실행되는 도중에 무슨 일을 하는지 정확하게 확인할 수 있다.

실행 시간 등을 자세히 살펴보기 전에 이 첫 단계가 얼마나 중요한지 다시 한번 강조하고 싶다. 나는 코드를 분석할 때 샘플링만 해봐도 어디서부터 문제를 찾아야 할지 감이 잡힌다. 2~4장에서 배운 내용을 떠올려보자. 디버깅을 시작하려면 브레이크포인트를 어디에 찍어야 할지 결정해야 한다. 이런 과정을 모르면 디버깅은 시작조차 불가능하다. 샘플링은 디버깅을 어느 부분부터 시작해야 좋을지 모를 때(특히, 이 장 앞부분에서 언급했듯이 앱 코드가 깔끔하게 설계되지 않은 경우) 결정적인 힌트를 줄 수 있다.

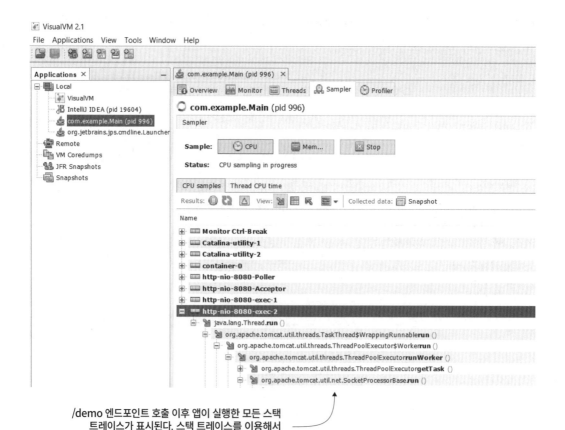

/demo 엔드포인트 호출 이후 앱이 실행한 모든 스택 트레이스가 표시된다. 스택 트레이스를 이용해서 앱이 어떤 코드를 실행했는지, 어떤 커맨드가 유난히 실행 시간이 긴지 찾을 수 있다.

그림 7.5 스택 트레이스에는 모든 메서드와 그 메서드가 호출한 하위 메서드가 계층적으로 표시되어 있으므로 특정 기능을 조사할 때 원하는 코드를 빠르게 찾아볼 수 있다.

프로파일러가 어떤 정보를 제공하는지 실행 스택을 살펴보자. 스택 트레이스를 조사하려는 메서드가 나올 때까지 펼쳐보면 어떤 코드가 실행되는지 쉽게 알 수 있다. 이 예제처럼 레이턴시의 원인을 조사할 때에는 스택 트레이스를 펼쳐서 최대 실행 시간을 확인하면 된다(그림 7.6).

마지막 메서드에서 [+] 버튼을 클릭하면 실행 스택이 펼쳐지는데, 이제 어느 메서드에서 5초라는 레이턴시를 전체적으로 일으켰는지 알 수 있다. 예제에서 속도 저하를 일으킨 장본인은 바로 `HttpURLConnection` 클래스의 `getResponseCode()`다.

TIP 실제 환경에서는 어느 한 메서드가 실행 시간을 다 써버리는 일은 드물다. 보통 그 실행에 참여한 다수의 메서드가 실행 시간을 조금씩 나눠 쓴 것이다. 일단 실행 시간이 가장 긴 메서드에 집중하라.

여기서 주목해야 할 부분은 CPU 시간(메서드가 일한 시간)이 0이라는 사실이다. 이 메서드는 실행하는 데 5초라는 시간을 썼지만, HTTP 호출을 하고 응답을 대기만 했기 때문에 CPU 리소스를 전혀 사용하지 않았다. 따라서 앱에 문제가 있는 게 아니라 HTTP 요청을 보내고 응답을 기다리는 과정에서 느려졌다는 결론을 내릴 수 있다.

여기서 총 CPU 시간과 총 실행 시간은 명확하게 구분해야 한다. 어떤 메서드가 CPU 시간을 소비한다는 건 그 메서드가 '작동된다'는 뜻이다. 이러한 경우에 성능을 개선하려면 (가능한 한) 복잡도를 최소화하는 방향으로 알고리즘을 조정해야 한다. 한편, CPU 시간은 거의 안 쓰는데 메서드 실행 시간이 긴 경우에는 메서드가 무언가를 기다리고 있을 가능성이 높다. 아무 일도 하지 않으면서 앱이 무엇을 기다리고 있는지 알아내야 한다.

한 가지 더! 프로파일러가 앱의 코드베이스만 가로채는 것이 아니라는 점도 유념하기 바란다. 앱이 실행되면 디펜던시에 있는 메서드도 호출되기 마련이다. 예제는 오픈페인(OpenFeign)이라는 디펜던시로 httpbin.org의 엔드포인트를 호출한다. 스택 트레이스에서 앱의 코드베이스가 아닌 패키지는 십중팔구 기능 구현에 사용된 디펜던시의 일부다. 오픈페인도 그중 하나다.

오픈페인은 스프링 앱에서 REST 엔드포인트를 호출하는 용도로 많이 쓰는 라이브러리다. 이 예제도 스프링 기반의 앱이라서 스택 트레이스에 갖가지 스프링 관련 기술이 등장한다. 그렇다고 스택 트레이스의 모든 부분을 세세히 이해할 필요는 없다. 실무를 할 때에도 마찬가지다. 이 책의 주제는 여러분이 잘 모르는 코드를 이해하는 방법이다.

앱을 구현한 코드뿐만 아니라 앱에서 사용된 프레임워크,
라이브러리에 있는 코드까지 모두 가로챈다.

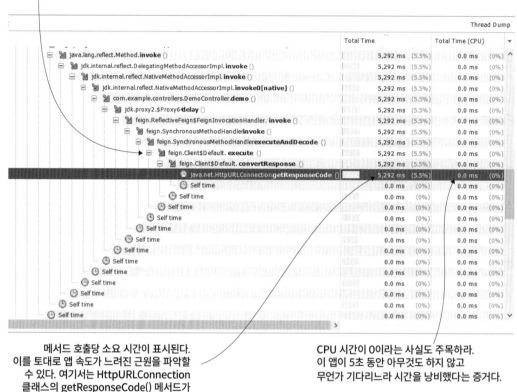

	Total Time		Total Time (CPU)	
⊟ 📄 java.lang.reflect.Method. **invoke** ()	5,292 ms	(5.5%)	0.0 ms	(0%)
⊟ 📄 jdk.internal.reflect.DelegatingMethodAccessorImpl. **invoke** ()	5,292 ms	(5.5%)	0.0 ms	(0%)
⊟ 📄 jdk.internal.reflect.NativeMethodAccessorImpl. **invoke** ()	5,292 ms	(5.5%)	0.0 ms	(0%)
⊟ 📄 jdk.internal.reflect.NativeMethodAccessorImpl. **invoke0[native]** ()	5,292 ms	(5.5%)	0.0 ms	(0%)
⊟ 📄 com.example.controllers.DemoController. **demo** ()	5,292 ms	(5.5%)	0.0 ms	(0%)
⊟ 📄 jdk.proxy2.$Proxy64 **delay** ()	5,292 ms	(5.5%)	0.0 ms	(0%)
⊟ 📄 feign.ReflectiveFeign$FeignInvocationHandler. **invoke** ()	5,292 ms	(5.5%)	0.0 ms	(0%)
⊟ 📄 feign.SynchronousMethodHandler **invoke** ()	5,292 ms	(5.5%)	0.0 ms	(0%)
⊟ 📄 feign.SynchronousMethodHandler **executeAndDecode** ()	5,292 ms	(5.5%)	0.0 ms	(0%)
⊟ 📄 feign.Client$Default. **execute** ()	5,292 ms	(5.5%)	0.0 ms	(0%)
⊟ 📄 feign.Client$Default. **convertResponse** ()	5,292 ms	(5.5%)	0.0 ms	(0%)
⊙ java.net.HttpURLConnection **getResponseCode** ()	5,292 ms	(5.5%)	0.0 ms	(0%)
⊙ Self time	0.0 ms	(0%)	0.0 ms	(0%)
⊙ Self time	0.0 ms	(0%)	0.0 ms	(0%)
⊙ Self time	0.0 ms	(0%)	0.0 ms	(0%)
⊙ Self time	0.0 ms	(0%)	0.0 ms	(0%)
⊙ Self time	0.0 ms	(0%)	0.0 ms	(0%)
⊙ Self time	0.0 ms	(0%)	0.0 ms	(0%)
⊙ Self time	0.0 ms	(0%)	0.0 ms	(0%)
⊙ Self time	0.0 ms	(0%)	0.0 ms	(0%)
⊙ Self time	0.0 ms	(0%)	0.0 ms	(0%)
⊙ Self time	0.0 ms	(0%)	0.0 ms	(0%)

Thread Dump

메서드 호출당 소요 시간이 표시된다.
이를 토대로 앱 속도가 느려진 근원을 파악할
수 있다. 여기서는 HttpURLConnection
클래스의 getResponseCode() 메서드가
전체 실행 시간을 다 써버렸다.

CPU 시간이 0이라는 사실도 주목하라.
이 앱이 5초 동안 아무것도 하지 않고
무언가 기다리느라 시간을 낭비했다는 증거다.

그림 7.6 실행 스택을 펼쳐보면 어떤 메서드가 얼마나 오랫동안 실행됐는지 확인할 수 있다.

디펜던시에 있는 메서드를 들여다보는 일이 왜 중요한 걸까? 다른 방법으로는 어떤 디펜던시에서 무슨 일을 하는지 파악하기가 거의 불가능할 때가 많기 때문이다. httpbin.org의 엔드포인트를 호출하는 코드를 보자(예제 7.1). HTTP 요청을 전송하는 로직이 구현된 실제 코드는 볼 수가 없다. 오늘날 많은 자바 프레임워크에서 디펜던시는 다이내믹 프록시를 사용해서 구현체를 디커플링하기 때문에 발생한다.

예제 7.1 오픈페인을 사용한 HTTP 클라이언트 코드

(File) da-ch7-ex1/src/main/java/com/example/proxy/DemoProxy.java

```java
@FeignClient(name = "httpBin", url = "${httpBinUrl}")
public interface DemoProxy {

  @PostMapping("/delay/{n}")
  void delay(@PathVariable int n);
}
```

다이내믹 프록시는 런타임에 메서드 구현체를 갈아 끼울 수 있는 수단이다. 덕분에 런타임에 어떤 구현체를 사용할지 몰라도 인터페이스에 선언한 메서드를 호출하면 된다(그림 7.7). 하지만 프레임 워크의 기능을 빌려 쓰는 것은 쉬워도 문제가 생기면 어디서부터 조사해야 할지 막막해진다.

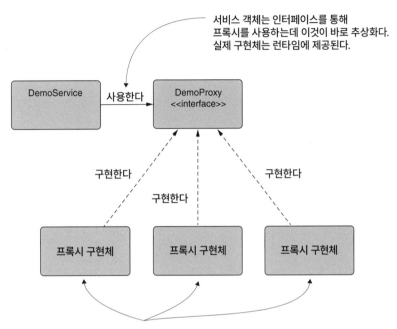

그림 7.7 다이내믹 프록시로 코드를 추상화하고 런타임 구현체를 선택하여 사용할 수 있는
프레임워크를 쓴다면, 코드만 읽는 것만으로는 문제의 원인을 찾기가 매우 어렵다.

[NOTE] 나는 개인적으로 새로운 프레임워크나 라이브러리를 배울 때 샘플링을 많이 활용한다. 샘플링은 어떤 새로운 기능이 백그라운드에서 무슨 일을 하는지 이해하는 데 도움이 된다. 기능이 복잡하기로 소문난 하이버네이트와 스프링 시큐리티를 공부할 때 이런 식으로 접근했는데, 덕분에 프레임워크의 기능을 응용하여 개발하는 방법을 빠르게 배울 수 있었다.

7.2 프로파일링으로 메서드의 실행 횟수 파악

어떤 코드가 실행되는지 아는 것만으로는 충분하지 않을 때도 있다. 로직을 정확히 이해하려면 더 자세한 정보가 필요한 경우도 있는 법이다. 가령, 샘플링을 해도 메서드 호출 횟수는 알 길이 없다. 앱을 한번 실행하는 데 50밀리초밖에 안 걸려도 1,000회 호출해서 샘플링하면 50초가 걸린다. 이 번에는 7.1절의 da-ch7-ex1 프로젝트를 재활용하여 세부 실행 정보를 알아내는 프로파일링 기법을 설명하겠다.

da-ch7-ex1 프로젝트의 앱을 실행하자. 앱을 프로파일링할 때 전체 코드베이스를 조사하는 대신, 조사에 꼭 필요한 부분만 걸러내는 것이 좋다. 프로파일링은 리소스가 많이 소모되는 작업이므로 정말 성능이 좋은 시스템이 아닌 한, 만사를 프로파일링하려면 엄청난 시간이 소요될 것이다. 따라서 항상 먼저 샘플링부터 해본 후에 프로파일링 대상을 식별하는 것이 합리적이다.

> **TIP** 절대로 전체 코드베이스를 프로파일링하지 말라. 언제나 샘플링을 토대로 앱의 어느 부위를 프로파일링하여 더 자세한 정보를 얻을지 결정하고 시작하라.

이 예제는 앱의 (디펜던시 없는 순수한 앱 자체의) 코드베이스는 무시하고 디펜던시 중 하나인 OpenFeign 클래스만 살펴보겠다. 다시 말하건대 실제로 앱의 전체 코드를 참조하는 것은 시간과 리소스 측면에서 엄청난 낭비다. 작은 예제라면 별 문제가 아니겠지만, 규모가 큰 앱에서 프로파일링할 때에는 가급적 가로챌 코드의 범위를 제한하라.

그림 7.8은 코드 범위를 제한하는 방법이다. Profiler 탭의 우측에서 앱의 어느 부분을 가로챌지 지정한다. 이 예제는 다음과 같이 지정하겠다.

- `com.example.**`: com.example 이하 모든 패키지에 속한 코드
- `feign.**`: feign 이하 모든 패키지에 속한 코드

패키지와 클래스를 필터링하는 구문은 다음과 같이 몇 가지 간단한 규칙을 갖고 있다.

- 각 규칙마다 별도의 라인에 작성한다.
- 싱글 애스터리스크(*)는 패키지를 가리킨다. 예를 들어, `com.example.*`는 com.example 패키지의 모든 클래스를 프로파일링 대상으로 지정한다는 뜻이다.
- 더블 애스터리스크(**)는 패키지와 그 하위 패키지를 모두 가리킨다. 예를 들어 `com.example.**`는 `com.example` 패키지의 모든 클래스와 그 하위 패키지를 의미한다.

- 어떤 클래스 하나만 프로파일링하려면 클래스 풀 네임을 지정한다. 예를 들어 com.example.controllers.DemoController는 DemoController 클래스 하나만 대상으로 한다.

7.1절에서 설명한 대로, 이 예제는 feign 패키지에 있는 클래스의 메서드를 호출할 때 레이턴시가 발생했기 때문에 이 패키지와 그 하위 패키지를 리스트에 추가해서 더 많은 정보를 얻어내자.

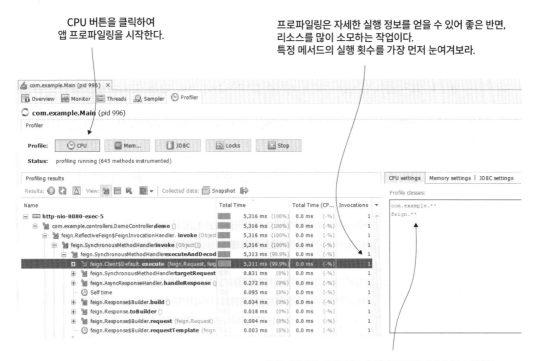

그림 7.8 프로파일러로 앱 실행을 프로파일링한 결과 5초의 레이턴시를 유발한 메서드는 한 번만 호출되었다.
즉, 호출 횟수가 문제는 아니라는 결론을 얻었다.

호출 횟수가 문제인 것 같진 않다. 메서드는 단 한 번 실행되고 실행 시간은 5초밖에 안 걸리기 때문이다. 메서드 호출 횟수가 적다는 건 불필요한 실행이 반복되지 않는다는 뜻이다(이번 장 뒷부분에서 배우겠지만 불필요한 실행이 반복되는 현상은 많은 앱에서 흔히 관찰되는 고질적인 문제다).

다른 경우라면 이 엔드포인트를 호출하는 데 1초밖에 안 걸리지만 (설계를 잘못했기에) 메서드를 5번이나 호출하는 일이 일어났을지도 모른다. 어쨌든 이 앱은 어떤 문제가 있는 것이 분명하고, 어디서부터 어떻게 해결해야 좋을지 알아내야 한다.

7.3 프로파일러로 앱이 실제로 실행하는 SQL 쿼리 파악

이번에는 프로파일러로 앱이 DB에 보낸 SQL 쿼리를 알아내는 방법을 알아보자. 요즘 거의 모든 앱이 적어도 하나 이상의 관계형 DB를 사용한다. 그런데 이따금 SQL 쿼리를 실행하는 과정에서 레이턴시가 발생하기도 한다. 게다가 최신 퍼시스턴스 프레임워크나 라이브러리는 앱에서 SQL 쿼리를 동적 생성하여 DB에 전송하는데, 이런 쿼리를 찾아내기란 여간 어려운 게 아니다. 하지만 프로파일러의 마법을 동원하면 조사 과정을 크게 간소화할 수 있다.

da-ch7-ex2 프로젝트의 앱이 DB에 전달하는 SQL 쿼리를 가로채서 살펴보고 메서드는 몇 번 실행되는지 알아보자. 퍼시스턴스 프레임워크 기반으로 작성되어 앱이 직접 쿼리를 처리하지 않을 때에도 실행된 SQL 쿼리를 가져오는 방법을 배울 것이다. 끝으로 몇 가지 예제를 보며 이 주제를 더 자세히 알아보겠다.

7.3.1 프로파일러로 프레임워크에서 생성되지 않은 SQL 쿼리 식별

프레임워크 없이 직접 DB에 SQL 쿼리를 보내는 간단한 앱에서 프로파일러로 앱이 실행한 쿼리를 가져오는 방법이다. da-ch7-ex2 프로젝트의 앱을 시작하고 Profiler 탭을 클릭한다. 이 작은 앱은 테이블(제품과 구매)이 2개밖에 없는 인메모리 DB를 구성하고 각 테이블을 몇 개의 레코드로 채우는 일을 한다.

이 앱의 /products 엔드포인트를 호출하면 구매한 전체 제품 리스트가 반환된다. 이때 '구매한 제품'은 구매 테이블에 기록이 하나라도 남아 있는 제품을 가리킨다. 우리의 목표는 이 엔드포인트 호출 시 먼저 코드를 분석하지 않고 앱이 어떻게 작동하는지 분석하는 것이다. 프로파일러의 진면목이 드러나는 순간이다.

이미 7.1절에서 샘플링을 배웠기 때문에 Profiler 탭을 보고 있지만, 실제 시나리오에서는 샘플링부터 시작한다는 사실을 기억하라. 앱을 시작하고 cURL이나 포스트맨으로 /products 엔드포인트를 호출한다. 프로파일러는 다음과 같이 정확히 어떤 일이 일어나는지 알려준다.

1. PurchaseController 클래스의 findPurchasedProductNames() 메서드가 호출된다.
2. 이 메서드는 다시 PurchaseService 클래스의 getProductNamesForPurchases() 메서드를 호출한다.

3. ProductService 클래스의 getProductNamesForPurchases() 메서드는 PurchaseRepository 클래스의 findAll() 메서드를 호출한다.

4. ProductService 클래스의 getProductNamesForPurchases() 메서드는 ProductRepository 클래스의 findProduct()를 10번 호출한다.

1. 실행은 PurchaseController 클래스의 findPurchasedProductNames() 메서드부터 시작된다.

2. PurchaseService 클래스의 getProductNamesForPurchases() 메서드가 호출된다.

3. PurchaseRepository 클래스의 findAll() 메서드가 호출된다.

4. PurchaseRepository 클래스에서 findAll() 메서드가 호출된 후, ProductRepository 클래스의 findProduct() 메서드가 10번 호출된다.

그림 7.9 앱 프로파일링 결과, 메서드 중 하나가 10번 호출됐다. 코드 설계가 잘못된 걸까?
알고리즘을 전체적으로 살펴봤고 어떤 코드가 실행되는지 알고 있는데도 오리무중이면 앱을 디버깅하면 된다.

놀랍지 않은가? 코드를 읽어보지도 않았는데 꽤 많은 정보를 알아냈다. 이 정도 지식만 있어도 앞으로 코드 어디를 찾아보고 무엇을 찾아야 할지 방향을 잡는 데 큰 도움이 된다. 프로파일러는 클래스와 메서드명은 물론, 이들이 서로 호출하는 과정까지 알려준다. 그럼 예제 7.2 코드를 보면서 무슨 일이 일어났는지 살펴보자. 프로파일링 결과, 대부분의 일들이 PurchaseService 클래스의 getProductNamesForPurchases() 메서드에서 벌어진다는 사실을 알았다. 코드를 집중적으로 파헤쳐보자.

예제 7.2 PurchaseService **클래스 코드**   (File) da-ch7-ex2/src/main/java/com/example/services/PurchaseService.java

```java
@Service
public class PurchaseService {

  private final ProductRepository productRepository;
  private final PurchaseRepository purchaseRepository;

  public PurchaseService(ProductRepository productRepository,
                         PurchaseRepository purchaseRepository) {
    this.productRepository = productRepository;
    this.purchaseRepository = purchaseRepository;
  }

  public Set<String> getProductNamesForPurchases() {
    Set<String> productNames = new HashSet<>();
    List<Purchase> purchases = purchaseRepository.findAll();    ← DB 테이블에서
    for (Purchase p : purchases) {   ← 제품별로 루프를 반복한다.        전체 구매 데이터를 가져온다.
      Product product = productRepository.findProduct(p.getProduct());  ← 구매한 제품의
      productNames.add(product.getName());   ←                            세부 정보를 조회한다.
    }
                                  제품을 세트에 추가한다.
    return productNames;   ←
  }                      제품 세트를 리턴한다.
}
```

코드를 보니 무엇이 문제인지 보이는가? 이 앱은 전체 구매 리스트를 하나씩 반복하면서 그때마다 매번 DB에서 더 많은 데이터를 가져온다. 여러 쿼리를 한 쿼리로 줄일 수 있는데 이렇게 구현한 것은 분명히 잘못이다. 당연히 쿼리 횟수는 적으면 적을수록 앱은 더 효율적으로 작동된다.

예제의 경우, 코드에서 직접 쿼리를 가져오기란 어렵지 않다. 앱이 워낙 작은 데다 프로파일러가 쿼리 위치를 정확히 알려준 덕분에 쿼리를 찾아내는 일은 식은 죽 먹기다. 하지만 실제 앱은 이렇게 작지 않고 대부분 코드에서 직접 쿼리를 찾아내기가 쉽지 않다. 하지만 걱정할 것 없다. 프로파일러를 사용하면 앱이 DB에 보낸 모든 SQL 쿼리를 알아낼 수 있다(그림 7.10). CPU 버튼 대신 JDBC 버튼을 클릭하면 SQL 쿼리를 프로파일링할 수 있다.

프로파일러가 물밑에서 하는 일은 간단하다. 자바 앱은 JDBC 드라이버를 통해 SQL 쿼리를 DB에 보낸다. 프로파일러는 드라이버가 쿼리를 DB에 보내기 전에 드라이버를 가로채서 쿼리를 복사한다(그림 7.11). 그러면 DB 클라이언트에 쿼리를 복사 후 붙여넣고 쿼리를 실행하거나 실행 플랜을 확

인할 수 있다. 정말 환상적이다!

프로파일러는 쿼리를 보낸 횟수도 알려준다. 그림 7.10을 보면 첫 번째 쿼리는 10번 전송됐다. 이렇게 동일한 쿼리를 여러 번 반복해서 실행하는 것은 명백한 설계 결함으로 불필요한 시간과 리소스를 낭비한다. 처음에 이 코드를 구현한 개발자는 아마 구매한 제품 리스트를 가져온 뒤, 각 제품별로 세부 정보를 얻고자 했을 것이다. 하지만 두 테이블(제품 및 구매)을 조인하는 간단한 쿼리를 사용하면 쿼리 한 방으로 해결된다. 이렇듯 VisualVM을 사용하여 조사한 결과, 앱이 느려진 원인을 알았고 개선 포인트를 정확히 찾았다.

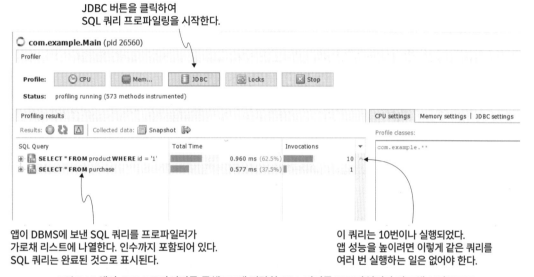

그림 7.10 앱이 JDBC 드라이버를 통해 DB에 전달한 SQL 쿼리를 프로파일러가 가로채 보여주므로 앱의 어떤 코드가 어떤 쿼리를 몇 번 실행하는지 쉽게 파악할 수 있다.

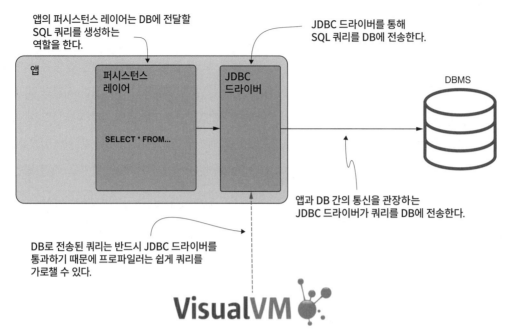

앱의 퍼시스턴스 레이어는 DB에 전달할
SQL 쿼리를 생성하는
역할을 한다.

JDBC 드라이버를 통해
SQL 쿼리를 DB에 전송한다.

앱

퍼시스턴스
레이어

JDBC
드라이버

DBMS

SELECT * FROM...

앱과 DB 간의 통신을 관장하는
JDBC 드라이버가 쿼리를 DB에 전송한다.

DB로 전송된 쿼리는 반드시 JDBC 드라이버를
통과하기 때문에 프로파일러는 쉽게 쿼리를
가로챌 수 있다.

그림 7.11 프로파일러로 JDBC 드라이버의 메서드 호출을 가로채 앱에서 DB에 전달한 SQL 쿼리를 추출할 수 있다.

그림 7.12는 어느 코드가 쿼리를 DB에 보냈는지 알아내는 과정을 나타낸 것이다. 실행 스택을 펼쳐 보면 앱의 코드베이스에 있는 첫 번째 메서드가 나온다.

작은 [+] 버튼을 클릭하면 해당 SQL 쿼리를
실행한 풀 스택 트레이스가 펼쳐진다.

스택 트레이스를 보면 어떤 쿼리를 실행한
메서드를 확인할 수 있는데, 이런 식으로 앱에서
문제가 일어난 부분이 어디쯤인지 파악할 수 있다.

그림 7.12 스택 트레이스를 펼쳐보면 앱의 어느 코드가 쿼리를 전송했는지 알 수 있다.

문제의 원인을 찾았으니 코드를 읽고 최적화할 방안을 모색해보자. 이 예제의 경우 여러 쿼리를 한 쿼리로 합하면 그만이다. 참 어처구니없는 실수 같지만, 전도유망한 대기업에서 구현한 대규모 앱에서도 간혹 발견되는 사례다. 예제 7.2 코드를 다시 보자.

예제 7.3 ProductService **클래스 코드** (File) da-ch7-ex2/src/main/java/com/example/services/PurchaseService.java

```java
@Service
public class PurchaseService {

  // 코드 생략

  public Set<String> getProductNamesForPurchases() {
    Set<String> productNames = new HashSet<>();
    List<Purchase> purchases = purchaseRepository.findAll();   ← 전체 제품 데이터를 가져온다.
    for (Purchase p : purchases) {   ← 제품별로 루프를 반복한다.
      Product product = productRepository.findProduct(p.getProduct());   ← 제품의 세부 정보를 조회한다.
      productNames.add(product.getName());
    }
    return productNames;
  }
}
```

da-ch7-ex2 프로젝트의 앱은 JDBC를 통해 DB에 SQL 쿼리를 보낸다. 하지만 요즘 앱은 이렇게 자바로 직접 쿼리를 만드는 네이티브 코드 대신, 일반적으로 하이버네이트(가장 많이 쓰이는 자바 퍼시스턴스 API(JPA) 구현체)나 자바 객체 지향 쿼리(jOOQ)[1] 같은 프레임워크를 더 많이 사용한다.

예제 7.4 네이티브 SQL 쿼리로 구현한 리포지터리

(File) da-ch7-ex2/src/main/java/com/example/repositories/ProductRepository.java

```java
@Repository
public class ProductRepository {

  private final JdbcTemplate jdbcTemplate;

  public ProductRepository(JdbcTemplate jdbcTemplate) {
    this.jdbcTemplate = jdbcTemplate;
  }
```

---

1   https://github.com/jOOQ/jOOQ

```
  public Product findProduct(int id) {
    String sql = "SELECT * FROM product WHERE id = ?";  ◀──┐  이 네이티브 SQL 쿼리를
    return jdbcTemplate.queryForObject(sql, new ProductRowMapper(), id);  DB에 보낸다.
  }
}
```

7.3.2 프로파일러로 프레임워크에서 생성된 SQL 쿼리 식별

이제 더 굉장한 것을 살펴볼 차례다. 이번에는 da-ch7-ex3 프로젝트를 보자. 앱이 하는 일(구매한 제품 리스트를 리턴하는 로직)은 이전 프로젝트(da-ch7-ex2)와 동일하다. 예제 편의상 앱 로직은 일부러 동일하게 맞췄다.

다음은 스프링 데이터(Spring Data) JPA[2]의 리포지터리(repository)를 정의한 코드 조각이다. 리포지터리는 단순한 자바 인터페이스로 SQL 쿼리는 찾아볼 수 없다. 스프링 데이터 JPA를 쓰면 메서드 명 또는 쿼리를 정의하는 정해진 방법(JPQL)에 따라 백그라운드에서 쿼리가 생성된다. JPQL은 앱의 객체에 기반한 퍼시스턴스 쿼리 언어다. 따라서 코드에서 쿼리를 간단히 복사 후 붙여넣을 방법은 없다.

이렇게 사용자가 설정한 내용에 따라 백그라운드에서 SQL 쿼리를 생성하는 프레임워크를 사용하면 실제로 실행된 쿼리가 무엇인지 알기가 어렵다. 하지만 프로파일러를 사용하면 쿼리가 DB로 전달되기 전에 JDBC 드라이버에서 쿼리를 가져올 수 있다.

```
public interface ProductRepository
  extends JpaRepository<Product, Integer> {
}
```

프로파일러는 구세주다. 앱이 쿼리를 DB에 보내기 전에 가로챌 수 있어서 어떤 쿼리가 DB에서 실행되는지 정확히 알아낼 수 있다. da-ch7-ex3 프로젝트의 앱을 시작하고 이전 두 프로젝트와 마찬가지로 VisualVM으로 SQL 쿼리를 프로파일링하자.

그림 7.13은 /products 엔드포인트 호출을 프로파일링할 때 프로파일러 화면이다. 이 앱은 2개의 SQL 쿼리를 전송했다. 프레임워크에서 생성된 쿼리인 까닭에 별칭(alias)이 독특하다. 여기서 서비스 로직이 동일하고 앱이 리포지터리 메서드를 10번 호출했지만 하이버네이트는 두 번째 쿼리를

---

2 [옮긴이] https://docs.spring.io/spring-data/jpa/docs/current/reference/html

한 번만 실행함으로써 가능한 한 최적화했다. 이제 이 쿼리를 SQL 클라이언트 도구에 복사 후 붙여넣어 조사해보자. 느린 쿼리를 조사하려면 쿼리의 어느 부분이 DB에 문제를 일으키는지 SQL 클라이언트에서 직접 실행해봐야 알 수 있다.

JPA 구현체가 생성하여 DB에 전송한 쿼리를 가로챘다.
필요 시 이 쿼리를 SQL 클라이언트 도구에
그대로 가져와 추가 조사하면 된다.

메서드는 10번 호출됐지만 쿼리는
DB에 한 번만 전송됐다. 하이버네이트 같은
프레임워크가 앱 동작을 최적화한 결과다.

그림 7.13 프레임워크에서 생성된 SQL 쿼리도 프로파일러로 가로챌 수 있다.
JDBC와 네이티브 쿼리를 사용할 때에는 쿼리를 코드에서 직접 복사할 수 없었는데, 덕분에 조사가 한결 수월해졌다.

메서드는 10번 호출됐지만 쿼리는 한 번만 실행됐다. 퍼시스턴스 프레임워크는 보통 이와 같은 트릭을 자유자재로 구사하는 반면, 물밑에서 수행하는 작업 때문에 복잡도가 가중될 수 있다. 프레임워크를 제대로 이해하지 못한 개발자가 문제가 있는 코드를 작성하는 경우도 있을 것이다. 이것이 프로파일러로 프레임워크가 어떤 쿼리를 생성하는지, 앱이 예상대로 작동되는지 직접 확인해봐야 하는 또 다른 이유다.

필자의 경험상 퍼시스턴스 프레임워크가 일으키는 대부분의 문제는 다음과 같이 정리할 수 있다.

- **레이턴시를 유발하는 느린 쿼리**: 프로파일러로 실행 시간을 조사하면 쉽게 찾아낼 수 있다.
- **프레임워크가 생성한 다수의 불필요한 쿼리**: 개발자 사이에서는 $N + 1$ 쿼리 문제로 더 잘 알려져 있다. 이 역시 프로파일러를 사용해서 쿼리 실행 횟수를 알 수 있다.
- **잘못된 앱 설계로 발생한 긴 트랜잭션 커밋**: CPU를 프로파일링하면 쉽게 발견된다.

여러 테이블에서 데이터를 조회하는 경우, 프레임워크는 대개 하나의 쿼리로 데이터를 가져오는 방법을 알고 있다. 그러나 개발자가 프레임워크를 올바르게 사용하지 않을 경우, 초기 쿼리로 데이터의 일부만 가져온 뒤, 각 레코드를 반복하면서 따로 쿼리를 실행할 가능성이 있다. 따라서 프레임워크는 하나의 쿼리 대신, 초기 쿼리 + N개의 다른 쿼리(첫 번째 쿼리가 검색한 N개 레코드마다 하나씩)를 전송한다. 이것을 **$N + 1$ 쿼리 문제**($N + 1$ query problem)라고 하는데, 이렇게 실행하면 많은 쿼리가 실행되므로 상당한 레이턴시가 발생한다.

대부분의 개발자는 이런 문제를 조사할 때 로그나 디버거를 사용하려는 충동을 느끼는 것 같다. 그러나 필자의 경험에 비추어볼 때 그 어느 쪽도 문제의 근본 원인을 알아내기에 좋은 방법이 아니다.

이런 종류의 문제를 조사할 때 로그를 사용하면 일단 어떤 쿼리가 문제인지 식별하기가 어렵다는 단점이 있다. 실제 시나리오에서 앱은 온갖 쿼리를 전송하는데, 그중에는 여러 번 DB에 전송되는 것들도 있을 것이고, 대부분 쿼리가 길고 매개 변수가 엄청나게 많은 편이다. 프로파일러를 사용하면 모든 쿼리가 일목요연하게 표시되어 실행 시간과 횟수를 보고 거의 바로 문제점을 찾아낼 수 있다. 또 다른 문제는, 문제를 일으킬 만한 쿼리를 찾았다 해도(예를 들어, 로그를 모니터링하다가 앱이 특정 쿼리를 실행하는 시간이 긴 것을 관찰했다 하더라도) 로그에는 쿼리와 매개변수가 따로 떨어져 있으므로 해당 쿼리를 가져와 실행하는 일이 간단하지 않다.

da-ch7-ex3 프로젝트의 설정 프로퍼티 파일에 다음 매개변수를 추가하면 하이버네이트에서 생성된 쿼리를 로그에 출력하도록 구성할 수 있다.

```
spring.jpa.show-sql=true
spring.jpa.properties.hibernate.format_sql=true
logging.level.org.hibernate.type.descriptor.sql=trace
```

로깅을 설정하는 방법은 앱을 구현하는 기술마다 조금씩 다르다. 이 책의 예제는 스프링 부트와 하이버네이트를 사용하겠다. 예제 7.5는 로그에 출력된 쿼리다.

예제 7.5 로그에 기록된 네이티브 쿼리

```
Hibernate:        앱이 기록한 쿼리
  Select    ◀
    product0_.id as id1_0_0_,
    product0_.name as name2_0_0
  from
    product product0_
  where
```

```
    product0_.id=?

2021-10-16 13:57:26.566 TRACE 9512 --- [nio-8080-exec-2]
↳ o.h.type.descriptor.sql.BasicBinder : binding parameter [1] as   ◀── 첫 번째 인숫값
↳ [INTEGER] - [1]
2021-10-16 13:57:26.568 TRACE 9512 --- [nio-8080-exec-2]   ◀── 두 번째 인숫값
↳ o.h.type.descriptor.sql.BasicExtractor : extracted value ([name2_0_0_] :
↳ [VARCHAR]) - [Chocolate]
```

쿼리와 인풋/아웃풋 모두 로그에 기록된다. 쿼리를 따로따로 실행하려면 인숫값을 쿼리에 바인딩 (binding)해야 하지만, 로그 파일에 수많은 쿼리가 있을 경우 원하는 쿼리를 찾기가 힘들 것이다. 또 로그만 봐서는 앱의 어느 부분에서 쿼리가 실행됐는지 알 수 없기 때문에 조사가 난항을 겪을 수도 있다.

NOTE 레이턴시 문제를 조사할 때는 언제나 프로파일러로 시작하는 것이 좋다. 첫 번째 단계는 샘플링이다. SQL 쿼리 문제가 의심된다면 JDBC에 관한 프로파일링을 수행하라. 문제를 쉽게 이해할 수 있고 필요하다면 디버거나 로그를 사용하여 여러분의 추측을 굳힐 수 있다.

7.3.3 프로파일러로 프로그램에서 생성된 SQL 쿼리 식별

끝으로, 프로그래밍 방식(programmatically)으로 쿼리를 정의하는 앱에서는 프로파일러가 어떻게 도움을 주는지 살펴보자. 하이버네이트에서 퍼시스턴스 레이어를 프로그래밍 방식으로 정의하려 면 **크라이테리어 쿼리**(criteria query)를 사용한다. 이 크라이테리어 쿼리를 이용해서 하이버네이트 가 만들어낸 쿼리의 성능 문제를 짚어보겠다. 이 방식은 네이티브 쿼리나 JPQL 같은 방식으로 쿼 리를 작성하지 않는다.

예제 7.6은 크라이테리어 쿼리로 재작성한 ProductRepository 클래스의 코드다. 조금 장황한 느 낌이다. 보통 코딩하기가 까다롭고 개발자가 실수할 여지도 많다. 그런데 이 da-ch7-ex4 프로젝트 에도 실제 앱이라면 심각한 성능 문제를 일으킬 만한 한 가지 중대한 실수가 있다. 이제 프로파일 러를 이용해서 어디가 잘못되었는지 진단하고 어떻게 조치하면 좋을지 알아보자.

예제 7.6 크라이테리어 쿼리로 재작성한 ProductRepository 클래스

File da-ch7-ex4/src/main/java/com/example/repositories/ProductRepository.java

```java
public class ProductRepository {

  private final EntityManager entityManager;
```

```
  public ProductRepository(EntityManager entityManager) {
    this.entityManager = entityManager;
  }

  public Product findById(int id) {
    CriteriaBuilder cb = entityManager.getCriteriaBuilder();
    CriteriaQuery<Product> cq = cb.createQuery(Product.class);   ◄── 새 쿼리를 만든다.

    Root<Product> product = cq.from(Product.class);   ◄── 조회할 제품을 지정한다.
    cq.select(product);   ◄── 제품을 조회한다.

    Predicate idPredicate =
      cb.equal(cq.from(Product.class).get("id"), id);   ◄── 조건절의 일부를 정의한다.
    cq.where(idPredicate);   ◄── 조건절을 지정한다.

    TypedQuery<Product> query = entityManager.createQuery(cq);
    return query.getSingleResult();   ◄── 쿼리를 실행하고 결과를 가져온다.
  }
}
```

JDBC 드라이버를 프로파일링하여 앱이 DB에 전송한 쿼리를 가로챈다. 확인 결과(그림 7.14), 제품 테이블과 자기 스스로 셀프 조인(self join)을 하고 있다. 심각한 문제다! 이 예제는 테이블에 레코드가 달랑 10개뿐이라 별로 대수롭지 않아 보일 수도 있지만, 실제 앱이라면 테이블에 엄청나게 많은 레코드가 존재할 텐데, 이렇게 크로스 조인을 하면 엄청난 레이턴시는 피할 수 없고 결국 잘못된 아웃풋(중복된 행)이 표시될 것이다. VisualVM으로 쿼리를 가로채서 들여다보면 어디가 문제인지 바로 알 수 있다.

그렇다면 '왜 앱은 이런 식으로 쿼리를 생성할까?' 하는 의문이 든다. 하이버네이트의 강점은 쿼리를 투명하게(transparently) 생성하고 작업을 최소화한다는 것이지만, 반면 쿼리 생성이 너무 투명해서 앱에 에러가 발생하기 쉬운 단점이 있다. 나는 이런 문제를 조기에 발견하기 위해 쿼리 프로파일링을 개발 프로세스의 일부분으로 습관화하라고 개발자들에게 조언한다. 프로파일러를 사용하는 목적은 이슈 찾기(finding issues)보다 감사(auditing)에 더 가깝다. 하지만 그렇게 하는 것이 훌륭한 안전벨트 역할을 한다.

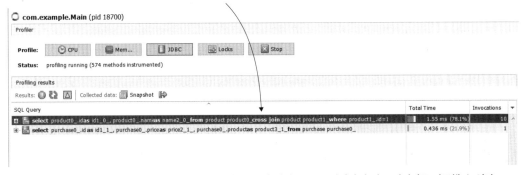

쿼리에 불필요한 크로스 조인이 보인다.
실제 앱에서 이렇게 하면 성능이 떨어지고
엉뚱한 아웃풋이 출력될 수 있다.

그림 7.14 프로파일러는 JDBC 드라이버를 거쳐 DB로 흘러가는 SQL 쿼리라면 어느 것이라도 가로챌 수 있다.

예제 7.7에 치명적인 에러를 일부러 넣었다. `from()` 메서드를 두 번 호출해서 하이버네이트가 억지로 크로스 조인을 하도록 시킨 것이다.

예제 7.7 크로스 조인을 일으킨 코드

File da-ch7-ex4/src/main/java/com/example/repositories/ProductRepository.java

```java
public class ProductRepository {

  // 코드 생략

  public Product findById(int id) {
    CriteriaBuilder cb = entityManager.getCriteriaBuilder();
    CriteriaQuery<Product> cq = cb.createQuery(Product.class);

    Root<Product> product = cq.from(Product.class);   // CriteriaQuery 클래스의 from() 메서드를 호출한다.
    cq.select(product);

    Predicate idPredicate = cb.equal(                  // CriteriaQuery 클래스의 from() 메서드를 다시 한번 호출한다.
      cq.from(Product.class).get("id"), id);
    cq.where(idPredicate);

    TypedQuery<Product> query = entityManager.createQuery(cq);
    return query.getSingleResult();
  }
}
```

조치 방법은 간단하다. 예제 7.8처럼 `CriteriaQuery` 클래스의 `from()` 메서드를 두 번 호출하는 대신, `product` 인스턴스를 사용하는 것이다.

예제 7.8 크로스 조인 문제 해결 (File) da-ch7-ex4/src/main/java/com/example/repositories/ProductRepository.java

```java
public class ProductRepository {

  // 코드 생략

  public Product findById(int id) {
    CriteriaBuilder cb = entityManager.getCriteriaBuilder();
    CriteriaQuery<Product> cq = cb.createQuery(Product.class);

    Root<Product> product = cq.from(Product.class);
    cq.select(product);

    Predicate idPredicate = cb.equal(product.get("id"), id);  ◀─── 그냥 Root 객체에서
    cq.where(idPredicate);                                          세부 정보를 갖다 쓴다.

    TypedQuery<Product> query = entityManager.createQuery(cq);
    return query.getSingleResult();
  }
}
```

이제 더 이상 하이버네이트가 생성한 SQL 쿼리에 불필요한 크로스 조인은 없을 것이다(그림 7.15).
그러나 앱이 동일한 쿼리를 여러 차례 실행하는 부분을 쿼리 하나만 사용해서 데이터를 가져오도
록 수정해야 더 최적화된 코드일 것이다.

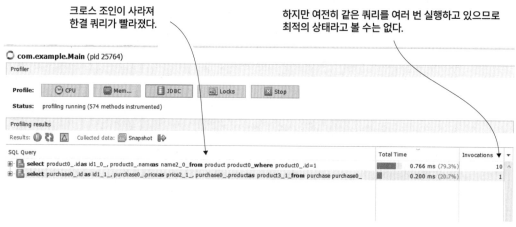

그림 7.15 군더더기 select() 메서드 호출을 없애 크로스 조인 문제를 해결했다.

요약

- 프로파일러는 앱의 실행을 가로채서 각 스레드의 실행 스택 트레이스, 각 메서드의 실행 시간, 특정 메서드의 호출 횟수 등 실행 중인 코드에 관한 필수 세부 정보를 제공한다.

- 지연 시간 문제를 조사할 때 프로파일러를 사용하는 첫 번째 단계는 샘플링이다. 샘플링은 프로파일러로 많은 세부 정보를 얻지 않고 실행 중인 코드를 가로채는 방법으로, 리소스 소모가 적고 실행의 큰 그림을 그려볼 수 있다.

- 샘플링은 세 가지 필수 세부 정보를 제공한다.

  - **실행되는 코드**: 문제를 조사할 때 코드의 어떤 부분이 실행되는지 모를 때가 있는데, 샘플링으로 어느 코드가 실행되는지 파악할 수 있다.

  - **각 메서드의 총 실행 시간**: 이 정보를 보면 코드의 어떤 부분이 잠재적인 레이턴시 문제를 일으키는지 짐작할 수 있다.

  - **총 CPU 실행 시간**: 코드가 실행 시간을 '작동'하는 데 쓰는지, 아니면 '대기'하느라 낭비하는지 알 수 있다.

- 샘플링만으로도 문제의 원인을 파악하기에 충분하지만 대부분 더 자세한 정보가 필요하다. 실행을 프로파일링하면 보다 구체적인 세부 정보를 얻을 수 있다.

- 프로파일링은 리소스를 많이 소모하는 프로세스다. 실제 앱이라면 전체 코드베이스를 프로파일링한다는 것은 사실상 불가능하기 때문에 프로파일링을 수행하기 전에 조사에 집중할 패키지와 클래스를 필터링해야 한다. 대개 먼저 실행을 샘플링하면 앱의 어느 부분에 집중하는 게 좋을지 알 수 있다.

- 프로파일링으로 얻을 수 있는 필수 세부 정보는 메서드의 호출 횟수다. 샘플링을 해도 메서드의 총 실행 시간은 알 수 있지만, 얼마나 자주 호출되었는지는 모른다. 호출 횟수는 너무 느리거나 잘못 사용되고 있는 메서드를 찾아내는 데 중요한 정보다.

- 앱이 DB로 전송한 SQL 쿼리는 프로파일러로 가로채 가져올 수 있다. 프로파일러는 앱의 퍼시스턴스 레이어 구현에 쓰인 기술과 무관하게 모든 쿼리를 가로챈다. 이 기능은 퍼시스턴스 프레임워크(예: 하이버네이트) 기반으로 DB와 연동되는 앱에서 느린 쿼리를 찾아낼 때 매우 유용하다.

프로파일링한 데이터에 고급 시각화 도구 적용하기

이 장의 주요 내용

- 관계형 DB 커넥션 문제 감지
- 호출 그래프를 그려 앱 설계를 더 빠르게 이해
- 플레임 그래프로 앱 실행을 좀 더 쉽게 시각화
- 앱이 NoSQL DB 서버에 보낸 쿼리 분석

이 장에서는 문제를 조사할 때 여러분의 삶을 윤택하게 만들어줄 만한 기술을 소개하겠다. 먼저, 자바 앱과 관계형 DB 서버 간의 커넥션 문제를 조사하는 방법부터 시작한다. SQL 쿼리를 프로파일링하는 방법은 앞 장에서 이미 배웠지만, 더러 앱이 DB에 커넥션 자체를 맺지 못해 말썽을 일으키는 경우도 있다. 결국 앱은 응답 불능인 상태가 되므로 문제의 원인을 신속하게 찾아 조치해야 한다.

8.2절에서는 앱의 객체 간 디펜던시를 시각화한 호출 그래프의 간단한 사용법을 이야기한다. 호출 그래프는 내가 실행 시나리오의 이면에 있는 코드를 이해할 때 가장 즐겨 쓰는 방법이다. 특히, 한 번도 본 적 없는 복잡한 코드를 만지작거릴 때 호출 그래프가 얼마나 유용한지 깨달았다. 아마 대부분의 개발자가 커리어의 어느 시점에 이르면 지저분한 코드베이스를 다루게 될 텐데, 미리 알아두면 도움이 될 것이다.

7장에서는 앱 실행을 시각화하는 수단으로 가장 많이 쓰는 실행 스택을 설명했다. VisualVM으로 샘플링 또는 프로파일링을 수행할 때 실행 스택을 생성하는 방법과 이로써 실행 레이턴시를 파악하는 방법을 알아보았다. 8.3절에서는 실행 스택의 또 다른 표현 형태인 플레임 그래프(flame graph)를 소개한다. 플레임 그래프 역시 앱의 실행을 시각화하는 방법으로, 실행된 코드와 실행 시간을 나타낸다. 동일한 데이터도 다른 관점에서 보면 원하는 바를 더 쉽게 얻게 되는 경우가 있다. 플레임 그래프는 앱 실행을 다른 시각에서 바라보고 잠재적인 레이턴시 및 성능 문제를 식별하는 데 유용하다. 8.4절에서는 관계형 DB를 사용하지 않고 'NoSQL 기술 제품군'에 속하는 다른 퍼시스턴스 기술을 사용하는 경우에 퍼시스턴스 레이어가 어떻게 작동되는지 분석하는 기법을 다룬다.

단, 이 장의 주제를 효과적으로 학습하려면 VisualVM만으로는 부족하다. VisualVM은 필자가 프로파일러 조사 시나리오 중 90% 이상 사용하는 괜찮은 무료 도구지만, 무료인 만큼 한계가 있다. 따라서 라이선스가 필요한 상용 프로파일러인 JProfiler[1]를 사용하겠다. JProfiler는 (비교적 저렴한 가격으로) VisualVM의 모든 기능과 VisualVM에는 없는 부가 기능까지 제공하는 프로파일러다. 사용 기간이 한정된 트라이얼 버전으로 예제를 프로파일링하면서 두 도구가 어떤 차이점이 있는지 직접 체험해보자.

8.1 JDBC 접속 문제 감지

쿼리를 보내려는 앱이 DB에 커넥션을 맺을 때부터 문제가 생기면 어떻게 대처해야 할까? DB 커넥션에 관한 문제와 그 원인을 찾는 방법을 알아보자.

혹자는 DB 커넥션을 알아서 처리해주는 프레임워크와 라이브러리가 있으니 커넥션 자체가 문제가 될 일이 얼마나 될까, 하고 반문하겠지만 경험상 외려 개발자가 많은 부분을 자동화에 의존하기 때문에 아직도 적잖이 발생한다. 또한 경우에 따라서 프레임워크의 기능에 의존하지 않고 (드물긴 하지만) 로 레벨의 구현체를 사용해서 DB에 접속해야 할 수도 있는데, 이 과정에서 DB 커넥션 문제가 가장 빈번하게 발생한다.

최근에 겪은 일화를 소개하겠다. 한 개발자가 스프링 기반의 서비스에서 스토어드 프로시저(stored procedure, DB 레벨에서 실행되는 프로시저)의 실행을 취소하는, 다소 생소한 기능을 구현해야 하는

---

1   http://mng.bz/RvVn

일을 맡았다. 구현 자체는 복잡하지 않았는데 커넥션 객체를 직접 가져와야 했다. 이런 일은 보통 스프링이 백그라운드에서 알아서 해주기 때문에 사실 개발자가 신경 쓸 일이 별로 없다. 스프링은 분명 커스터마이징이 쉬우면서도 견고한 프레임워크이므로 스프링이 관리하는 커넥션 객체에 액세스하는 일이 어렵지는 않다. 그러나 막상 커넥션 객체를 가져온 이후에도 스프링이 커넥션을 여전히 잘 관리할 수 있을까? 아마 '대개는' 그럴 것이다. 커넥션 문제가 재미가 있으면서도 다소 어려운 도전이 되기도 하는 이유가 바로 이 '대개는' 때문이다.

스프링이 트랜잭션을 관리하는 표준 메서드 실행 모드에서는 스프링이 제일 마지막에 커넥션을 닫는다. 하지만 스프링 배치(Spring Batch)[2]의 배치 모드에서 프로시저를 취소하는 경우에는 스프링이 알아서 닫아주지 않기 때문에 개발자가 직접 챙겨야 한다. 하지만 개발자는 별생각 없이 스프링이 알아서 해주겠거니 하고 일반 메서드처럼 간단히 처리했다. 당연히 프로시저를 취소한 이후 커넥션 객체가 올바르게 닫히지 않아 문제가 생겼지만, 다행히 개발 초기에 일찍 발견해서 큰 피해는 없었다.

위 사례만 보더라도 이번 절에서 전달하려는 내용의 가치는 충분하다. 어떤 프레임워크를 사용하든 백그라운드에서 무슨 일이 일어나는지 전부 다 알 수는 없기 때문에 어떤 식으로든 앱 실행을 조사할 준비는 해두어야 한다.

da-ch8-ex1 프로젝트를 열어보자. 이 앱의 개발자는 메서드 중 하나가 JDBC 커넥션을 '깜박 잊고' 닫지 않는 중대한 실수를 저질렀다. 앱이 DB에 SQL 쿼리를 보내려면 먼저 JDBC 커넥션을 맺어야 하는데, DB를 더 이상 사용하지 않을 경우 이 커넥션 객체는 반드시 닫아야 한다. 모든 DB는 클라이언트(즉, 앱)의 커넥션 수를 제한한다(예: 100개). 그러나 커넥션을 맺은 후 제대로 닫지 않으면 리소스가 고갈되어 더 이상 DB에 접속하지 못하게 된다(그림 8.1).

NOTE 예시 편의상, 이 앱은 최대 접속 수가 10인 퍼시스턴스 레이어를 사용하겠다.

da-ch8-ex1 프로젝트의 앱을 시작해보자. 이 앱은 제품 상세 정보를 DB에 저장하는 간단한 앱이다. /products 엔드포인트를 호출하면 DB에 저장된 제품의 상세 정보를 리턴한다. 그런데 엔드포인트를 처음 호출하면 거의 즉시 응답이 돌아오지만, 두 번째로 호출하면 30초 후에 앱이 에러 메시지를 응답한다(그림 8.2).

---

2   [옮긴이] https://spring.io/projects/spring-batch

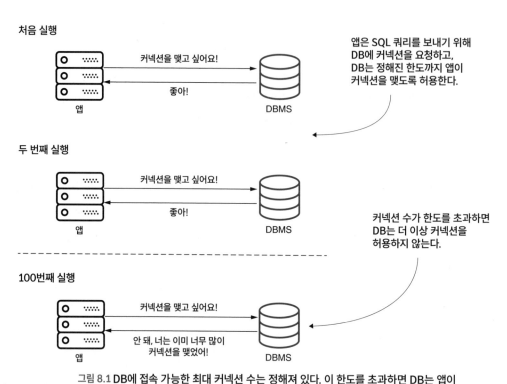

처음 실행

앱은 SQL 쿼리를 보내기 위해
DB에 커넥션을 요청하고,
DB는 정해진 한도까지 앱이
커넥션을 맺도록 허용한다.

커넥션을 맺고 싶어요!

좋아!

앱   DBMS

두 번째 실행

커넥션을 맺고 싶어요!

좋아!

앱   DBMS

커넥션 수가 한도를 초과하면
DB는 더 이상 커넥션을
허용하지 않는다.

100번째 실행

커넥션을 맺고 싶어요!

안 돼, 너는 이미 너무 많이
커넥션을 맺었어!

앱   DBMS

그림 8.1 DB에 접속 가능한 최대 커넥션 수는 정해져 있다. 이 한도를 초과하면 DB는 앱이
커넥션을 맺지 못하게 차단하며, 앱은 더 이상 정상 작동되지 않을 것이다.

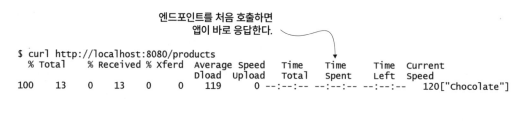

엔드포인트를 처음 호출하면
앱이 바로 응답한다.

```
$ curl http://localhost:8080/products
  % Total    % Received % Xferd  Average Speed   Time    Time     Time  Current
                                 Dload  Upload   Total   Spent    Left  Speed
100   13    0    13    0     0    119      0 --:--:-- --:--:-- --:--:--    120["Chocolate"]
```

하지만 두 번째로 엔드포인트를
호출하면 30초 후 에러가 난다.

```
$ curl http://localhost:8080/products
  % Total    % Received % Xferd  Average Speed   Time    Time     Time  Current
                                 Dload  Upload   Total   Spent    Left  Speed
100  109    0   109    0     0      3      0 --:--:-- 0:00:30 --:--:--     28{"timestamp":".
07:55:09.272+00:00","status":500,"error":"Internal Server Error","path":"/products"}
```

그림 8.2 /products 엔드포인트를 처음 호출하면 'Chocolate' 단어가 포함된 제품 리스트가 바로 리턴되지만,
한 번 더 호출하면 30초 정도 앱이 꼼짝 안 하다가 에러 메시지가 표시된다.

이 앱이 실제로 하는 일은 문맥상 중요하지 않기 때문에 상세한 설명은 생략한다. 동료가 진행 중인 다른 프로젝트에 이런 문제가 발견되어 여러분에게 도움을 요청했다고 가정해보자. 만약 그 동

료가 앱이 어떻게 작동되는지 자세히 알려주지 않아도(실제 앱은 상당히 복잡한 프로세스일 것이다) 그를 도와줄 수 있겠는가? 물론, 할 수 있다! 먼저 겉으로 드러난 동작을 분석해보자.

문제를 일으킨 원인을 찾아야 하는데, 아무래도 JDBC 커넥션과 관련된 문제가 아닐까 싶다. 로그 파일에 출력된 예외 메시지를 보니 앱이 커넥션을 맺으려다 실패했는데, 이런 경우 대부분 DB가 커넥션을 허용하지 않은 것이다. 그러나 항상 로그에 의존할 수 없다고 가정해보자. 앱에서 사용 중인 다른 프레임워크 또는 라이브러리가 예외 메시지를 생성하지 않았다고 확신할 수는 없다.

```
java.sql.SQLTransientConnectionException:
↪ HikariPool-1 - Connection is not available,
↪ request timed out after 30014ms.  ◀──── 예외 메시지
at com.zaxxer.hikari.pool.HikariPool
↪ .createTimeoutException(HikariPool.java:696) at
↪ com.zaxxer.hikari.pool.HikariPool
↪ .getConnection(HikariPool.java:197)
at [CA]com.zaxxer.hikari.pool.HikariPool
↪ .getConnection(HikariPool.java:162)
at [CA]com.zaxxer.hikari.HikariDataSource
↪ .getConnection(HikariDataSource.java:128)
at [CA]com.example.repositories.PurchaseRepository ↪ .findAll(PurchaseRepository.java:31)
at [CA]com.example.repositories.PurchaseRepository
↪ $$FastClassBySpringCGLIB$$d661c9a0.invoke(<generated>)
```

이미 7장에서 권고했듯이, 프로파일링은 실행을 전체적으로 조망하고 이후 조사를 계속하는 데 필요한 세부 정보를 얻는 샘플링부터 시작하는 것이 좋다. 그림 8.3은 VisualVM으로 샘플링한 결과다.

샘플링 후 로그에 남겨진 예외 스택 트레이스를 보니, 앱이 DB에 접속할 때 문제가 있었다는 것을 알 수 있다. 무엇이 문제였을까? DB 커넥션 문제의 원인은 다음 둘 중 하나일 것이다.

- 인프라 또는 네트워킹 문제로 앱과 DB 간 통신이 실패한다.
- 다음과 같은 이유 때문에 DB가 앱에 커넥션을 제공하지 않는다.
  - 인증이 실패했다.
  - DB가 줄 수 있는 커넥션을 다 써버렸다.

이 예제는 항상 두 번째 엔드포인트를 호출할 때 문제가 발생하므로(재현 가능한 패턴을 나타낸다)

통신 문제는 확실히 아니다. 십중팔구 DB가 커넥션을 제공하지 않는 것이다. 첫 번째 호출이 정상 작동했으니 인증 문제도 아니다. 크레덴셜(credential, 자격 증명)이 바뀔 일도 없으므로 앱이 커넥션을 제대로 닫지 않아 생긴 문제일 가능성이 높다. 자, 이제 문제가 발생한 위치를 찾아야 한다. 다시 말하지만, 문제를 일으킨 메서드가 반드시 문제의 근원이라고 단정할 수는 없다. 단지 다른 메서드가 커넥션을 모두 먹어 치운 후 뒤늦게 커넥션을 얻으려다가 오명을 뒤집어쓴 '불쌍한' 메서드일지도 모른다.

소요 시간은 다 합해서 30초가량인데
그중 CPU 시간은 0이다.
즉, 앱이 기다리기만 할 뿐 아무 일도 하지 않은 셈이다.

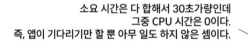

com.example.repositories.PurchaseRepository.**findAll** ()		30,007 ms (70.1%)	0.0 ms (0%)
com.zaxxer.hikari.HikariDataSource.**getConnection** ()		30,007 ms (70.1%)	0.0 ms (0%)
com.zaxxer.hikari.pool.HikariPool.**getConnection** ()		30,007 ms (70.1%)	0.0 ms (0%)
com.zaxxer.hikari.pool.HikariPool.**getConnection** ()		30,007 ms (70.1%)	0.0 ms (0%)
com.zaxxer.hikari.util.ConcurrentBag.**borrow** ()		30,007 ms (70.1%)	0.0 ms (0%)
java.util.concurrent.SynchronousQueue**poll** ()		30,007 ms (70.1%)	0.0 ms (0%)
Self time		0.0 ms (0%)	0.0 ms (0%)
Self time		0.0 ms (0%)	0.0 ms (0%)
Self time		0.0 ms (0%)	0.0 ms (0%)
Self time		0.0 ms (0%)	0.0 ms (0%)
Self time		0.0 ms (0%)	0.0 ms (0%)

메서드명을 보아 앱이 DB 커넥션을 맺으려고
대기 중인 것 같다.

그림 8.3 샘플링 후 실행 스택을 보면 앱이 커넥션을 얻으려고 30초 동안 기다렸음을 알 수 있다.
분명히 DB 커넥션을 맺을 때 문제가 있는 것이다.

그러나 VisualVM으로는 JDBC 커넥션을 명확하게 조사할 수 없고, 어떤 커넥션이 열려 있는지 알아내려면 JProfiler가 필요하다. 실행 중인 자바 프로세스에 접속하는 프로세스는 비슷하다. JProfiler의 사용법을 하나씩 살펴보자.

먼저, JProfiler 메인 창의 좌측 상단 모서리에 있는 Start Center 메뉴를 클릭한다(그림 8.4).

JProfiler를 열고 메뉴바 좌측 상단의 [Start Center]를
클릭해서 자바 프로세스에 프로파일러를 붙인다.

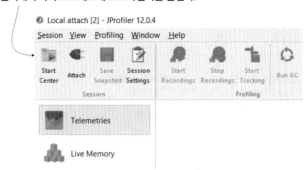

그림 8.4 JProfiler에서 샘플링 또는 프로파일링 세션을 시작한다.

팝업 창(그림 8.5)에서 좌측 [Quick Attach]를 클릭하면 실행 중인 모든 로컬 자바 프로세스
가 우측에 나열된다. 여기서 프로파일링할 프로세스를 선택하고 하단 [Start] 버튼을 클릭한다.
VisualVM과 마찬가지로 메인 클래스명 또는 프로세스 ID(PID)로 프로세스를 식별하면 된다.

1. 좌측 패널에서
[Quick Attach]를 클릭한다.

2. 우측 리스트에 로컬에서 실행 중인 모든 자바 프로세스가 나열된다.
여기서 프로파일링할 프로세스를 선택한다.
메인 클래스 또는 PID로 프로세스를 정확히 식별할 수 있다.

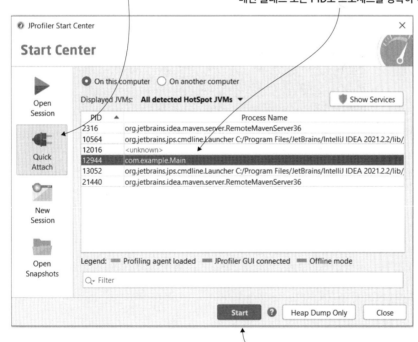

3. [Start] 버튼을 클릭해서
프로파일링 세션을 시작한다.

그림 8.5 Start Center 팝업 창에서 프로파일링할 프로세스를 선택하고 프로파일링 세션을 시작한다.

JProfiler는 샘플링을 할 것인지, 아니면 인스트루멘테이션(프로파일링)을 할 것인지 묻는다(그림 8.6). 우리는 프로파일러로 JDBC 커넥션에 관한 세부 정보를 얻고 실행 과정을 심층 분석하려는 의도이므로 인스트루멘테이션을 선택한다.

VisualVM의 프로파일링과 동일한 개념인 **Instrumentation**을 선택한다.
문제를 조사하기 전에 먼저 샘플링을 통해 문제 영역을 식별한 다음,
프로파일링하여 좀 더 깊이 있는 조사를 진행한다.

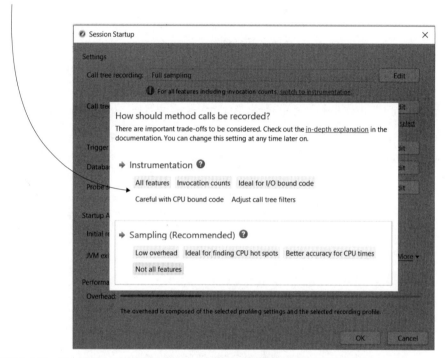

그림 8.6 **JProfiler**의 인스트루멘테이션은 **VisualVM**의 프로파일링과 동일한 개념이다.

좌측 메뉴 패널의 Databases 하위에 있는 JDBC를 선택하여 JDBC 프로파일링을 시작한다(그림 8.7).

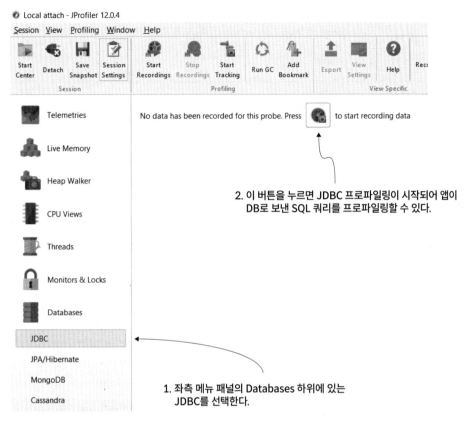

그림 8.7 JProfiler로 JDBC 프로파일링을 시작한다.

프로파일링이 시작되면 Connections와 Connection Leaks 두 탭을 주로 살펴본다. 여기에 표시된 세부 DB 커넥션 정보를 조사하면 JDBC 커넥션 문제의 근본 원인을 파헤칠 수 있다(그림 8.8).

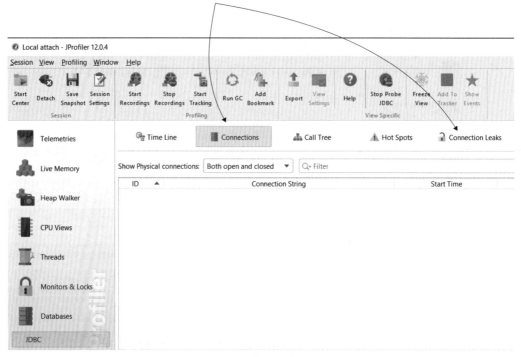

앱이 제대로 닫지 않은 커넥션 문제의 원인을 밝히려는 의도이므로
Connections와 Connection Leaks 탭을 사용한다.

그림 8.8 Connections와 Connection Leaks 탭을 보면 앱이 생성한 커넥션에 관한 모든 세부 정보가 표시된다.

이제 문제를 재현할 차례다. /products 엔드포인트에 요청을 보내고 무슨 일이 일어나는지 실행 프로파일링을 수행한다. Connections 탭을 보니 제법 많은 커넥션이 생성되었다(그림 8.9). 이 앱이 무슨 일을 하는지 정확히 모르기 때문에 커넥션 수가 많다 적다 할 수는 없지만, 나중에 필요할 때 다른 커넥션을 맺으려면 앱이 제때 적절히 커넥션을 닫아주어야 한다. 우리가 알아내야 할 것은 앱이 커넥션을 제대로 닫았는지 여부다.

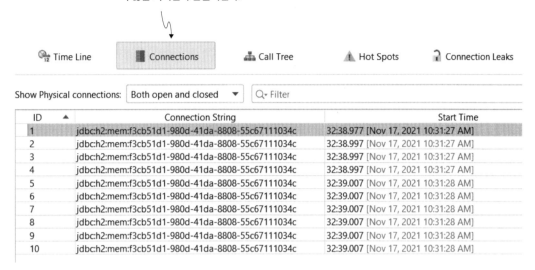

Connections 탭에서 생성된 커넥션을 확인해보니
/products 엔드포인트로 요청을 보낼 때
수많은 커넥션이 만들어진다.

그림 8.9 상당히 많은 커넥션이 생성됐는데, 이 앱이 정확히 무슨 일을 하는지는 몰라도 놀라운 일이다.

Connection Leaks 탭을 보니 역시 예상했던 대로다(그림 8.10). 수많은 커넥션이 열렸지만 앱이 응답한 후에도 닫히지 않은 채 그대로 남아 있다. 명백한 커넥션 리크 현상이다. 지금은 (잠시 후에 설명하겠지만) CPU 프로파일링을 하지 않아서 커넥션을 생성한 스레드명만 확인할 수 있다. 사실 스레드명만 봐도 충분할 때가 많은데, 이런 경우라면 굳이 CPU 프로파일링까지 할 필요는 없다. 하지만 지금 같은 상황에서 커넥션을 생성한 코드를 찾아내기에는 정보가 부족하다.

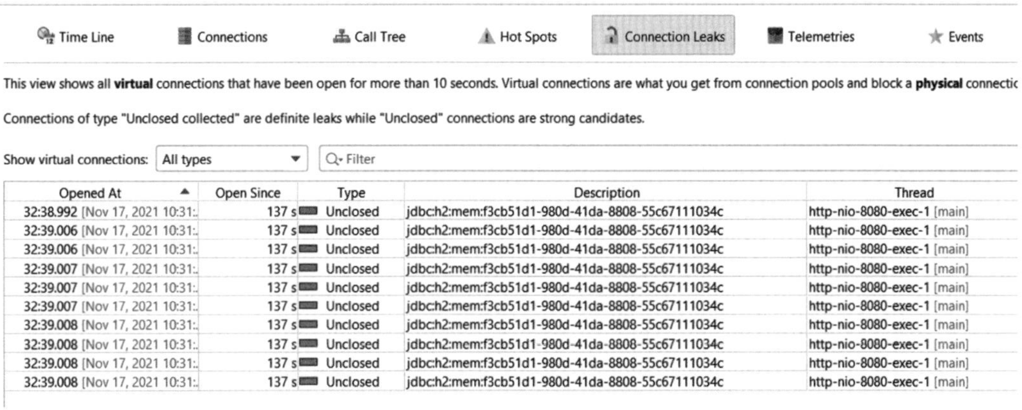

그림 8.10 Connection Leaks 탭에서 커넥션별 상태를 보면 앱이 클라이언트에 응답을 보낸 뒤
한참이 지나도 계속 커넥션이 살아 있다. 분명히 문제가 있어보인다.

지금까지 결과를 종합하면 앱이 DB에 접속하는 과정에서 확실히 문제가 있어보인다. 그렇다면 CPU 프로파일링을 수행하여 커넥션을 열고 닫는 것을 잊어버린 코드가 어느 부분인지 찾아보자.

커넥션 리크를 일으킨 코드를 어떻게 찾아낼까? JProfiler의 CPU 프로파일링 기능을 켜고 다시 앱을 실행하면 커넥션마다 자신을 생성한 메서드를 추적할 수 있는 스택 트레이스가 표시된다(그림 8.11).

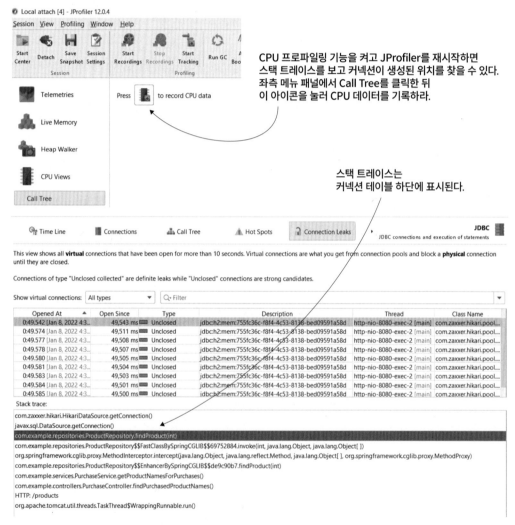

그림 8.11 스택 트레이스를 따라가보면 앱의 어느 코드가 커넥션 리크를 일으켰는지 알 수 있다.

스택 트레이스에서 발견한 메서드를 da-ch8-ex1 프로젝트에서 찾아보자. 과연 커넥션을 생성만 하고 닫지 않는 코드가 있다(예제 8-1). 원인을 찾았다!

예제 8.1 커넥션 리크를 일으킨 코드 `File` da-ch8-ex1/src/main/java/com/example/repositories/ProductRepository.java

```java
public Product findProduct(int id) throws SQLException {
  String sql = "SELECT * FROM product WHERE id = ?";

  Connection con = dataSource.getConnection();  ◄── 커넥션을 생성하는 코드는 있지만 닫는 코드는 없다.
  try (PreparedStatement statement = con.prepareStatement(sql)) {
    statement.setInt(1, id);
    ResultSet result = statement.executeQuery();

    if (result.next()) {
      Product p = new Product();
      p.setId(result.getInt("id"));
      p.setName(result.getString("name"));
      return p;
    }
  }
  return null;
}
```

예제 8-2처럼 try-with-resources 구문을 사용하여 커넥션이 필요 없을 때 자동으로 닫히도록 조치한다.

예제 8.2 커넥션을 닫아 문제 해결 `File` da-ch8-ex1/src/main/java/com/example/repositories/ProductRepository.java

```java
public Product findProduct(int id) throws SQLException {
  String sql = "SELECT * FROM product WHERE id = ?";
                                                        커넥션을 try-with-resources 블록에 선언해서
  try (Connection con = dataSource.getConnection();  ◄── 블록이 종료되면 자동으로 커넥션이 닫힌다.
      PreparedStatement statement = con.prepareStatement(sql)) {
    statement.setInt(1, id);
    ResultSet result = statement.executeQuery();

    if (result.next()) {
      Product p = new Product();
      p.setId(result.getInt("id"));
      p.setName(result.getString("name"));
      return p;
    }
  }
  return null;
}
```

오류 조치 후 다시 한번 앱을 프로파일링해보자. JProfiler의 Connections 탭에 연결이 하나만 생성되고 Connection Leaks 탭에는 아무것도 표시되지 않는다. 깔끔하게 문제가 해결됐다(그림

8.12). 이제 /products 엔드포인트를 여러 번 호출해도 정상 작동된다.

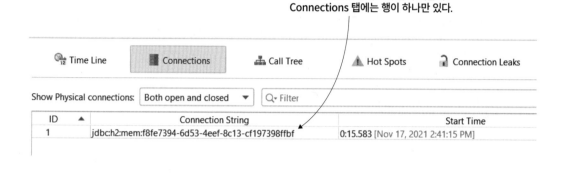

그림 8.12 에러 조치 후 다시 한번 Connection Leaks 탭을 확인하면 잘못된 커넥션이 하나도 표시되지 않는다.
즉, 커넥션이 한 번만 생성됐다가 필요가 없으면 올바르게 닫힌 것이다.

실제 시나리오에서 이런 문제를 예방할 수 있는 베스트 프랙티스는 무엇일까? 개발자가 코드를 작성하거나 버그를 조치하고 10분 정도 시간을 들여 프로파일러로 점검하는 것이 최선이다. 쿼리가 틀렸거나 커넥션 관리를 잘못해서 발생하는 레이턴시 문제는 개발 초기부터 바로잡고 진행하는 편이 여러모로 생산적이다.

8.2 호출 그래프를 보고 앱의 코드 설계 파악

나는 앱의 클래스 설계를 이해할 때 실행을 호출 그래프로 시각화하는 방법을 즐겨 쓴다. 새로운 앱을 개발할 때 발생하는 지저분한 코드를 다룰 때 특히 유용한 기법이다.

실행 스택 트레이스는 앞서 살펴본 것처럼 많은 일을 도와주는 유용한 도구이고 (대개 예외 스택 트레이스 형태로) 직관적인 텍스트로 표현되어 있어 좋은 반면, 객체와 메서드 호출 간의 관계를 신속하게 파악하는 용도로는 조금 부족한 감이 있다. 호출 그래프는 프로파일러가 수집한 데이터를 표현하는 또 다른 방법으로, 객체와 메서드 호출 사이의 관계에 더 집중한다.

da-ch8-ex2 프로젝트의 앱을 예로 들어 코드를 분석하지 않고도 호출 그래프로 실행 이면에 어떤 객체와 메서드가 작동되는지 재빠르게 파악하는 방법을 알아보겠다. 물론, 코드를 아예 안 보겠다는 의도는 아니다. 결국 언젠가 코드를 정확히 분석하게 되겠지만, 호출 그래프를 활용하면 어떤 일이 일어나는지 미리 신속하게 개괄할 수 있다.

이번 실습도 JProfiler를 계속 사용한다. 호출 그래프는 CPU 프로파일러의 데이터를 표현하는 수단이므로 당연히 CPU 프로파일링을 먼저 수행해야 한다. 자, CPU 프로파일링을 시작하여 스택 트레이스(JProfiler에서는 **Call Tree**라고 한다)를 생성하고 /products 엔드포인트를 호출하면 어떤 일이 발생하는지 관찰해보자(그림 8.13).

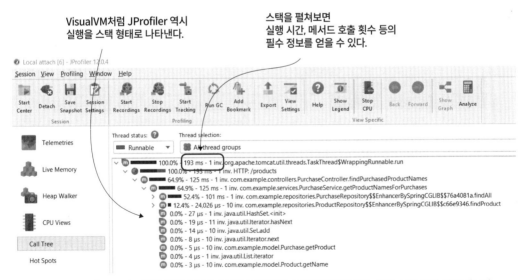

그림 8.13 그림 8.11과 동일한 방법으로 CPU 프로파일링을 시작하면 호출 횟수, 실행 시간 등의 세부 정보가 스택 트레이스 형태로 표시된다.

스택 트레이스 라인에서 마우스 오른쪽 버튼을 클릭하고 Show Call Graph를 선택하면 수집된 실행 데이터를 호출 그래프 형태로 보기 좋게 표시된다(그림 8.14).

JProfiler에서 호출 그래프는 사용자가 선택한 라인에 정의된 메서드에 초점을 맞춘다. 처음에는 해당 메서드를 어디서 호출하는지, 반대로 이 메서드가 호출하는 것은 무엇인지 정도만 알 수 있지만, 전체 호출 체인을 뜯어보면 더 자세한 정보를 얻을 수 있다. 호출 그래프는 실행 시간, 호출 횟수 등의 세부 정보를 제공하지만, 주된 관심사는 객체와 메서드 호출 간의 관계다(그림 8.15).

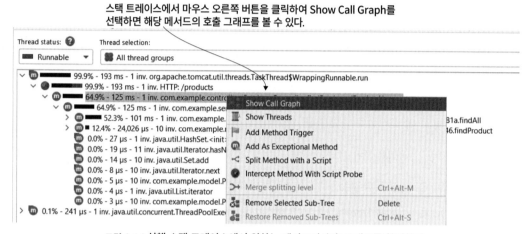

그림 8.14 실행 스택 트레이스에서 원하는 메서드의 호출 그래프를 확인한다.

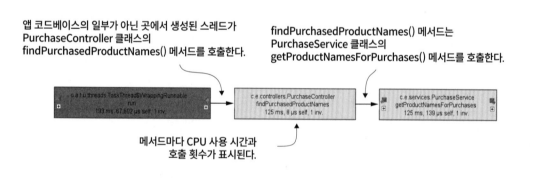

그림 8.15 호출 그래프는 앱 코드베이스의 일부인 객체와 메서드는 물론, 앱에서 사용한 라이브러리와 프레임워크의 객체와 메서드까지 모두 표시하므로 각 메서드가 어디에서 호출되는지, 그 메서드가 호출하는 것은 무엇인지 확인할 수 있다.

8.3 플레임 그래프를 그려 성능 문제 밝히기

플레임 그래프(flame graph) 역시 실행 프로파일을 시각화하는 또 다른 방법이다. 호출 그래프가 객체와 메서드 호출 간의 관계에 집중한다면, 플레임 그래프는 잠재적인 레이턴시를 발견하는 데 가장 유용하다. 두 그래프 모두 메서드 실행 스택에서 추출한 정보를 토대로 하지만, 이 장 앞부분에서 말했듯이 같은 데이터라도 다른 방법으로 시각화하면 특정한 정보를 식별하는 데 도움이 된다. 이번에도 da-ch8-ex2 프로젝트의 앱을 시작하고 JProfiler에서 실행 스택을 플레임 그래프로 나타내보자.

8.1절과 8.2절에서 실습한 대로 호출 트리를 생성한 다음, 상단 메뉴 표시 라인에서 Analyze 메뉴를 클릭한다. 그리고 콘텍스트 메뉴 중 Show Flame Graph를 선택하여 플레임 그래프로 변경한다(그림 8.16).

Analyze의 콘텍스트 메뉴에서 Show Flame Graph를 선택하면 실행 스택이 플레임 그래프로 전환된다.

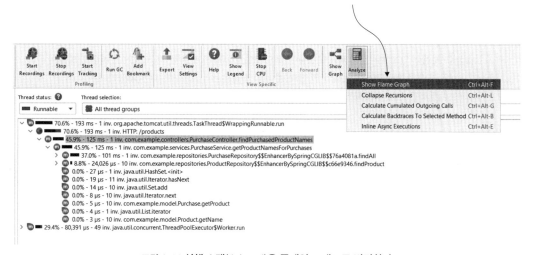

그림 8.16 실행 스택(호출 트리)을 플레임 그래프로 변경한다.

플레임 그래프는 그 이름처럼 불꽃이 활활 타오르는 장작 더미와 비슷한 형상이다. 이 스택의 첫 번째 레벨은 스레드가 실행한 첫 번째 메서드이고, 그 상위 레벨은 각각 자신의 하위 레벨에서 호출된 메서드에 의해 공유된다(그림 8.17).

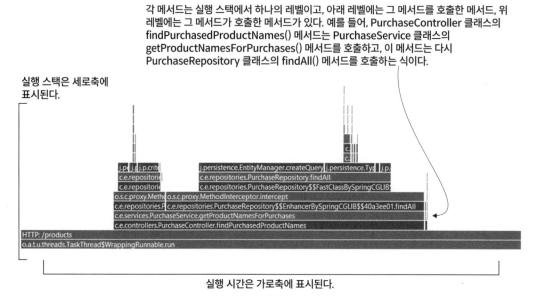

각 메서드는 실행 스택에서 하나의 레벨이고, 아래 레벨에는 그 메서드를 호출한 메서드, 위 레벨에는 그 메서드가 호출한 메서드가 있다. 예를 들어, PurchaseController 클래스의 findPurchasedProductNames() 메서드는 PurchaseService 클래스의 getProductNamesForPurchases() 메서드를 호출하고, 이 메서드는 다시 PurchaseRepository 클래스의 findAll() 메서드를 호출하는 식이다.

실행 스택은 세로축에 표시된다.

실행 시간은 가로축에 표시된다.

그림 8.17 플레임 그래프는 실행 트레이스를 스택 모양으로 나타낸 것으로, 각 레벨은 그 하위 레벨에서 호출한 메서드이고, 스택의 첫 번째(맨 아래) 레벨은 스레드가 시작되는 지점이다. 세로축은 스택, 가로축은 레벨마다 그 하위 레벨을 기준으로 한 실행 시간을 나타낸다.

하나의 메서드는 다른 여러 메서드를 호출할 수 있다. 플레임 그래프에서 호출된 메서드는 동일한 레벨에 표시되는데, 이때 가로축 막대의 길이는 각각 (그 하위 레벨에서) 자신을 호출한 메서드에 대한 상대적인 소요 시간이다. 이를테면, 그림 8.17에서 ProductRepository 클래스의 findById() 메서드와 PurchaseRepository 클래스의 findAll() 메서드는 모두 ProductService 클래스의 getProductNamesForPurchases()에서 호출된 메서드들이다.

또한, 그림 8.18에서 `ProductService` 클래스의 `getProductNamesForPurchases()` 메서드는 `ProductRepository` 클래스의 `findById()` 메서드와 `PurchaseRepository` 클래스의 `findAll()` 메서드 양쪽의 하위 레벨에 속한다. `findById()`와 `findAll()`은 동일한 레이어를 공유하나 길이는 다르다. 이 길이는 호출자의 실행에 대해 상대적이므로 `findById()`의 실행 시간은 `findAll()`의 실행 시간보다 짧은 것이다.

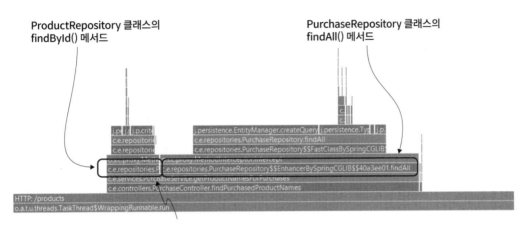

ProductRepository 클래스의
findById() 메서드

PurchaseRepository 클래스의
findAll() 메서드

가로축 길이의 차이가 곧 그 아래 레벨을 기준으로 한 상대적인 실행 시간이다.
getProductNamesForPurchases() 메서드가 소비한 총 실행 시간 중 일부는
findById() 메서드가 사용했고 나머지 대부분은 findAll() 메서드가 사용했다.

그림 8.18 레벨이 같은 여러 메서드는 모두 그 아래 레벨에 있는 메서드가 호출한 메서드로, 이들의 가로축 길이의 합은 그 아래 레벨의 막대 길이와 같다. 물론, 가로축의 길이는 총 실행 시간에서 차지하는 비중을 상대적으로 나타낸 것이다.

이미 눈치챘겠지만 플레임 그래프는 길을 잃기가 쉬운 모습이다. 그림 8.17과 8.18은 학습을 위해 예로 든 간단한 사례일 뿐, 실제 앱은 플레임이 이보다 훨씬 더 복잡할 것이다. 그래서 JProfiler에서는 메서드, 클래스 또는 패키지별로 레이어에 색상을 넣으면 조금 더 보기가 편해진다. 그림 8.19는 플레임 그래프에서 일부 레이어에 색상을 지정한 것이다. 상단 메뉴에서 Colorize 메뉴를 선택하고 여기에 다양한 규칙을 추가해서 원하는 레이어에 눈에 잘 띄는 색상을 지정하면 된다.

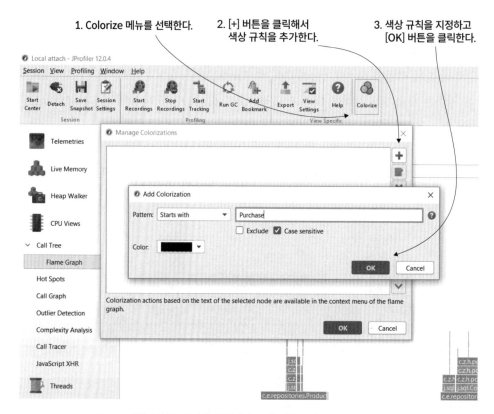

1. Colorize 메뉴를 선택한다.

2. [+] 버튼을 클릭해서 색상 규칙을 추가한다.

3. 색상 규칙을 지정하고 [OK] 버튼을 클릭한다.

그림 8.19 색상 규칙을 추가하면 플레임 그래프를 좀 더 보기 좋게 나타낼 수 있다.

그림 8.20은 'Purchase'라는 단어가 포함된 메서드의 레벨을 진한 색으로 강조 표시한 것이다.

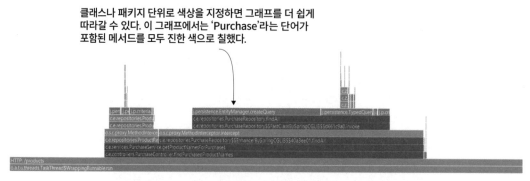

클래스나 패키지 단위로 색상을 지정하면 그래프를 더 쉽게 따라갈 수 있다. 이 그래프에서는 'Purchase'라는 단어가 포함된 메서드를 모두 진한 색으로 칠했다.

그림 8.20 레벨에 색상을 넣으면 눈이 편해진다. 또 여러 색상을 동시에 사용할 수 있어서 실행 시간을 비교할 때 유용하다.

8.4 NoSQL DB에서의 쿼리 분석

아직도 관계형 DB를 사용하는 앱이 있긴 하지만, 몽고DB(MongoDB), 카산드라(Cassandra), 레디스(Redis), Neo4J 등의 NoSQL DB로 퍼시스턴스 레이어를 구현해야 하는 경우도 있다. NoSQL 서버로 전송하는 쿼리도 문제가 있으면 프로파일러로 가로채서 조사할 수 있다. 이 절에서는 몽고DB와 예제 앱의 상호작용을 JProfiler로 관찰하는 방법을 소개한다.

da-ch8-ex3 프로젝트의 앱은 몽고DB와 연동된다. 이 앱은 몽고 DB에 제품 상세 정보를 저장하는 엔드포인트 및 이전에 추가된 제품의 전체 리스트를 리턴하는 엔드포인트를 제공한다. 편의상 제품은 이름과 ID로만 나타낸다고 가정하자.

실습을 하려면 먼저 몽고DB를 PC에 설치해야 한다. 공식 사이트[3]에서 몽고DB 커뮤니티 서버(Community Server)를 내려받아 설치한다.

몽고DB 설치가 끝나면 da-ch8-ex3 프로젝트의 앱을 시작하고 JProfiler를 프로세스에 붙인다. 몽고DB 이벤트를 모니터링하기 위해 좌측 메뉴의 Databases 밑에 있는 MongoDB를 선택하여 기록을 시작한다. 그리고 다음과 같이 cURL로 이 앱의 두 엔드포인트를 호출한다.

```
curl -XPOST http://localhost:8080/product/Beer   ◀── DB에 'Beer'라는 제품을 추가한다.
curl  http://localhost:8080/product   ◀── DB에서 전체 제품 리스트를 가져온다.
```

그림 8.21은 JProfiler에서 두 이벤트를 가로챈 모습이다. 이벤트마다 관련된 스택 트레이스(호출 트리)가 표시된다. 여기서 호출 횟수, 실행 시간 등의 세부 정보를 확인할 수 있다.

---

[3] https://www.mongodb.com/try/download/community

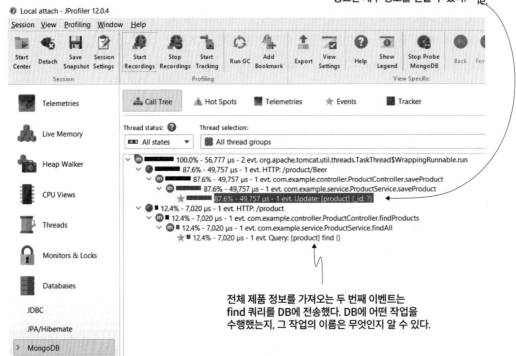

제품 정보를 업데이트하는 엔드포인트를 전송할 때
JProfiler가 가로챈 이벤트가 표시된다.
스택 트레이스(호출 트리), 호출 횟수, 실행 시간 등
중요한 세부 정보를 얻을 수 있다.

전체 제품 정보를 가져오는 두 번째 이벤트는
find 쿼리를 DB에 전송했다. DB에 어떤 작업을
수행했는지, 그 작업의 이름은 무엇인지 알 수 있다.

그림 8.21 NoSQL DB에 전달한 정보까지 가로챌 수 있다. 이를 토대로 앱과 NoSQL DB 간의 상호작용을
모니터링하고 특정 작업의 호출 횟수, 실행 시간을 알 수 있고 전체 스택 트레이스가 표시되므로
어떤 이벤트를 일으킨 코드를 신속하게 찾아낼 수 있다.

요약

- VisualVM 같은 무료 도구는 어떤 종류의 조사에도 유용한 다양한 위젯을 제공한다. 그러나
  JProfiler 같은 상용 도구를 사용하면 조사 데이터를 더욱 다양한 형태로 나타냄으로써 좀 더
  효과적으로 조사할 수 있다.

- DB 접속 시 문제가 있으면 JProfiler를 사용하여 관계형 DB 서버로의 JDBC 커넥션 문제를 쉽
  게 조사할 수 있다. 커넥션이 열려 있는지 확인하고 '깜빡 잊고' 커넥션을 닫는 코드를 빠뜨렸는
  지 찾아낼 수 있다.

- 호출 그래프는 실행 스택을 시각화하는 또 다른 방법으로, 주로 객체와 메서드 호출 사이의 관
  계에 초점을 둔다. 덕분에 앱 실행 이면에서 클래스가 어떻게 설계됐는지 파악하는 데 큰 도움

이 된다.

- 플레임 그래프는 프로파일링한 데이터를 상이한 관점에서 시각화하는 도구다. 이 그래프를 사용하면 어느 부분이 실행 도중 레이턴시와 긴 스택 트레이스를 일으키는지 좀 더 쉽게 파악할 수 있다. 또 플레임 그래프에서 특정 레이어에 색상을 지정하면 실행을 더 효과적으로 시각화할 수 있다.

- 일부 상용 도구는 앱 간 또는 앱과 NoSQL DB 서버 간의 통신 문제까지 효과적으로 조사할 수 있도록 확장 기능을 제공한다.

멀티스레드 아키텍처의
락 문제 조사하기

이 장의 주요 내용

- 앱 스레드 모니터링
- 스레드 락을 식별하고 및 원인 파악
- 대기 중인 스레드 분석

이 장에서는 멀티스레드 아키텍처를 활용하는 앱의 실행을 조사하는 방법을 살펴본다. 멀티스레드 아키텍처 구현은 대개 많은 개발자들 사이에서 가장 난해한 개발로 손꼽히며, 이 아키텍처 기반의 앱의 성능을 향상시키는 문제는 전혀 다른 차원의 어려움이 도사리고 있다. 이 장에서 설명한 기술을 잘 활용하면 앱 실행을 가시화하여 문제를 보다 쉽게 식별하고 최적화할 수 있을 것이다.

앞으로 다룰 내용을 제대로 이해하려면 스레드 상태 및 동기화 같은 자바의 스레딩 메커니즘에 관한 기본 지식이 필요하다. 먼저 부록 D를 읽어보기 바란다. 자바 스레드와 동시성은 책 한 권을 따로 써야 할 정도로 방대한 주제지만, 부록 D 정도만 알아도 이 장의 내용을 이해하기에 충분할 것이다.

9.1 스레드 락 모니터링

스레드 락(thread lock)은 다음과 같이 멀티스레드 아키텍처에서 이벤트 흐름을 제어하기 위해 구현한 여러 가지 스레드 동기화 장치 때문에 발생한다.

- 한 스레드가 리소스를 변경하는 동안 다른 스레드가 리소스에 액세스하지 못하게 한다.
- 다른 스레드가 모두 완료되거나 특정 시점까지 실행된 이후에 특정 스레드의 작업을 재개한다.

스레드 락은 앱에서 스레드를 제어하는 장치라서 필요하다. 하지만 스레드 동기화는 개발자가 실수할 여지가 참 많은 영역이다. 이를테면, 락을 잘못 구현하면 앱이 멈추거나 성능이 떨어질 수 있다. 프로파일러로 코드가 최적인지 살펴보고 만약 그렇지 않다면 락 시간을 최소화하여 앱 효율을 개선하는 방안을 모색해야 한다.

da-ch9-ex1 프로젝트는 멀티스레드 아키텍처로 구현된 작은 앱이다. 이 앱이 실행되는 동안 프로파일러로 락을 분석해서 스레드가 어떻게 작동하는지 알아보자.

- 어떤 스레드가 다른 스레드를 잠그는 것일까?
- 스레드가 잠긴 횟수
- 스레드가 실행되지 않고 중단된 시간

이런 정보를 취합하면 현재 앱 실행이 최적인지, 개선 포인트는 없는지 알 수 있다. 예제 앱에서는 동시 실행되는 프로듀서와 컨슈머, 두 스레드를 구현해보겠다. 프로듀서는 랜덤값을 생성하여 리스트 객체에 추가하고, 컨슈머는 이렇게 프로듀서가 리스트 객체에 추가한 값을 삭제하는 일을 한다(그림 9.1).

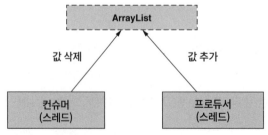

그림 9.1 '프로듀서'와 '컨슈머' 두 스레드가 시작되고 이들은 모두 ArrayList 타입의 인스턴스를 공유한다. 프로듀서는 랜덤값을 만들어 리스트에 넣으면, 컨슈머는 프로듀서가 리스트에 추가한 값을 삭제한다.

예제 9.1, 9.2, 9.3 코드를 차례로 차근차근 살펴보자. 예제 9.1의 `Main` 클래스는 두 스레드 인스턴스를 시작한다. 스레드를 시작하기 전에 프로파일러를 켜고 전체 스레드의 타임라인을 관찰할 수 있도록 10초 동안 잠들게 했다. 프로파일러 화면에서 쉽게 알아볼 수 있게 스레드명은 각각 _Producer와 _Consumer로 지정한다.

예제 9.1 Main 클래스에서 두 스레드를 시작한다. `File` da-ch9-ex1/src/main/java/main/Main.java

```java
public class Main {

  private static Logger log = Logger.getLogger(Main.class.getName());

  public static List<Integer> list = new ArrayList<>();

  public static void main(String[] args) {
    try {
      Thread.sleep(10000);       // 개발자가 프로파일러를 시작할 시간을 확보하기 위해
                                 // 처음 10초 동안 기다린다.

      new Producer("_Producer").start();    // 프로듀서 스레드를 시작한다.
      new Consumer("_Consumer").start();    // 컨슈머 스레드를 시작한다.
    } catch (InterruptedException e) {
      log.severe(e.getMessage());
    }
  }
}
```

예제 9.2의 컨슈머 스레드는 특정 코드 블록을 백만 번 반복한다(이 정도 반복해야 앱을 몇 초 동안 실행하면서 프로파일러로 의미 있는 통계치를 얻을 수 있다). 반복할 때마다 `Main` 클래스에 선언된 스태틱 변수(static variable, 정적 변수) `list`에 값이 하나라도 있는지 확인한 다음, 리스트의 첫 번째 값을 삭제한다. 로직이 구현된 전체 코드 블록은 `list` 인스턴스 자체를 모니터 삼아 동기화한다. 동기화 블록은 여러 스레드가 동시에 들어갈 수 없다.

예제 9.2 컨슈머 스레드 코드 `File` da-ch9-ex1/src/main/java/main/Consumer.java

```java
public class Consumer extends Thread {

  private Logger log = Logger.getLogger(Consumer.class.getName());

  public Consumer(String name) {
    super(name);
  }

  @Override
  public void run() {
```

```
      for (int i = 0; i < 1_000_000; i++) {   ◄── 동기화 코드 블록을 백만 번 반복한다.
                                              Main 클래스에 정의한 스태틱 변수 list를
        synchronized (Main.list) {   ◄─────── 모니터로 하여 코드 블록을 동기화한다.
          if (Main.list.size() > 0) {   ◄──── list에 적어도 값이 하나라도 있는 경우에만 의미가 있다.
            int x = Main.list.get(0);
            Main.list.remove(0);   ◄──── list의 첫 번째 값을 소비하고 바로 삭제한다.
            log.info("Consumer " +   ◄──── list에서 삭제된 값을 로그에 남긴다.
                Thread.currentThread().getName() +
                " removed value " + x);
          }
        }
      }
    }
```

예제 9.3의 프로듀서 스레드는 Consumer 클래스와 구조가 거의 동일하다. 지정된 코드 블록을 백만 번 반복하면서, 그때마다 랜덤값을 만들어 Main 클래스의 스태틱 변수 list에 추가한다. 컨슈머 스레드가 첫 번째 값을 삭제하는 바로 그 list 인스턴스다. 프로듀서 스레드는 list 크기가 100 미만인 경우에만 새 값을 추가한다.

예제 9.3 프로듀서 스레드 코드   File da-ch9-ex1/src/main/java/main/Producer.java

```
public class Producer extends Thread {

  private Logger log = Logger.getLogger(Producer.class.getName());

  public Producer(String name) {
    super(name);
  }

  @Override
  public void run() {                              동기화 코드 블록을
    Random r = new Random();                       백만 번 반복한다.
    for (int i = 0; i < 1_000_000; i++) {   ◄───
                                                     Main 클래스에 정의한 스태틱 변수 list를
      synchronized (Main.list) {   ◄─────────────── 모니터로 하여 코드 블록을 동기화한다.
        if (Main.list.size() < 100) {   ◄──── list에 100개 미만의 원소가 있는 경우에만 값을 추가한다.
          int x = r.nextInt();   ◄──── 새로운 랜덤값을 만들어 list에 추가한다.
          Main.list.add(x);
          log.info("Producer " +   ◄──── list에 추가된 값을 로그에 남긴다.
              Thread.currentThread().getName() +
              " added value " + x);
        }
      }
    }
  }
}
```

프로듀서도 컨슈머와 마찬가지로 list를 모니터로 동기화한다. 이로써 프로듀서와 컨슈머는 임의의 시점에 둘 중 어느 한쪽의 스레드만 list를 변경할 수 있다. 모니터(list 인스턴스)는 여러 스레드 중 하나만 동기화한 블록에 들어가도록 허용하며, 이 블록을 끝까지 실행할 때까지 다른 스레드는 코드 블록 시작 지점에서 대기시킨다(그림 9.2).

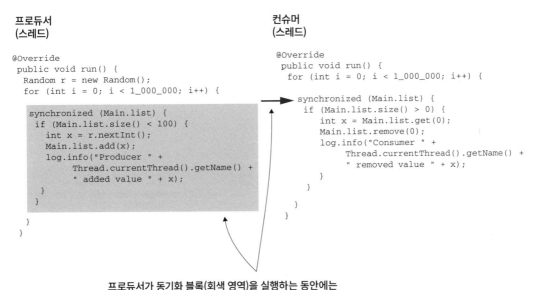

프로듀서가 동기화 블록(회색 영역)을 실행하는 동안에는
컨슈머가 이 블록에 들어갈 수 없고 모니터(list)가 허락할 때까지 기다려야 한다.

그림 9.2 동기화 블록은 한 번에 한 스레드만 들어갈 수 있기 때문에 프로듀서, 컨슈머 둘 중 하나만
run() 메서드에 정의된 로직을 실행할 수 있다.

그런데 이런 앱의 실행 정보를 굳이 프로파일러까지 사용해서 찾을 필요가 있을까? 예제 코드는 이 책을 쓰려고 일부러 단순하게 만든 것이지, 실제 앱은 이것보다 코드가 훨씬 더 복잡할 것이다. 예를 들어 멀티스레드 기반으로 작성된 코드는 보통 코드를 읽어보기만 해서는 무슨 일을 하는지 이해하기가 어렵다.

VisualVM에서 Threads 모니터링 탭 화면을 보자(그림 9.3). 스레드에 구현된 대부분의 코드가 동기화되어 있으므로 색상(음영)이 번갈아 나타난다. 프로듀서가 실행 중일 때 컨슈머가 대기하거나, 반대로 컨슈머가 실행 중일 때 프로듀서가 대기하는 것이다. 드물긴 하지만 두 스레드가 동시에 코드를 실행하는 경우도 있다. 동기화 블록 밖에도 커맨드(예: for 루프)가 있기 때문에 두 스레드가 동시에 실행될 수 있다.

스레드는 동기화 코드 블록에 의해 차단되거나, 다른 스레드가 실행을 완료(조인)하기를 기다리거나, 차단하는 객체의 제어를 받을 수도 있다. 스레드가 차단되어 더 이상 실행을 계속할 수 없을 때 스레드가 **잠겼다**(locked)고 한다(그림 9.4).

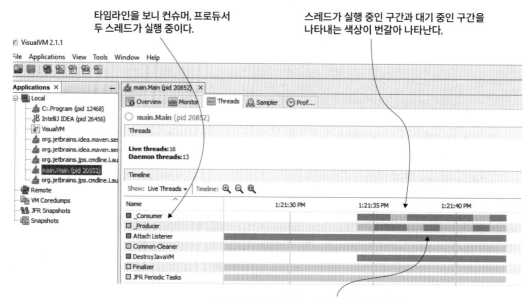

그림 9.3 두 스레드는 서로 상대방을 먼저 잠그고 동기화 코드 블록을 실행하며,
동기화 블록 밖에 있는 커맨드는 동시에 실행될 수도 있다.

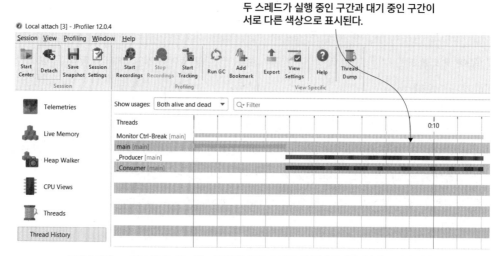

그림 9.4 VisualVM 대신 JProfiler에서 확인한 스레드 타임라인이다. 결과는 비슷하다.

9.2 스레드 락 분석

스레드 락을 사용하는 아키텍처 기반의 앱을 최적으로 구현했는지 확인하고 싶다. 그러려면 락을 식별해서 스레드가 차단된 횟수와 시간을 알 수 있는 수단이 필요하다. 또 스레드를 대기시키는 원인을 알아내야 할 경우도 있다. 어쨌든 이 모든 정보를 수집할 수는 없을까? 있다. 프로파일러는 스레드가 어떻게 작동하는지 알고 싶은 것을 모두 알려준다.

프로파일링 절차는 7장에서 배운 것과 동일하다.

1. 샘플링을 통해 앱 실행 중에 발생하는 일을 대략 이해하고 더 자세히 살펴보아야 할 부분이 어느 부분인지 파악한다.
2. 프로파일링을 수행하여 조사하려는 특정 주제와 관련된 세부 정보를 얻는다.

그림 9.5는 앱 실행을 샘플링한 결과다. 총 실행 시간(Total Time)이 총 CPU 시간(Total Time(CPU)) 보다 길다. 7장에서도 이와 비슷한 양상이었는데, 앱이 어떤 것을 계속 기다리고 있다는 뜻이다.

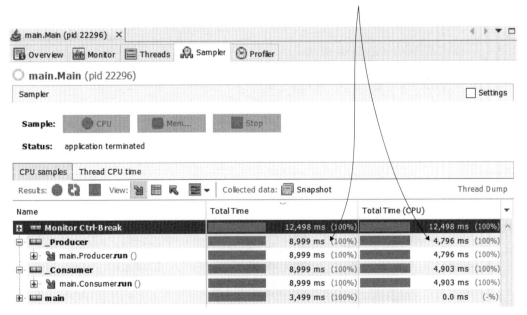

그림 9.5 앱이 무엇을 기다리는지, 이 대기 시간을 줄일 방법은 있는지 생각해야 한다.

그림 9.6에서 한 가지 흥미로운 사실이 관찰된다. 메서드가 대기하는 건 맞지만, 샘플 데이터를 보니 다른 것을 기다리는 게 아니라, 그냥 스스로 기다리는 것처럼 보인다. 'Self time(자기 시간)' 행은 해당 메서드 자신의 실행 시간을 나타내는데, run() 메서드의 CPU 시간은 약 700ms인 반면, 자기 시간은 이보다 훨씬 긴 4,903ms다.

외부 서비스를 호출한 뒤 응답을 기다리는 앱은 이미 7장에서 살펴본 바 있다. 그런 경우라면 앱이 대기하는 현상이 납득이 되지만, 지금은 앱 스스로가 어떤 것을 기다린다는 게 이해하기 어렵다. 이런 일이 벌어지는 원인은 무엇일까?

'메서드가 어떻게 자기 스스로를 기다릴 수 있지?', '너무 게을러서 실행하지 못하는 건가?' 하는 의문이 들 것이다. 메서드가 외부의 어떤 것을 기다리는 것이 아니라, 그 자체로 대기 상태에 빠진 모습을 보인다면 스레드가 잠겼을 가능성이 십중팔구다. 스레드가 잠긴 원인을 알아내려면 앱 실행을 추가적으로 프로파일링하여 분석해야 한다.

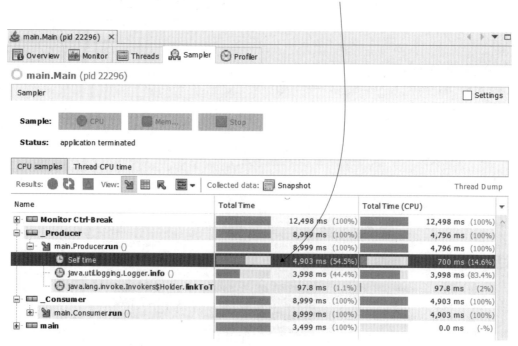

그림 9.6 자가 실행 시간이 총 CPU 시간보다 길다면, 다른 스레드 때문에 스레드가 잠겼을 가능성이 높다.

샘플링으로 모든 질문에 답할 수는 없다. 메서드가 대기 중이라는 사실은 알았지만, 무엇을 기다리고 있는지는 아직 모른다. 더 많은 정보를 입수하려면 계속 프로파일링을 한다. VisualVM에서는 Profiler 탭에서 락 모니터링을 시작한다. [Locks] 버튼을 클릭해서 락에 대한 프로파일링을 수행하면 그림 9.7 같은 결과가 표시된다. 프로파일링 세션이 끝나자마자 프로세스가 중단되므로 화면에서 [Locks] 버튼은 비활성화된다.

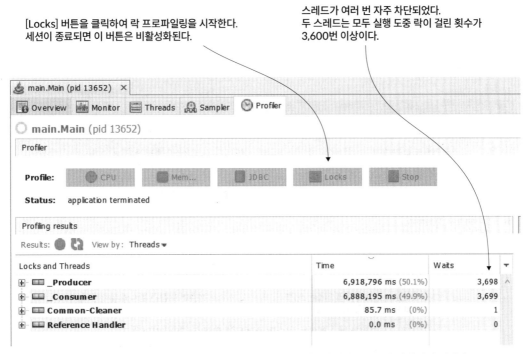

그림 9.7 락 프로파일링을 해보니 프로듀서, 컨슈머 두 스레드에 각각 3,600번 넘게 락이 걸렸다.

각 스레드명 좌측에 있는 작은 [+] 버튼을 클릭하면 세부 정보가 펼쳐진다. 여기서 스레드 실행에 영향을 미친 각각의 모니터 객체를 알 수 있다. 다른 스레드에 의해 차단된 스레드와 무엇이 그 스레드를 차단시켰는지 화면에 자세히 표시된다.

그림 9.8을 보니 프로듀서 스레드가 ArrayList 타입의 모니터 인스턴스에 의해 차단되었다. 객체 레퍼런스(이 그림의 4476199c) 덕분에 객체 인스턴스를 유니크하게(uniquely) 식별할 수 있고 동일한 모니터가 여러 스레드에 영향을 미쳤는지 확인할 수 있다. 또한 스레드와 모니터 간의 관계를 정확하게 파악할 수 있다.

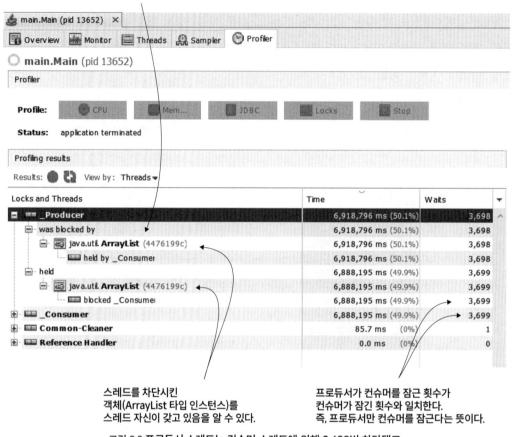

스레드를 차단시킨
객체(모니터)와 스레드가 획득한
모니터가 표시된다.

스레드를 차단시킨
객체(ArrayList 타입 인스턴스)를
스레드 자신이 갖고 있음을 알 수 있다.

프로듀서가 컨슈머를 잠근 횟수가
컨슈머가 잠긴 횟수와 일치한다.
즉, 프로듀서만 컨슈머를 잠근다는 뜻이다.

그림 9.8 프로듀서 스레드는 컨슈머 스레드에 의해 3,698번 차단됐고,
컨슈머 스레드 역시 이와 비슷하게 프로듀서에 의해 3,699번 차단되었다.

그림 9.8에서 알게 된 내용을 정리하면 이렇다.

- _Producer 스레드가 4476199c 레퍼런스를 지닌 ArrayList 타입의 모니터 인스턴스에 의해 차단됐다.

- _Consumer 스레드가 4476199c 모니터를 가져와 _Producer 스레드를 3,698번 차단했다.

- 프로듀서 스레드 역시 4476199c 모니터를 3,699번 가져왔거나(소유했거나) _Producer 스레드가 _Consumer 스레드를 3,699번 차단했다.

그림 9.9는 컨슈머 스레드의 상세 정보까지 펼친 화면이다. 모든 데이터가 서로 연관돼 있음을 알 수 있다. 실행 도중 단 하나의 모니터 인스턴스, 즉 ArrayList 타입의 인스턴스만이 두 스레드 중

하나를 잠그고 있다. 컨슈머 스레드가 3,699번 잠기는 동안 프로듀서 스레드는 `ArrayList` 모니터
에 의해 동기화 블록을 실행했다. 한편, 컨슈머 스레드는 `ArrayList` 모니터에 의해 동기화 블록을
실행하는 동안 프로듀서 스레드는 3,698번 차단됐다.

[NOTE] 컴퓨터에서 앱을 실행할 때 반드시 동일한 숫자가 나오는 것은 아니다. 같은 컴퓨터에서 실행을 반복해도 동일
한 결과가 나오지 않을 가능성이 높다. 값은 조금 달라질 수 있지만, 비슷한 관찰 결과를 얻게 될 것이다.

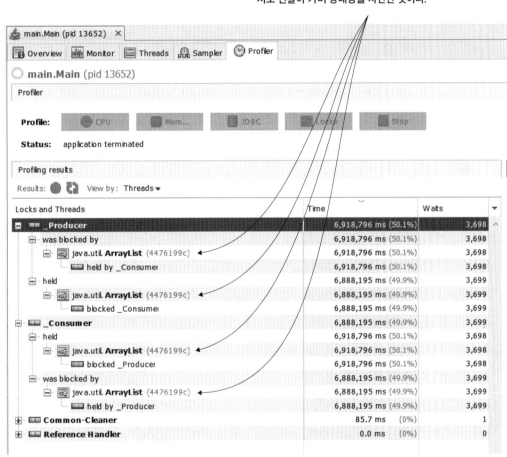

그림 9.9 두 스레드는 동일한 모니터를 사용하여 서로가 서로를 차단하고 있다.

지금까지는 내가 익숙한 무료 도구인 VisualVM을 사용했지만, JProfiler 같은 도구 역시 사용법은
비슷하다.

8장에서 설명했듯이 프로세스에 JProfiler를 연결한 다음, JVM exit action(종료 동작)을 Keep the VM alive for profiling(프로파일링을 위해 VM을 켠 상태로 유지)으로 설정한다(그림 9.10).

JProfiler를 프로세스에 붙일 때 앱 실행이 끝난 후에도 결괏값을 확인하려면 VM이 계속 유지되도록 JVM 종료 액션(exit action)을 설정한다.

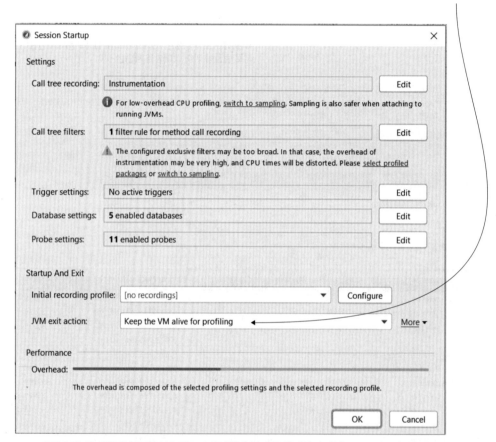

그림 9.10 앱 실행이 완료된 이후에도 프로파일링 결과를 확인하기 위해 JVM 종료 액션을 설정한다.

JProfiler는 VisualVM에서 확인한 것과 동일한 정보를 다양한 형태로 시각화하여 보여준다. 그림 9.11은 락에 관한 Monitor History(모니터 이력) 뷰 리포트를 조회한 화면이다.

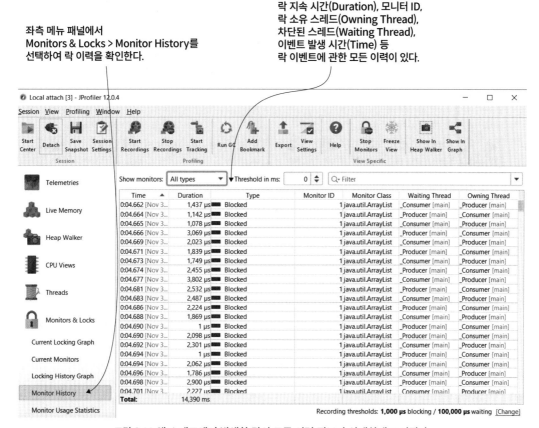

그림 9.11 앱 스레드에서 발생한 락의 모든 이력 정보가 상세하게 표시된다.

사실, 이 정도로 상세한 리포트가 필요한 경우는 흔치 않다. 나는 이벤트(락)를 스레드별 또는 모니터별로 그룹핑하는 방식을 선호한다. 그림 9.12는 JProfiler에서 이벤트를 그룹핑한 것이다. 좌측 메뉴의 Monitor Usage Statistics를 선택하면 연관된 스레드나 락을 일으킨 모니터별로 이벤트를 그룹핑할 수 있다. JProfiler에는 모니터 객체의 클래스별로 락을 그룹핑하는 진기한 옵션도 있다.

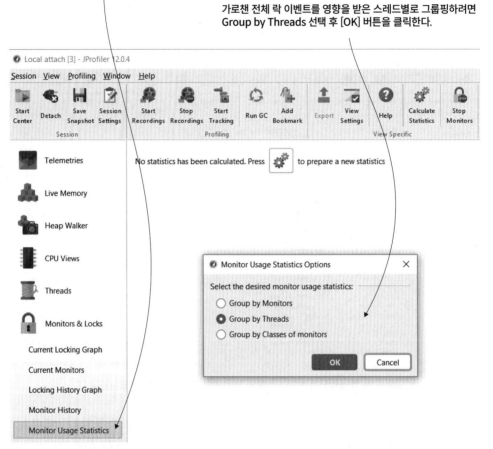

**좌측 메뉴 패널의 Monitor Usage Statistics 섹션에서
영향을 받은 스레드 또는 락을 일으킨 모니터별로 그룹핑할 수 있다.**

**가로챈 전체 락 이벤트를 영향을 받은 스레드별로 그룹핑하려면
Group by Threads 선택 후 [OK] 버튼을 클릭한다.**

그림 9.12 영향을 받은 스레드나 락을 일으킨 모니터별 락 이벤트를 그룹핑한 결과를 보면
어느 스레드가 더 큰 영향을 주고받는지, 어떤 모니터가 스레드를 더 자주 중단시키는지 알 수 있다.

락 이벤트를 연관된 스레드별로 그룹핑하면 VisualVM이 제공하는 것과 유사한 통계치를 얻을 수 있다. 앱 실행 중 두 스레드는 각각 3,600번 이상 잠겼다(그림 9.13).

이렇게 실행되는 것이 최선일까? 이 질문에 답하려면 앱이 의도한 바를 알아야 할 것이다. 그러나 이렇게 실제 목적이 없는 단순 데모 예시의 경우, 결과만 보고 개선 포인트가 있는지 가늠하기는 어렵다.

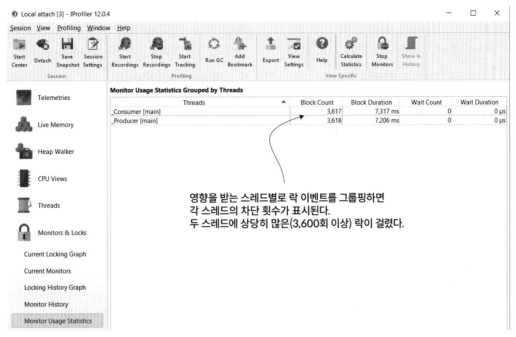

그림 9.13 락 이벤트를 스레드별로 그룹핑하여 살펴보면 각 스레드가 실행 중에 잠긴 횟수가 나온다.

그러나 이 앱에는 리소스(list)를 공유하는 스레드가 2개 있고, 이들이 이 공유된 리소스를 가지고 동시에 작동될 수는 없다는 사실에서 다음과 같이 결론을 내릴 수 있다.

- 총 실행 시간은 CPU 실행 시간의 총합과 가까워야 한다(두 스레드는 동시에 작동될 수 없으므로 상호 배제되기 때문).
- 두 스레드는 실행에 할당된 시간이 서로 비슷해야 하며 거의 같은 횟수만큼 잠겨야 한다. 둘 중 하나가 우선되면 다른 스레드는 결국 **기아**(starvation) 상태, 즉 스레드가 '불공평한(unfair)' 방식으로 차단되어 실행조차 안 되는 상황에 다다를 것이다.

스레드 분석 결과를 보면 두 스레드는 공평하게 대접받고 있다. 잠기는 횟수도 비슷하고, 상호 배제를 하며 활동하는 시간(CPU 시간) 역시 비슷하다. 이것은 최적의 상태이고 더 이상 개선할 여지는 없어보인다. 그러나 이러한 결론은 앱이 실제로 무슨 일을 하고, 어떻게 실행되기를 기대하는 바에 따라 달라진다는 점을 기억하라.

이번에는 앱 동작이 도저히 최적이라고 할 수 없는 다른 시나리오를 살펴보자. 프로듀서가 값을 리스트에 추가하는 시간이 나중에 컨슈머가 값을 처리하는 시간보다 길다고 가정한다. 실제로 이런 앱을 실행하면 두 스레드가 동등하게 어려운 '일'을 할 필요는 없을 것이다.

이런 앱은 다음과 같이 개선할 수 있다.

- 컨슈머의 락 횟수를 최소화하고 프로듀서가 더 일을 많이 하도록 컨슈머를 대기시킨다.
- 프로듀서 스레드를 더 늘리거나 컨슈머 스레드가 값을 배치 모드로(한 번에 여러 개) 읽고 처리 하도록 한다.

어떤 로직으로 구현할지는 앱이 하는 일에 따라 달라지겠지만, 일단 앱의 실행을 분석해봐야 어떻게 개선할 수 있을지 알 수 있다. 모든 앱에 일률적으로 적용 가능한 법칙 같은 건 없다. 나는 항상 멀티스레드 앱을 구현하는 개발자들에게 프로파일러로 앱 실행의 변경된 부분을 분석해보라고 이야기한다.

9.3 대기 중인 스레드 분석

이번에는 알림을 받기 위해 대기 중인 스레드를 분석해보자. 대기 중인 스레드(waiting thread)는 잠긴 스레드(locked thread)와 다르다. 모니터는 동기화 코드 블록을 실행하기 위해 스레드를 잠근다. 이때 모니터가 알아서 차단된 스레드에게 실행을 재개하라고 알려주기를 기대하기 어렵다. 하지만 모니터가 스레드를 무한 대기시킨 다음, 나중에 해당 스레드의 실행을 언제 재개할지 결정하도록 할 수는 있다. 대기 중인 스레드는 처음에 자신을 무한 대기시킨 모니터로부터 알림을 받은 이후에만 다시 실행 상태로 되돌아갈 것이다. 이처럼 별도의 호출이 있을 때까지 스레드를 대기시킬 수 있어서 스레드를 유연하게 제어할 수 있는 장점이 있지만, 올바르게 사용하지 않으면 오히려 문제를 일으킬 수도 있다.

그림 9.14는 잠긴 스레드와 대기 중인 스레드의 차이를 알기 쉽게 나타낸 그림이다. 동기화 블록이 경찰관이 관리하는 제한 구역이라면 스레드는 자동차다. 경찰관은 이 제한 구역(동기화 블록)에 한 번에 한 대의 차량만 지나가도록 통제한다. 차단된 차량은 **잠겨 있는**(locked) 것이다. 경찰관은 제한 구역을 오가는 자동차를 통제할 권한을 갖고 있고, 이 구역 내에서 주행 중인 차량 운전자에게 계속 운전해도 좋다고 지시할 때까지 기다리라고 명령할 수 있다. 즉, 이런 차량은 **대기하는**(waiting) 것이다.

앞서 이 장에서 분석했던 앱을 다시 가져와 이러한 시나리오가 있다고 상상해보자. 앱 개발자 한 사람이 프로듀서-컨슈머 아키텍처를 개선할 수 있는 아이디어를 제안했다. 리스트가 비어 있으면 컨슈머 스레드는 아무것도 할 수 없기 때문에 JVM이 프로듀서 스레드의 실행을 허용할 때까지 거짓 조건에 걸려 루프를 수없이 반복할 것이다. 프로듀서가 리스트에 값을 100개 추가해도 마찬가지다. 프로듀서 스레드는 컨슈머가 리스트에서 일부 값을 삭제할 수 있도록 JVM이 허용할 때까지 거짓 조건에 걸려 루프를 마냥 반복할 것이다.

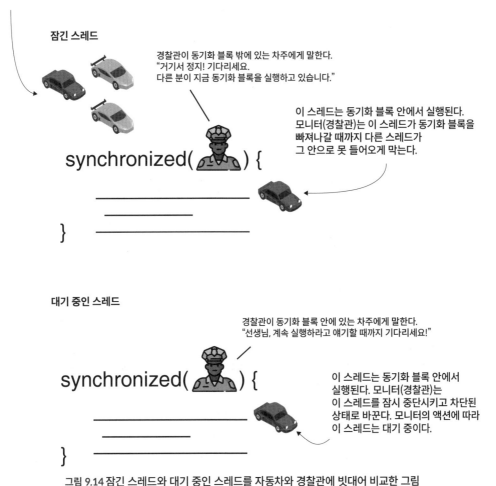

이들은 차단된 스레드로서 동기화 블록 안에서 다른 스레드가 실행되고 있는 동안에는 실행이 불가하다. 말 그대로 잠긴(locked) 것이다.

잠긴 스레드

경찰관이 동기화 블록 밖에 있는 차주에게 말한다. "거기서 정지! 기다리세요. 다른 분이 지금 동기화 블록을 실행하고 있습니다."

이 스레드는 동기화 블록 안에서 실행된다. 모니터(경찰관)는 이 스레드가 동기화 블록을 빠져나갈 때까지 다른 스레드가 그 안으로 못 들어오게 막는다.

synchronized( ) {
_____
_____
_____
}

대기 중인 스레드

경찰관이 동기화 블록 안에 있는 차주에게 말한다. "선생님, 계속 실행하라고 얘기할 때까지 기다리세요!"

이 스레드는 동기화 블록 안에서 실행된다. 모니터(경찰관)는 이 스레드를 잠시 중단시키고 차단된 상태로 바꾼다. 모니터의 액션에 따라 이 스레드는 대기 중이다.

synchronized( ) {
_____
_____
_____
}

그림 9.14 잠긴 스레드와 대기 중인 스레드를 자동차와 경찰관에 빗대어 비교한 그림

컨슈머가 소비할 값이 하나도 없으면 대기시키고 리스트에 값이 하나라도 있을 때에만 실행시킬 수는 없을까(그림 9.15)? 마찬가지로, 리스트에 값이 너무 많이 들어 있으면 프로듀서를 대기시키고 값을 더 추가해도 될 때에만 실행시킬 수는 없을까? 이런 로직이면 앱이 더 효율적으로 작동될까?

경찰관이 동기화 블록 안에 있는 차주에게 말한다.
"컨슈머 선생님! 리스트가 비었군요.
특별히 하실 일도 없으니 계속하라고 얘기할 때까지
잠깐 쉬세요!"

경찰관이 동기화 블록 밖에 있는 차주에게 외친다.
"여러분 중 한 분만 동기화 블록으로 들어가세요."

프로듀서가 리스트에 값을 추가한 후…

경찰관이 주차한 차주에게 다가가서 말한다.
"리스트에 뭔가 들어갔으니 다시 맘껏 달리세요!"

주차된 차량

그림 9.15 경찰관은 리스트에 소비할 값이 없으면 컨슈머를 대기시키고 프로듀서에게 값을 추가하라고 지시한다.
그 결과 리스트에 소비할 값이 하나라도 생기면 대기 중인 컨슈머에게 실행을 재개하라고 말한다.

이렇게 새로운 로직으로 앱을 변경해보자. 하지만 이 시나리오에서 앱이 더 효율적이지 않다는 사실을 증명할 것이다. 스레드가 공유 리소스(리스트)를 갖고 어떤 일을 할 수 없을 때 기다리게 하면 더 나을 것 같지만, 분석 결과 앱을 더 빠르게 하기는커녕 성능에 더 나쁜 영향을 미친다는 사실을 알 수 있다.

예제 9.4는 컨슈머 스레드를 리팩터링한 코드다. 리스트에 아무것도 없으면 컨슈머 스레드는 소비할 값이 없으니 대기한다. 모니터는 컨슈머 스레드를 대기시키고 프로듀서가 리스트에 어떤 것을 추가한 이후에만 컨슈머에게 실행을 계속하라고 알린다. 리스트가 비어 있으면 `wait()` 메서드로 컨슈머에게 기다리라고 알린다. 이와 동시에 컨슈머가 리스트에서 값을 지우면 `notifyAll()` 메서드로 대기 중인 스레드들을 깨운다. 이런 식으로 만약 프로듀서가 대기 중이면 리스트가 꽉 찬 상태가 아니므로 실행을 재개할 수 있다.

NOTE 개발 중에도 앱이 최적으로 실행되는지 항상 프로파일러를 사용하여 확인하는 습관을 들이자.

예제 9.4 리스트가 빈 상태면 컨슈머 스레드를 대기시킨다. (File) da-ch9-ex2/src/main/java/main/Consumer.java

```java
public class Consumer extends Thread {

  // 코드 생략

  @Override
  public void run() {
    try {
      for (int i = 0; i < 1_000_000; i++) {
        synchronized (Main.list) {
          if (Main.list.size() > 0) {
            int x = Main.list.get(0);
            Main.list.remove(0);
            log.info("Consumer " +
                Thread.currentThread().getName() +
                " removed value " + x);
            Main.list.notifyAll();   ◀──── 컨슈머는 리스트에서 값을 삭제한 다음
          } else {                         대기 중인 모든 스레드에게 리스트의 내용이
            Main.list.wait();   ◀────      변경되었다고 알린다.
          }                        리스트가 빈 상태면 프로듀서로부터
        }                          무엇이 추가됐다는 알림을 받을 때까지 대기한다.
      }
    } catch (InterruptedException e) {
      log.severe(e.getMessage());
    }
  }
}
```

예제 9.5는 프로듀서 스레드를 리팩터링한 코드다. 컨슈머 스레드와 반대로, 프로듀서 스레드는 리스트에 값이 가득 차 있으면 대기한다. 즉, 컨슈머는 리스트에 있는 값을 소비할 때 프로듀서에게 다시 채워 넣으라고 알린다.

예제 9.5 리스트가 가득 차면 프로듀서 스레드를 대기시킨다.

```java
public class Producer extends Thread {

  // 코드 생략
```

```
@Override
public void run() {
  try {
    Random r = new Random();
    for (int i = 0; i < 1_000_000; i++) {
      synchronized (Main.list) {
        if (Main.list.size() < 100) {
          int x = r.nextInt();
          Main.list.add(x);
          log.info("Producer " +
              Thread.currentThread().getName() +
              " added value " + x);          프로듀서는 리스트에 값을 추가한 다음 대기 중인
          Main.list.notifyAll();      ◀───   모든 스레드에게 리스트의 내용이 변경되었다고 알린다.
        } else {
          Main.list.wait();    ◀───
        }                          리스트에 100개의 원소가 있으면 컨슈머로부터
      }                            무엇이 삭제되었다는 알림을 받을 때까지 대기한다.
    }
  } catch (InterruptedException e) {
    log.severe(e.getMessage());
  }
 }
}
```

이미 알고 있듯이 모든 조사의 출발점은 샘플링이다. 그림 9.16을 보니 실행 시간이 유독 길게 나왔다. 눈치챘겠지만 조금 이상하다는 것을 알 수 있다. 9.1절에서는 전체 실행 시간이 9초 정도밖에 안 됐는데, 50초라는 실행 시간은 상당히 큰 차이다.

그림 9.17을 보면, wait() 메서드가 스레드 대기 시간의 대부분을 차지하고 있다. 이 메서드 자체의 실행 시간이 CPU 실행 시간과 거의 같기 때문에 스레드가 오래 잠기지는 않는다. 그러나 앱의 전체 효율을 끌어올리는 것이 목표인데, 대기하는 부분이 한쪽에서 다른 쪽으로 옮겨 갔을 뿐, 그 과정에서 오히려 앱이 더 느려졌다.

실행 시간이 더 늘어난 반면, 총 실행 시간과 총 CPU 시간은 큰 차이가 있다.
즉, 여전히 앱이 많이 대기한다는 뜻이다.

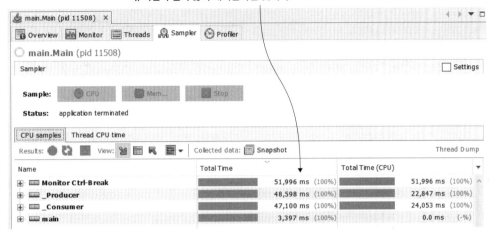

그림 9.16 샘플링 결과, 오히려 스레드가 대기하기 전보다 느려졌다.

스레드를 펼쳐보니 대기 시간은 대부분 모니터가 호출한
wait() 메서드 때문에 발생하는 것을 알 수 있다.

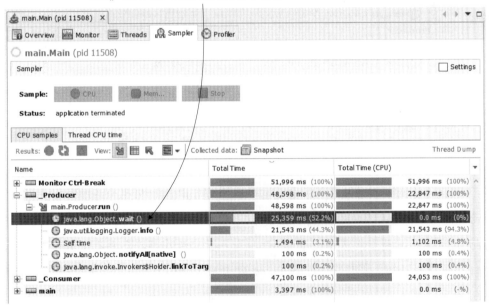

그림 9.17 자가 실행 시간은 짧은데 스레드가 차단되어 더 오래 기다린다.

더 자세한 정보를 얻기 위해 프로파일링을 계속한다(그림 9.18). 사실, 프로파일링 결과만 봐서는 락 횟수가 줄었지만 실행 속도는 훨씬 느려졌기 때문에 별로 도움이 되지 않는다.

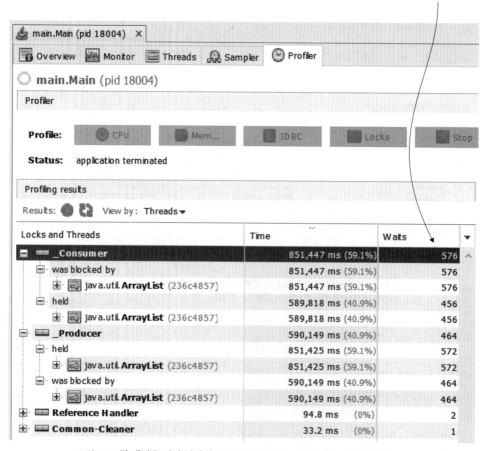

락 횟수가 줄었다.
그런데도 총 실행 시간은 늘어났다.

그림 9.18 락 패턴은 이전 결과와 유사하지만 스레드가 잠기는 빈도는 더 낮다.

그림 9.19는 JProfiler를 사용하여 얻은 동일한 세부 정보다. JProfiler에서 락 이벤트를 스레드별로
그룹핑하면 락 횟수와 대기 시간을 모두 알 수 있다. 이전 예제는 대기 시간이 0인 반면 락 횟수가
더 많았고, 지금은 반대로 락 횟수는 줄었지만 대기 시간이 늘어났다. 즉, 동기화 블록의 모니터에
의해 스레드가 자연스레 잠겼다가 풀리도록 허용할 때보다 대기/알림 방식으로 접근할 때 오히려
JVM이 스레드 상태 변화를 더 굼뜨게 만든다는 사실을 알 수 있다.

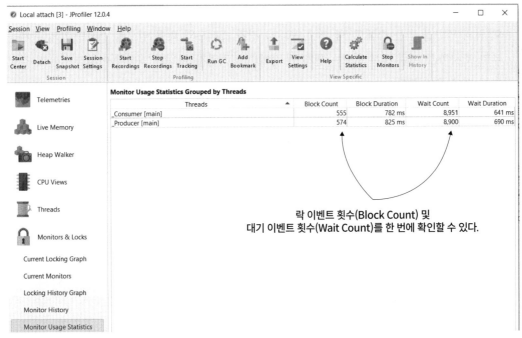

그림 9.19 스레드 락 횟수는 줄었지만 차단된 시간은 더 늘어났다.

요약

- 스레드는 동기화 코드 블록으로 잠기거나 강제로 대기 상태가 될 수 있다. 이러한 락 현상은 공유 리소스가 동시에 변경되는 것을 막기 위해 스레드를 동기화할 때 나타난다.

- 경쟁 상태를 방지하려면 락이 필요하지만, 앱에서 스레드 동기화 로직을 잘못 사용하면 갖가지 성능 이슈가 발생하거나 아예 앱이 멈추는(데드락의 경우) 등 바람직하지 않은 결과가 나타날 수 있다.

- 동기화 코드 블록 때문에 발생한 락은 스레드를 강제로 대기시켜 일을 하지 못하게 만들기 때문에 앱 실행 속도가 느려진다. 락이 어쩔 수 없이 필요한 경우도 있겠지만, 가능한 한 스레드가 잠기는 시간을 최소화하는 방안을 찾아보는 것이 좋다.

- 프로파일러를 사용하면 락 때문에 앱이 언제부터 느려지기 시작하고, 성능은 얼마나 떨어졌는지, 앱 실행 도중 락이 걸린 횟수 등을 파악할 수 있다.

- 프로파일러를 사용할 때에는 항상 먼저 실행을 샘플링해서 앱 실행이 락의 영향을 받는지 확인하라. 샘플링할 때 자기 스스로를 대기하는 메서드가 있다면 락일 가능성이 높다.

- 샘플링 결과 락이 앱 실행에 영향을 미칠 가능성이 있다고 판단되면, 락 프로파일링을 수행하여 락의 영향을 받는 스레드, 락 개수, 모니터, 잠긴 스레드와 락을 일으킨 스레드 간의 관계를 추가 조사하라. 이런 세부 정보는 현재 앱 실행이 최적인지, 아니면 개선할 여지가 있는지 결정하는 데 도움이 된다.

- 앱마다 목적이 다르기 때문에 스레드 락을 이해하는 어떤 유니크한 공식은 없다. 일반적으로 스레드가 잠기거나 대기하는 시간을 최소화하고 스레드가 실행 중 불공평하게 배제되지 않도록(기아 상태의 스레드가 되지 않게) 관리하는 것이 최선이다.

CHAPTER 10

스레드 덤프로
데드락 문제 조사하기

이 장의 주요 내용

- 프로파일러를 이용하여 스레드 덤프 수집
- 커맨드 라인에서 스레드 덤프 수집
- 스레드 덤프를 읽어 문제의 원인 조사

이 장에서는 스레드 덤프를 이용해서 특정 시점의 스레드 실행을 분석하는 방법을 배운다. 스레드 덤프는 데드락처럼 앱이 응답하지 않는 상황에서 활용된다. **데드락**(deadlock)은 여러 스레드가 실행을 중단한 채 서로가 상대방이 어떤 조건을 충족할 때까지 기다리는 현상이다. 즉, 스레드 A는 스레드 B가 어떤 일을 하길 기다리고 스레드 B 역시 스레드 A가 어떤 일을 하길 기다리는 식으로 둘 다 마냥 상대를 기다리며 실행을 하지 않는 것이다. 이런 일이 발생하면 앱은(적어도 앱의 일부는) 멈춰버린다. 근본 원인을 찾아 문제를 해결하려면 먼저 문제를 어떻게 분석하는지 알아야 한다.

데드락이 발생하면 프로세스가 완전히 멈춰버릴 수 있기 때문에 9장에서 배운 샘플링이나 프로파일링 기법은 사용할 수 없다. 다행히 특정 JVM 프로세스에 대한 모든 스레드와 그 상태에 관한 통계지가 기록된 **스레드 덤프**(thread dump)를 수집해서 소사하면 된다.

10.1 스레드 덤프 수집하기

스레드 덤프를 가져오는 방법을 알아보자. da-ch10-ex1 프로젝트에는 일부러 데드락을 일으키는 작은 앱이 있다. 이 앱을 실행한 뒤 (몇 초 후) 멈출 때까지 기다린 다음, 스레드 덤프를 수집하는 여러 가지 방법을 살펴보겠다. 10.2절에서는 이렇게 얻은 스레드 덤프를 해독하는 방법을 이야기한다.

da-ch10-ex1 프로젝트의 앱은 어떻게 구현했는지, 그리고 왜 이 앱을 실행하면 데드락이 발생하는지 알아보자. 이 앱은 두 스레드를 사용해서 2개의 공유 리소스(list 인스턴스 2개)를 변경한다. 프로듀서 스레드는 두 리스트에 교대로 값을 추가하고, 컨슈머 스레드는 반대로 이 두 리스트에서 값을 삭제한다. 9장에서 예시한 앱과 비슷하다. 앱 자체의 로직은 이 장의 주제와 연관성이 없으므로 중요한 동기화 블록을 제외하고 코드는 따로 게시하지 않겠다.

예제 앱은 지금부터 설명할 조사 기법에 맞게 단순화했지만, 물론 실제 앱은 이보다 훨씬 더 복잡하다. 데드락은 잘못 사용한 동기화 블록뿐만 아니라, 세마포어(semaphore), 래치(latch), 배리어(barrier) 같은 차단 객체(blocking object)를 잘못 사용해도 발생할 수 있다. 그러나 데드락 현상을 조사하는 절차는 동일하다.

예제 10.1과 10.2를 보자. 두 스레드가 각각 모니터가 listA, listB인 동기화 블록을 중첩하여 사용하고 있다. 문제는 두 스레드 중 하나가 외부 동기화 블록에 listA 모니터를 사용하고 내부 동기화 블록에는 listB를 사용한다는 점이다. 다른 스레드는 이와 반대로 사용한다. 코드를 이렇게 설계하면 그림 10.1에서 알 수 있듯이 데드락이 발생할 가능성이 크다.

예제 10.1 컨슈머 스레드에 중첩된 동기화 블록 적용 `File` da-ch10-ex1/src/main/java/main/Consumer.java

```java
public class Consumer extends Thread {

  // 코드 생략

  @Override
  public void run() {
    while (true) {
      synchronized (Main.listA) {    ◀── 외부 동기화 블록은 listA 모니터를 사용한다.

        synchronized (Main.listB) {    ◀── 내부 동기화 블록은 listB 모니터를 사용한다.
          work();
        }
      }
    }
  }
```

```
  // 코드 생략
}
```

예제 10.1에서 컨슈머 스레드는 외부 동기화 블록에 `listA` 모니터를 사용한다. 예제 10.2에서 프로듀서 스레드는 내부 블록에 `listA` 모니터를 사용하는 반면, `listB` 모니터는 두 스레드가 번갈아 사용한다.

예제 10.2 프로듀서 스레드에 중첩된 동기화 블록 적용 (File) da-ch10-ex1/src/main/java/main/Producer.java

```
public class Producer extends Thread {

  // 코드 생략

  @Override
  public void run() {
    Random r = new Random();
    while (true) {
      synchronized (Main.listB) {   ◄── 외부 동기화 블록은 listB 모니터를 사용한다.

        synchronized (Main.listA) {   ◄── 내부 동기화 블록은 listA 모니터를 사용한다.
          work(r);
        }
      }
    }
  }

  // 코드 생략
}
```

그림 10.1은 이 두 스레드가 데드락에 빠지는 과정을 나타낸 것이다.

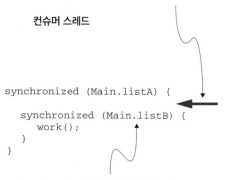

1. 두 스레드가 외부 동기화 블록은 통과했지만 내부 동기화 블록에는 못 들어갔다고 하자. 화살표는 두 스레드의 현재 실행 위치를 나타낸다.

컨슈머 스레드

```
synchronized (Main.listA) {

  synchronized (Main.listB) {
     work();
  }
}
```

2. 두 스레드 모두 더 이상 실행할 수가 없다. listB 모니터는 프로듀서 스레드가 획득해야 하므로 컨슈머는 내부 동기화 블록으로 절대 들어갈 수 없다. 따라서 listB 모니터가 먼저 해제되어야 하는데, 이는 프로듀서 스레드가 블록 끝에 도달해야 한다는 뜻이다.

프로듀서 스레드

```
synchronized (Main.listB) {

  synchronized (Main.listA) {
     work();
  }
}
```

3. 프로듀서 스레드는 외부 동기화 블록 끝에 도달할 수 없다. 그러려면 일단 내부 동기화 블록에 들어가야 하는데 listA 모니터는 컨슈머가 갖고 있기 때문이다.

그림 10.1 두 스레드가 외부 동기화 블록에는 들어갔지만 내부 동기화 블록에는 들어가지 못하면
그 안에 갇혀 상대방을 하염없이 기다린다. 이런 상태를 데드락에 빠졌다고 한다.

10.1.1 프로파일러로 스레드 덤프 수집

앱이 멈춘 근본 원인은 무엇일까? 프로파일러로 락을 분석할 수는 있지만 앱 전체 또는 일부가 실행을 멈춘 상황에서는 도움이 안 된다. 9장에서 했던 것처럼 실행 중에 락을 분석하는 대신, 앱의 스레드 상태를 스냅숏으로 찍어보는 게 어떨까? 이 스냅숏, 즉 스레드 덤프를 가져와 읽어보면 어떤 스레드가 서로 영향을 미쳐 앱이 멈췄는지 알 수 있을 것이다.

스레드 덤프는 VisualVM, JProfiler 같은 프로파일러를 사용하거나 커맨드 라인에서 JDK 내장 도구를 직접 호출하여 얻을 수 있다. 먼저, 프로파일러를 사용하여 스레드 덤프를 수집하는 방법을 알아보고, 커맨드 라인을 사용하는 방법은 10.1.2절에서 설명하겠다.

da-ch10-ex1 프로젝트의 앱을 시작하자. 몇 초 기다리면 곧 데드락에 빠질 것이다. 콘솔에 아무 메시지도 보이지 않으면 데드락 상태가 된 것이다.

프로파일러에서 스레드 덤프를 수집하는 일은 버튼 클릭 한 번이면 끝난다. VisualVM은 영리하게도 프로세스의 일부 스레드가 데드락 상태임을 알아챈다. 그림 10.2를 보면 Threads 탭에서 "Deadlock detected(데드락 감지)!"라고 알려준다.

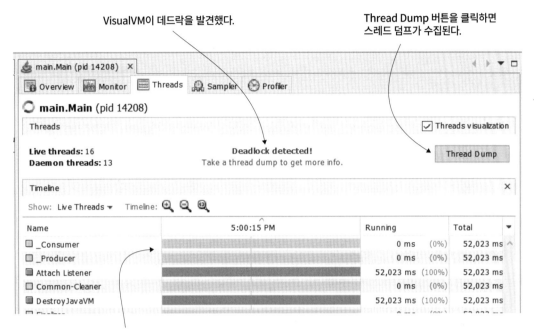

그림 10.2 하단 테이블을 보니 _Consumer 스레드, _Producer 스레드 둘 다 잠겼다.

그림 10.3은 스레드 덤프를 수집한 화면이다. 앱 스레드별 상세 정보(예: 수명 주기상 현재 상태, 스레드를 차단한 곳 등)가 일반 텍스트로 제공된다.

스레드 덤프는 활동 중인 스레드별 상세 정보를 제공한다.
프로듀서, 컨슈머 두 스레드도 여기서 찾을 수 있다.

그림 10.3 수집한 스레드 덤프를 보니 데드락에 빠진 두 스레드 _Consumer와 _Producer가 보인다.

NOTE 그림 10.3과 같은 스레드 덤프 텍스트를 처음 보았다면 눈에 금방 들어오지 않을 수 있다. 10.2절에서 스레드 덤프를 읽는 방법을 소개하겠다.

10.1.2 커맨드 라인에서 스레드 덤프 수집

커맨드 라인에서도 얼마든지 스레드 덤프를 얻을 수 있다. 특히, 원격 환경에 설치된 앱은 대부분 프로파일링 작업이 불가능하기 때문에 커맨드 라인으로 스레드 덤프를 가져와야 한다(4장에서도 언급했듯이 프로덕션 환경에서는 가급적 원격 프로파일링과 원격 디버깅을 하지 않는 게 좋다).

그림 10.4는 커맨드 라인에서 스레드 덤프를 얻는 방법이다.

1. 스레드 덤프를 얻으려는 프로세스 ID를 찾아본다.

2. 스레드 덤프를 텍스트 데이터(원시 데이터)로 가져와 파일로 저장한다.

3. 저장된 스레드 덤프 파일을 프로파일러 도구에서 로드하여 조사한다.

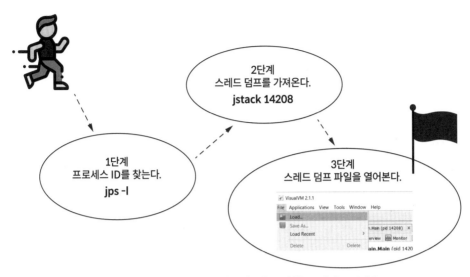

그림 10.4 커맨드 라인에서 스레드 덤프를 수집하는 3단계 프로세스

1단계: 스레드 덤프를 가져올 프로세스의 ID를 찾는다

지금까지는 프로파일링 대상 프로세스를 이름(메인 클래스명)으로 식별했지만, 커맨드 라인에서 스레드 덤프를 얻으려면 프로세스 ID가 필요하다. 실행 중인 자바 앱의 프로세스 ID(PID)는 어떻게 알아낼까? 가장 간단한 방법은 JDK에 내장된 jps 커맨드를 사용하는 것이다. jps -1를 실행하면 PID 및 그에 맞는 메인 클래스명이 화면에 출력된다. 프로세스를 식별하는 방법 자체는 6~9장에서 앱 실행을 프로파일링할 때 사용한 방법과 동일하다.

그림 10.5는 jps 커맨드를 실행한 결과다. 첫 번째 열의 숫자가 PID, 두 번째 열은 이 PID에 매핑된 메인 클래스명이다. 이런 식으로 2단계에서 스레드 덤프를 수집할 때 필요한 PID를 알아낸다.

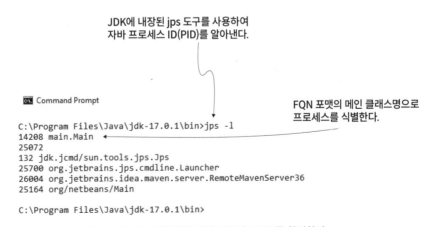

그림 10.5 jps로 실행 중인 자바 프로세스 PID를 확인한다.

2단계: 스레드 덤프 수집

스레드 덤프를 수집하려는 프로세스의 ID를 알아냈으면 이제 또 다른 JDK 내장 도구인 jstack 커맨드로 스레드 덤프를 생성할 차례다. 다음과 같이 jstack 다음에 프로세스 ID를 매개변수로 전달하여 실행한다(<<PID>> 자리에 1단계에서 찾은 실제 PID 값을 넣는다).

```
jstack <<PID>>
```

예를 들면, 다음과 같은 식이다.

```
jstack 14208
```

그림 10.6은 jstack 커맨드를 실행한 결과다. 스레드 덤프는 일반 텍스트(원시 스레드 덤프(raw thread dump)라고도 한다)로 제공되므로 파일에 저장해서 살펴보거나 다른 도구에서 로드하여 확인할 수 있다.

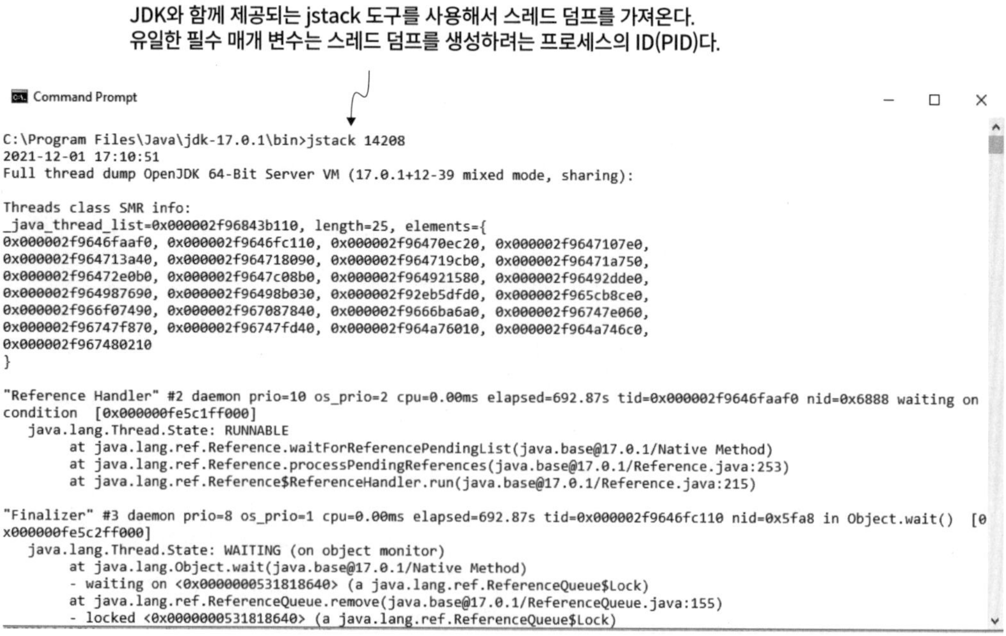

JDK와 함께 제공되는 jstack 도구를 사용해서 스레드 덤프를 가져온다.
유일한 필수 매개 변수는 스레드 덤프를 생성하려는 프로세스의 ID(PID)다.

```
C:\Program Files\Java\jdk-17.0.1\bin>jstack 14208
2021-12-01 17:10:51
Full thread dump OpenJDK 64-Bit Server VM (17.0.1+12-39 mixed mode, sharing):

Threads class SMR info:
_java_thread_list=0x000002f96843b110, length=25, elements={
0x000002f9646faaf0, 0x000002f9646fc110, 0x000002f96470ec20, 0x000002f9647107e0,
0x000002f964713a40, 0x000002f964718090, 0x000002f964719cb0, 0x000002f96471a750,
0x000002f96472e0b0, 0x000002f9647c08b0, 0x000002f964921580, 0x000002f96492dde0,
0x000002f964987690, 0x000002f96498b030, 0x000002f92eb5dfd0, 0x000002f965cb8ce0,
0x000002f966f07490, 0x000002f967087840, 0x000002f9666ba6a0, 0x000002f96747e060,
0x000002f96747f870, 0x000002f96747fd40, 0x000002f964a76010, 0x000002f964a746c0,
0x000002f967480210
}

"Reference Handler" #2 daemon prio=10 os_prio=2 cpu=0.00ms elapsed=692.87s tid=0x000002f9646faaf0 nid=0x6888 waiting on
condition  [0x000000fe5c1ff000]
   java.lang.Thread.State: RUNNABLE
        at java.lang.ref.Reference.waitForReferencePendingList(java.base@17.0.1/Native Method)
        at java.lang.ref.Reference.processPendingReferences(java.base@17.0.1/Reference.java:253)
        at java.lang.ref.Reference$ReferenceHandler.run(java.base@17.0.1/Reference.java:215)

"Finalizer" #3 daemon prio=8 os_prio=1 cpu=0.00ms elapsed=692.87s tid=0x000002f9646fc110 nid=0x5fa8 in Object.wait() [0
x000000fe5c2ff000]
   java.lang.Thread.State: WAITING (on object monitor)
        at java.lang.Object.wait(java.base@17.0.1/Native Method)
        - waiting on <0x0000000531818640> (a java.lang.ref.ReferenceQueue$Lock)
        at java.lang.ref.ReferenceQueue.remove(java.base@17.0.1/ReferenceQueue.java:155)
        - locked <0x0000000531818640> (a java.lang.ref.ReferenceQueue$Lock)
```

그림 10.6 jstack으로 주어진 프로세서의 스레드 덤프를 생성한다.

3단계: 스레드 덤프 파일을 프로파일러로 가져와서 읽기 쉽게 만들기

jstack 커맨드의 아웃풋인 스레드 덤프는 보통 파일 형태로 저장한다. 덕분에 파일을 자유롭게 이동, 복사하거나 차후 세부 정보를 조사하는 데 유용한 도구에서 임포트할 수 있다.

그림 10.7은 커맨드 라인에서 jstack 커맨드의 아웃풋을 파일로 지정하는 장면이다. 저장된 파일은 VisualVM의 [File] > [Load...] 메뉴에서 로드하면 된다.

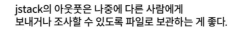

jstack의 아웃풋은 나중에 다른 사람에게
보내거나 조사할 수 있도록 파일로 보관하는 게 좋다.

```
Command Prompt

C:\Program Files\Java\jdk-17.0.1\bin>jstack 14208 > C:\MANNINGS\stack_trace.tdump

C:\Program Files\Java\jdk-17.0.1\bin>
```

VisualVM의 File > Load... 메뉴에서 저장된
스레드 덤프 파일을 로드하여 열 수 있다.

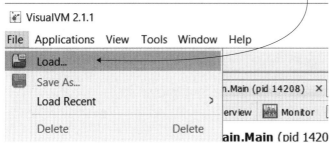

그림 10.7 파일로 저장된 스레드 덤프는 여러 도구에서 열어보고 조사할 수 있다.

10.2 스레드 덤프를 읽는 방법

이제, 스레드 덤프를 확보했으니 이제 문제의 원인을 효율적으로 찾는 분석 기법을 배울 차례다. 10.2.1절에서는 일반 텍스트 형태의 스레드 덤프를 읽는 법, 즉 jstack의 실행 결과인 원시 데이터를 어떻게 읽는지 설명한다. 그런 다음, 10.2.2절에서는 스레드 덤프 데이터를 더 알기 쉽게 시각화하는 fastThread(패스트스레드)[1]라는 도구의 사용법을 소개한다.

---

[1] https://fastthread.io

스레드 덤프를 어떤 식으로 읽든(일반 텍스트 형태이든, 고급 시각화 도구를 사용하든) 모든 방법을 알아두면 좋다. 물론, 누구든지 가능하면 시각적인 화면을 더 선호하겠지만, 고급 시각화 도구를 사용할 수 없을 때도 있기 때문에 원시 데이터도 읽을 줄 알아야 한다.

10.2.1 일반 텍스트 스레드 덤프

스레드 덤프를 수집하면 일반 텍스트 포맷의 파일을 얻게 된다. 고급 시각화 도구(10.2.2절)를 사용하면 좋겠지만 원시 스레드 덤프 파일을 생성한 환경에 따라 사용할 수 없는 경우도 있다. 따라서 개발자는 파일을 직접 읽는 방법을 알아 두어야 한다. 가령, 여러분이 커맨드 라인에서 어떤 컨테이너에 원격 접속해서 실행 중인 앱을 조사한다고 하자. 스레드 문제가 의심되어 스레드 덤프를 생성하면 커맨드 라인에서 덤프 파일에 있는 텍스트를 직접 보면서 문제의 원인을 추적할 수 있다.

예제 10.3은 스레드 덤프 파일의 수많은 스레드 중 하나다. 덤프가 만들어지는 시점에 앱에서 열심히 활동 중인 스레드에 관한 세부 정보가 기록된 것이다. 스레드에 관하여 얻을 수 있는 주요 정보는 다음과 같다.

- 스레드명
- 스레드 ID
- 네이티브 스레드 ID
- 운영체제 레벨의 스레드 우선순위(priority): 스레드가 소비한 총 CPU 시간
- 상태 설명
- 상태명
- 스택 트레이스
- 스레드를 차단한 곳
- 스레드가 획득한 락

제일 앞에 표시된 정보는 **스레드명**("_Producer")이다. 스레드명은 스레드 덤프에서 스레드를 식별하기 위해 꼭 필요한 정보다. JVM은 스레드마다 **스레드 ID**(tid=0x000002f964987690)를 부여한다. 개발자가 스레드명을 지정하기 때문에 여러 스레드가 동일한 이름을 중복으로 가질 가능성은 거의 없다. 설사 그런 일이 발생해도 스레드 덤프에서는 항상 유니크한 스레드 ID로 스레드를 식별할 수 있다.

JVM 앱에서 스레드는 시스템 스레드를 래핑한 것이므로 백그라운드에서 실행 중인 운영체제(OS) 스레드를 알 수 있다. 운영체제 스레드가 궁금하다면 **네이티브 스레드 ID**(nid=0xcac)를 찾아보라.

이렇게 스레드를 식별했다면 관심 있는 세부 정보를 살펴보자. 우선, 스레드 덤프에서는 **스레드 우선순위**(thread's priority), **CPU 실행 시간**(CPU execution time), **총 실행 시간**(total execution time), 이렇게 세 가지 정보를 얻을 수 있다. 모든 OS는 자기가 실행 중인 스레드마다 우선순위를 부여한다. 스레드 덤프에서 우선순위를 볼 일은 많지 않지만, 스레드가 예상보다 일을 많이 하지 않는데도 OS가 부여한 스레드 우선순위가 낮을 경우, 이것이 원인일 가능성이 있다. 이런 경우에 해당한다면 총 실행 시간이 CPU 실행 시간보다 훨씬 길게 나올 것이다. 7장에서 배웠듯이, 총 실행 시간은 스레드가 얼마나 오래 살아 있었는지, CPU 실행 시간은 스레드가 얼마나 잘 작동됐는지를 나타낸다.

상태 설명(state description)은 스레드에 무슨 일이 일어났는지 쉬운 영어로 알려주는 소중한 정보다. 예제 10.3에서 "_Producer" 스레드의 설명은 "waiting for monitor entry(모니터 진입 대기 중)"으로, 동기화 블록 입구에서 차단됐다는 뜻이다. 만약 "timed waiting on a monitor(지정된 시간 동안 모니터를 대기 중)"이면 지정된 시간 동안 잠자고 있거나 실행 중이라는 뜻이다. Running, Waiting, Blocked 등의 **상태명**(state name)은 해당 시점에 스레드가 어떤 상태인지 나타낸다(스레드 수명 주기와 스레드 상태에 관한 자세한 내용은 부록 D를 참고하라).

스레드 덤프에는 스레드별로 **스택 트레이스**가 기록되어 있어서 덤프가 생성된 시점에 스레드가 코드의 어느 부분을 실행 중이었는지 정확히 알 수 있다. 스택 트레이스는 스레드가 무슨 일을 하고 있었는지 알려주는 매우 소중한 정보로, 추가 디버깅해야 할 코드를 특정하거나, 느린 스레드의 경우에는 무엇이 스레드를 지연/차단시켰는지 짚어낼 수 있다.

마지막으로, 락을 획득하거나 잠긴 스레드는 **어떤 락을 획득하고 어떤 락을 대기 중이었는지** 알 수 있다. 이러한 정보는 데드락을 조사할 때마다 요긴하게 쓰인다. 또한 최적화 힌트도 덤프로 얻을 수 있다. 예를 들어 어떤 한 스레드가 여러 락을 획득한 경우, 실행을 그렇게 많이 차단한 이유를 파악하고 그렇게 하지 않는 방향으로 로직을 변경할 수 있을 것이다.

예제 10.3 스레드 덤프에 기록된 스레드의 내부 구조

```
 "_Producer" #16 prio=5 os_prio=0 cpu=46.88ms elapsed=763.96s     ◄─── 스레드명, 리소스 소비, 실행 시간 등 세부 정보
   ➥ tid=0x000002f964987690 nid=0xcac waiting for monitor entry   ◄─── 스레드 ID, 상태 설명
   ➥ [0x000000fe5ceff000]
```

```
java.lang.Thread.State: BLOCKED (on object monitor)  ◄──── 스레드 상태
at main.Producer.run(Unknown Source)  ◄──── 스택 트레이스                    현재 스레드를 차단한
 - waiting to lock <0x000000052e0313f8> (a java.util.ArrayList)  ◄──┘      락 ID와 모니터 객체 타입
 - locked<0x000000052e049d38>(ajava.util.ArrayList)  ◄──── 현재 스레드가 소유한 락 ID
```

스레드 덤프는 9장에서 설명한 여느 락 프로파일링만큼이나 많은 세부 정보를 제공한다는 점을 기억하기 바란다. 락 프로파일링은 실행의 동적 메커니즘을 보여주는 특유의 이점이 있다. 스레드 덤프는 특정 시점의 스냅숏을 찍고 프로파일링은 실행 중 매개변수가 어떻게 변하는지 보여준다는 점에서 마치 사진과 영화의 관계와 비슷하다. 하지만 많은 경우, 사진 한 장만 보면 문제의 원인을 찾는 데 충분하다.

NOTE 프로파일러 대신 스레드 덤프를 보는 것만으로도 충분할 때가 많다.

어느 시점에 어떤 코드가 실행되는지 알고 싶다면 스레드 덤프만 봐도 충분하다. 여러분은 이미 이러한 목적으로 샘플링을 사용하는 방법을 배웠지만, 스레드 덤프로도 얼마든지 가능하다는 사실을 알아두면 좋다. 원격으로 앱을 프로파일링할 권한이 없는 경우, 스레드 덤프를 수집해 읽어보면 어떤 코드가 실행되는지 알 수 있다.

이번에는 스레드 덤프를 사용하여 스레드 간의 관계를 알아내는 방법을 살펴보자. 여러 스레드 사이의 상호작용은 어떻게 분석할 수 있을까? 여기서 관심사는 서로 상대방을 잠그는 스레드다. 예제 10.4는 이미 우리가 데드락 상태에 빠졌다고 알고 있는 두 스레드의 덤프를 수집한 것이다. 하지만 이 두 스레드가 데드락에 빠졌다는 사실을 어떻게 덤프를 보고 알 수 있을까?

데드락이 의심될 경우, 스레드가 유발한 락에 초점을 맞춰 조사해야 한다(그림 10.8).

1. 차단되지 않은 스레드를 모두 필터링하여 데드락을 일으킬 만한 스레드에 집중한다.
2. 첫 번째 후보 스레드(1단계에서 통과한 스레드)부터 차단을 일으킨 원인에 해당하는 락 ID를 찾아본다.
3. 락을 일으킨 스레드를 찾고 그 스레드를 차단시킨 대상을 체크한다. 이런 식으로 하다가 만약 처음 조사한 스레드로 돌아가면 지금까지 분석한 모든 스레드가 데드락에 빠진 것이다.

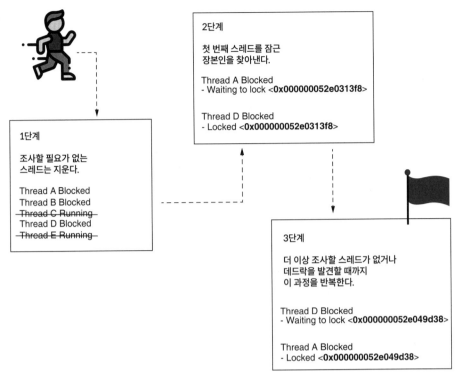

그림 10.8 스레드 덤프를 이용해 데드락을 찾아내는 3단계 프로세스

1단계 : 잠기지 않은 스레드는 필터링한다

먼저, 데드락을 일으킨 후보 스레드에만 집중할 수 있게 잠기지 않은 스레드는 모두 필터링한다. 하나의 스레드 덤프에만 스레드가 수십 개는 등장할 텐데, 차단된 스레드에만 집중하려면 노이즈를 제거해야 한다.

2단계 : 첫 번째 후보 스레드를 가져와 그것을 차단시킨 스레드를 찾는다

첫 번째 후보 스레드부터 해당 스레드를 대기시킨 ID를 찾아본다. [] 사이에 있는 스트링이 락 ID다(예제 10.4에서 "_Producer"는 ID가 0x000000052e0313f8인 락을 대기한다).

3단계 : 다음 스레드를 차단하는 스레드를 찾는다

이 과정을 반복한다. 언젠가 이미 조사한 스레드에 도달하게 되면 데드락을 찾은 것이다.

예제 10.4 상대방을 서로 잠근 스레드 찾기

```
"_Producer" #16 prio=5 os_prio=0 cpu=46.88ms
↪ elapsed=763.96s tid=0x000002f964987690
↪ nid=0xcac waiting for monitor entry [0x000000fe5ceff000]
  java.lang.Thread.State: BLOCKED (on object monitor)
   at main.Producer.run(Unknown Source)
   - waiting to lock <0x000000052e0313f8> ◄────
↪ (a java.util.ArrayList)
   - locked <0x000000052e049d38>
↪ (a java.util.ArrayList)

"_Consumer" #18 prio=5 os_prio=0 cpu=0.00ms
↪ elapsed=763.96s tid=0x000002f96498b030
↪ nid=0x4254 waiting for monitor entry [0x000000fe5cfff000]
  java.lang.Thread.State: BLOCKED (on object monitor)
   at main.Consumer.run(Unknown Source)
   - waiting to lock <0x000000052e049d38> (a java.util.ArrayList) ◄────
   - locked <0x000000052e0313f8> (a java.util.ArrayList)
```

_Producer 스레드는 _Consumer 스레드가 소유한
락(0x000000052e0313f8)을 기다린다.

_Consumer 스레드는
_Producer 스레드가
소유한 락
(0x000000052e049d38)을
기다린다.

이 예제는 두 스레드가 서로 상대방을 잠근 단순한 데드락 케이스다. 앞서 설명한 3단계 프로세스를 따라한 결과, _Producer 스레드가 _Consumer 스레드를 차단한 동시에 _Consumer 스레드가 _Producer 스레드를 차단한 것으로 밝혀졌다. 둘 이상의 스레드가 개입된 경우에는 더욱 복잡한 데드락에 빠질 수 있다. 예를 들어, 스레드 A가 스레드 B를 차단하고, 스레드 B가 스레드 C를 차단하고, 스레드 C가 스레드 A를 차단하는 식으로, 꼬리에 꼬리를 물고 서로를 잠근 긴 스레드 체인이 형성되기도 한다. 이렇게 데드락에 걸린 스레드 체인이 길면 길수록 데드락을 확인하고 조치하기가 어려워진다. 그림 10.9는 복잡한 데드락과 단순한 데드락의 차이점을 나타낸 것이다.

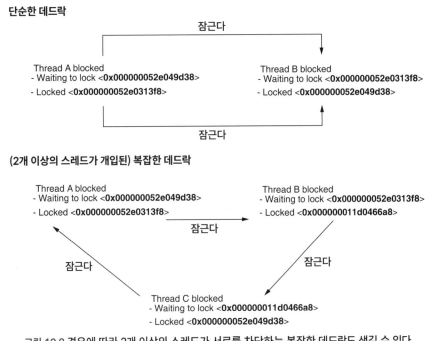

단순한 데드락

잠근다

Thread A blocked
- Waiting to lock <**0x000000052e049d38**>
- Locked <**0x000000052e0313f8**>

Thread B blocked
- Waiting to lock <**0x000000052e0313f8**>
- Locked <**0x000000052e049d38**>

잠근다

(2개 이상의 스레드가 개입된) 복잡한 데드락

Thread A blocked
- Waiting to lock <**0x000000052e049d38**>
- Locked <**0x000000052e0313f8**>

Thread B blocked
- Waiting to lock <**0x000000052e0313f8**>
- Locked <**0x000000011d0466a8**>

잠근다

잠근다

잠근다

Thread C blocked
- Waiting to lock <**0x000000011d0466a8**>
- Locked <**0x000000052e049d38**>

그림 10.9 경우에 따라 2개 이상의 스레드가 서로를 차단하는 복잡한 데드락도 생길 수 있다.
스레드가 늘어날수록 복잡도 역시 증가한다.

그림 10.10과 같은 **연속 차단 스레드**(cascading blocked thread)는 방금 전의 복잡한 데드락과 모양이 비슷해서 헷갈리기 쉽다. 연속 차단 스레드 역시 찾는 과정은 일반 데드락과 동일하다. 단, 일반 데드락은 스레드 중 하나가 체인상의 다른 스레드에 의해 차단된 것인 반면, 연속 차단 스레드는 여러 스레드 중 하나가 외부 이벤트를 기다리며 나머지 스레드 역시 모두 기다리게 만드는 형태다.

연속 차단 스레드는 일반적으로 멀티스레드 아키텍처를 잘못 설계했다는 방증이다. 멀티스레드 기반의 앱을 설계할 때에는 앱이 동시에 작업을 처리할 수 있도록 스레딩을 구현해야 하는데, 스레드가 서로를 기다리게 만들었다는 것 자체가 멀티스레드 아키텍처의 사상과 맞지 않는다. 물론, 멀티스레드 아키텍처에서도 한 스레드가 다른 스레드를 기다리도록 해야 할 경우가 있지만, 연속 차단 스레드 형태로 길게 늘어진 스레드 체인은 바람직하지 않다.

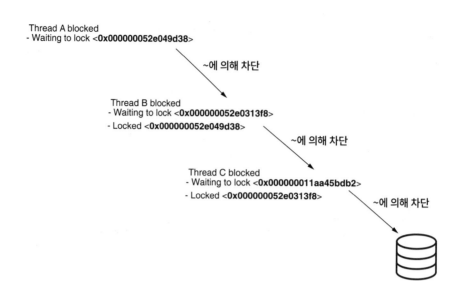

Thread A blocked
- Waiting to lock <**0x000000052e049d38**>

~에 의해 차단

Thread B blocked
- Waiting to lock <**0x000000052e0313f8**>
- Locked <**0x000000052e049d38**>

~에 의해 차단

Thread C blocked
- Waiting to lock <**0x000000011aa45bdb2**>
- Locked <**0x000000052e0313f8**>

~에 의해 차단

그림 10.10 연속 차단 스레드는 여러 스레드가 서로를 기다리는 체인에 들어가는 경우 생긴다.
보통 체인의 마지막 스레드는 데이터 소스에서 읽거나 엔드포인트를 호출하는 등의 외부 이벤트로 인해 차단된다.

10.2.2 도구를 활용하여 스레드 덤프 읽기

스레드 덤프에 기록된 일반 텍스트는 유용한 정보지만 그대로 읽기는 다소 어려운 편이다. 그래서 사람들은 대부분 스레드 덤프의 데이터를 시각화하여 살펴보는 방법을 선호한다. 요즘은 스레드 덤프를 쉽게 이해할 수 있게 도와주는 도구가 많은데, 나는 보통 스레드 덤프를 수집한 뒤 fastThread 같은 도구에서 분석하는 편이다.

fastThread는 스레드 덤프를 편하게 읽을 수 있게 설계된 웹 도구다. 유료 버전이 따로 있지만, 경험상 지금까지 무료 버전으로도 충분했다. 스레드 덤프 파일을 업로드하고 잠시 기다리면 필요한 세부 정보가 알아보기 쉬운 형태로 가공되어 표시된다. 그림 10.11은 스레드 덤프 파일을 업로드할 수 있는 fastThread 사이트의 시작 페이지다.

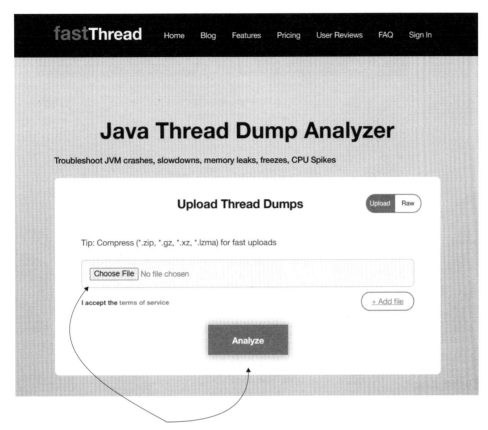

스레드 덤프 파일을 업로드하고
[Analyze] 버튼을 클릭한다.

그림 10.11 로컬에서 수집한 스레드 덤프 파일을 업로드하면 알아보기 쉬운 형태로
세부 정보가 변환되어 스레드 분석에 용이하다.

fastThread는 데드락 감지, 디펜던시 그래프, 스택 트레이스, 리소스 소비, 그리고 플레임 그래프까지 스레드 덤프의 다양한 세부 정보를 제공한다(그림 10.12).

데드락 감지, 스레드당 CPU 소비율, 플레임 그래프 등
여러 가지 시각화 위젯을 제공한다.

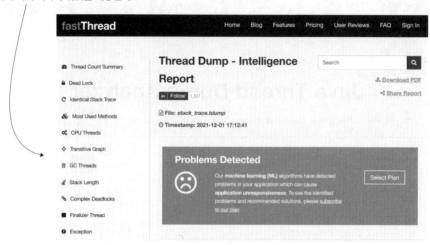

그림 10.12 fastThread는 다양한 정보를 읽기 쉬운 포맷으로 변환하는 서비스를 제공한다.

그림 10.13은 fastThread 화면에서 데드락을 식별하는 과정이다.

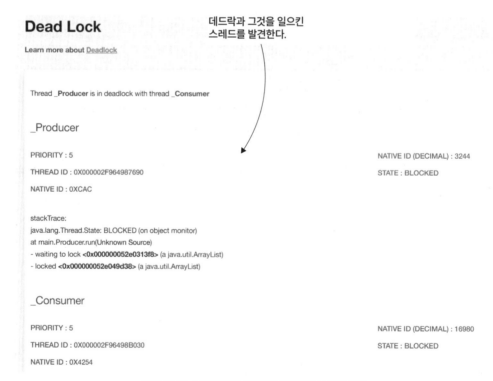

그림 10.13 스레드 덤프 파일의 데이터를 분석한 다음,
_Producer 및 _Consumer 스레드가 일으킨 데드락을 발견하여 세부 정보를 제공한다.

요약

- 데드락은 둘 이상의 스레드가 서로 상대방을 기다리며 차단되는 현상이다. 이런 상태에 빠지면 앱은 보통 그대로 멈춰 더 이상 실행을 할 수 없게 된다.

- 데드락이 발생한 시점에 앱의 모든 스레드 상태를 보여주는 스레드 덤프를 수집하면 근본적인 원인을 찾을 수 있다. 스레드 덤프를 읽어보면 어떤 스레드가 다른 스레드를 기다리는지 알 수 있다.

- 스레드 덤프에는 스레드별 리소스 소비량, 스택 트레이스 같은 세부 정보가 남아 있다. 따라서 굳이 프로파일링까지 하지 않아도 스레드 덤프만 있어도 충분한 경우가 많다. 스레드 덤프와 프로파일링의 관계는 사진과 영화에 비유할 수 있다. 스레드 덤프는 정지된 이미지를 캡처한 것이므로 실행 흐름은 놓칠 수 있지만 문제를 파악하는 데 유용한 정보가 풍부하게 담겨 있다.

- 스레드 덤프는 덤프를 수집한 시점에 앱에서 실행 중인 스레드와 관련된 정보를 캡처한다. 리소스 소비량, 스레드 상태, 스레드의 대기 여부, 스레드가 어떤 락을 일으키거나 반대로 락의 영향을 받았는지 등의 필수 정보를 일반 텍스트 포맷으로 제공한다.

- 스레드 덤프는 프로파일러 또는 커맨드 라인에서 수집할 수 있다. 프로파일러를 이용하는 것이 가장 쉬운 방법이지만, 네트워크 제약 조건 등의 사유로 실행 중인 프로세스에 프로파일러를 연결할 수 없을 때에는 커맨드 라인에서 덤프를 수집하면 된다. 스레드 덤프가 있으면 실행 스레드와 그들 간의 관계를 조사할 수 있다.

- 일반 텍스트 포맷의 스레드 덤프는 그냥 읽으려면 부담스러울 수 있다. fastThread 같은 도구를 활용하면 세부 사항을 시각화하여 확인할 수 있다.

11

앱 실행 중
메모리 관련 이슈 찾기

이 장의 주요 내용

- 실행 샘플링을 수행하여 메모리 할당 문제 찾기
- 코드 일부를 프로파일링해서 메모리 할당 문제의 근원 식별
- 힙 덤프를 수집해서 읽는 방법

모든 앱은 데이터를 처리하는 동안 시스템 메모리의 일부를 할당받아 데이터를 보관해야 한다. 그런데 이 메모리는 무한정 사용 가능한 리소스가 아니다. 시스템에서 실행되는 모든 앱은 한정된 메모리 공간을 사용할 수밖에 없는 운명이므로 앱에서 현명하게 메모리를 관리하지 않으면 메모리가 고갈되어 원하는 바를 달성할 수 없을 것이다. 메모리가 부족하지 않더라도 메모리를 너무 많이 사용하면 앱 속도가 저하되는 등 여러모로 성능 문제가 불거지기 마련이다.

메모리에 데이터를 할당하는 로직을 최적화하지 않으면 앱 실행 속도가 느려질 수 있다. 만약 시스템이 할당한 양보다 더 많은 메모리를 필요로 하게 되면 결국 앱은 작동을 멈추고 예외를 던질 것이다. 따라서 실행 속도가 점점 느려지다가 앱이 완전히 다운되는 불상사를 예방하려면 처음부터 메모리를 최선으로 활용하도록 앱을 구현해야 한다. 앱이 비효율적으로 메모리 관리를 수행하면 GC가 더 자주 실행되어 CPU 사용량이 증가하는 문제도 있다.

어떤 앱이든지 리소스, 즉 CPU(처리 능력)와 메모리를 효율적으로 관리하는 일이 중요하다. 7~10장까지 CPU 소비와 관련된 문제를 조사하는 방법을 다루었다면, 이번 장에서는 메모리에 데이터를 할당하는 앱 로직의 문제를 조사하는 방법을 중점적으로 살펴보겠다.

11.1절에서는 메모리 사용량 통계치를 얻기 위해 실행 샘플링과 프로파일링을 수행하는 방법을 설명한다. 앱의 메모리 사용 패턴에 문제가 있는지, 앱의 어느 부분이 문제를 일으키는지 알아내는 방법을 배울 것이다. 다음으로 11.2절에서는 할당된 메모리의 전체 덤프(힙 덤프)를 수집하여 그 내용을 분석한다. 잘못된 메모리 관리 로직 때문에 앱 크래시가 발생하면 실행 프로파일링이 불가능하지만, 문제가 발생한 시점에 앱에 할당된 메모리의 내용을 캡처하여 분석하면 근본 원인을 파악하는 데 유용하다.

자바 메모리 관리 개념을 잘 모르는 독자는 먼저 부록 E를 읽어 기본 개념을 학습한 다음 이 장을 계속 읽기를 권한다.

11.1 샘플링과 프로파일링으로 메모리 이슈 진단

da-ch11-ex1 프로젝트에는 할당된 메모리를 과도하게 쓰는 결함을 지닌 작은 앱이 있다. 이 예제 앱을 통해 메모리 할당에 관한 문제를 어떻게 식별하는지, 그리고 메모리를 보다 효율적으로 사용하도록 최적화하려면 어느 코드를 어떻게 고쳐야 할지 알아보자.

지금 개발 중인 앱에서 어떤 기능이 특히 느리게 실행되는 현상이 발견됐다고 가정해보자. 6장에서 배운 기법으로 리소스 소비 패턴을 분석한 결과, 이 앱은 '일'을 그렇게 자주 하는 편은 아닌데 (즉, CPU 리소스 사용량은 별로 많지 않은데) 메모리는 아주 많이 사용하고 있는 것으로 나타났다. 앱이 메모리를 너무 많이 사용하면 JVM이 GC를 자주 트리거하게 되고 그만큼 CPU도 더 많이 쓸 것이다(GC는 메모리에서 불필요한 데이터를 자동으로 비우는 메커니즘으로, 자세한 내용은 부록 E를 참고하기 바란다).

그림 11.1을 보자. 6장에서 리소스 소비를 분석하는 방법을 이야기할 때 VisualVM의 Monitor 탭에서 앱의 리소스 소비 추이를 지켜본 일을 기억할 것이다. 그래프를 보니 앱이 메모리를 갑자기 많이 소비하기 시작하는 시점이 눈에 띈다.

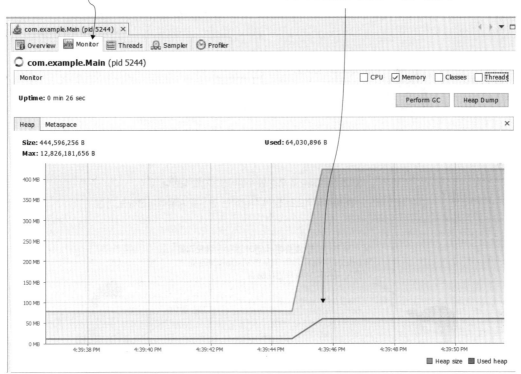

Monitor 탭에서 우측 Memory 체크박스를 선택하여
메모리 사용량을 모니터링한다.

엔드포인트를 호출하니 메모리 사용량이 급증했고,
이에 따라 JVM은 최대 힙 크기를 조정했다.

그림 11.1 앱이 어느 구간에서 평소보다 메모리를 많이 소비하는지 알 수 있는데,
비정상적인 메모리 사용 패턴을 보일 경우 메모리 프로파일링을 진행해서 원인을 밝혀야 한다.

이 작은 앱에 구현된 엔드포인트를 호출할 때 URL에 숫자를 전달하면 그 개수만큼 객체 인스턴스를 생성한다. 우선, 실험을 진행하기에 충분히 많은 백만 개 정도의 객체를 생성하도록 요청하자. 그리고 앱이 이 요청을 실행할 때 어떤 일이 벌어지는지 프로파일러를 통해 살펴보자. 어떤 앱이 메모리 리소스를 많이 사용하면 실제로 어떻게 되는지 시뮬레이션해보려는 의도다(그림 11.2).

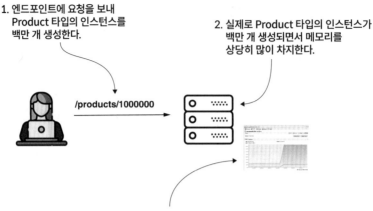

그림 11.2 메모리를 비정상적으로 많이 사용하는 경우를 시뮬레이션하는 과정

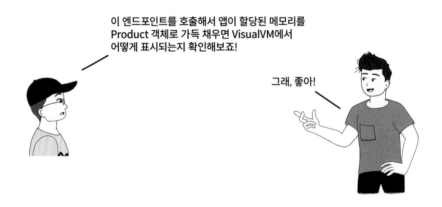

시뮬레이션 절차는 다음과 같다.

1. da-ch11-ex1 프로젝트의 앱을 시작한다.

2. VisualVM을 시작한다.

3. da-ch11-ex1 프로젝트에 해당하는 프로세스를 VisualVM에서 선택한다.

4. VisualVM의 Monitor 탭으로 이동한다.

5. `/products/1000000` 엔드포인트를 호출한다.

6. VisualVM의 Memory 탭에서 메모리 위젯을 관찰한다.

Monitor 탭의 그래프를 보면 앱이 상당히 많은 메모리 리소스를 사용하고 있다. 그림 11.1과 닮은 꼴이다. 이렇게 메모리 리소스가 심하게 낭비되는 것 같을 때에는 어떻게 해야 할까? 후속 조사 프로세스는 크게 두 단계로 나뉜다.

1. 메모리를 샘플링하여 앱이 저장하는 객체 인스턴스에 관한 세부 정보를 얻는다.
2. 메모리를 프로파일링하여 실행 중인 코드의 특정 부분에 대해 추가적인 세부 정보를 얻는다.

7~9장에서 CPU 리소스 소비 패턴을 살펴보았던 것과 마찬가지로 샘플링을 수행하여 어떤 일이 벌어지는지 살펴보자. VisualVM에서 Sampler 탭을 선택한 다음 Memory 버튼을 클릭하면 메모리 사용량 샘플링 세션이 시작된다. 엔드포인트를 호출하고 실행이 완료될 때까지 기다리면 잠시 후 VisualVM 화면에 앱이 할당한 객체가 표시될 것이다.

메모리를 대부분 차지한 주범은 누구일까? 대부분 아마 다음 둘 중 하나일 것이다.

- 특정 타입의 객체 인스턴스가 많이 생성되어 메모리를 가득 채운다(예제는 여기에 해당한다).
- 특정 타입의 인스턴스가 많지는 않지만 인스턴스 하나하나가 매우 크다.

수많은 인스턴스가 메모리를 꽉 채우는 일은 알겠는데, 후자처럼 소수의 덩치 큰 인스턴스가 메모리 대부분을 차지할 가능성도 있을까? 대용량 동영상 파일을 처리하는 앱을 떠올리면 된다. 한 번에 2-3개의 파일을 로드하지만 동영상 파일은 용량이 워낙 커서 메모리를 가득 채울 수 있다. 이런 경우에는 앱이 전체 파일을 한꺼번에 메모리에 로드하지 않고 한 번에 일부만 로드하는 방식으로 최적화할 여지는 없는지 살펴볼 필요가 있다.

당연히 조사를 시작할 때에는 둘 중 어디에 해당되는지 모른다. 나는 보통 메모리 사용량과 인스턴스 개수의 내림차순으로 정렬하여 확인한다. 그림 11.3은 VisualVM에서 샘플링한 타입별로 사용 메모리양과 인스턴스 개수가 표시된 화면이다. 테이블의 두 번째, 세 번째 열을 기준으로 내림차순 정렬한 것이다.

그림 11.3은 이 테이블을 Live Bytes(점유 공간)의 내림차순으로 정렬한 것이다. 첫 번째 열에 앱의 코드베이스에 있는 각종 객체 타입들이 있는데, 프리미티브나 스트링(또는 각각의 배열) 타입은 찾아볼 필요가 없다. 이들은 일종의 부산물로 생성되는 객체라서 대개 테이블 맨 위에 위치하지만, 문제에 대한 단서를 제공하는 경우는 드물다. 테이블을 들여다보니 **Product** 타입이 문제를 일으킨 장본인임에 틀림없다. 이 객체가 메모리를 상당 부분 차지하고 있으며, Live Objects 열을 보니 이 타입의 인스턴스만 백만 개나 생성되었다.

실행 중에 생성된 타입별 총 인스턴스 개수가 필요할 경우에는 프로파일링 기법이 필요한데, 사용법은 이 장 뒷부분에서 다시 설명하겠다.

이 앱은 예시일 뿐이지만 실제 앱이라면 단순히 점유 공간 순으로 정렬하는 것만으로는 충분하지 않을 수도 있다. 인스턴스 개수가 많아서 문제인지, 아니면 인스턴스 하나가 공간을 많이 차지해서 문제인지 구별해야 한다. 물론, 이 예시는 누가 봐도 명백하지만 실제 앱에서는 모호할 수 있으므로 항상 인스턴스 개수의 내림차순으로 정렬 후 확인하는 것이 좋다. 그림 11.4는 샘플링한 데이터를 앱에서 생성된 타입별 인스턴스 개수의 내림차순으로 정렬한 화면이다. 여기서도 Product 타입이 맨 위에 있다.

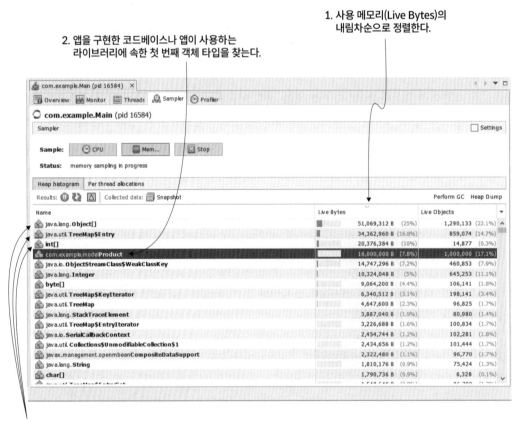

그림 11.3 샘플링한 데이터를 Live Bytes 열의 내림차순으로 정렬하여 메모리를 가장 많이 차지한 객체를 찾는다.

NOTE 프로파일링 도구에서 Live Objects라고 명명된 까닭은 샘플링이 메모리에 아직 살아남은 인스턴스만 표시하기 때문이다.

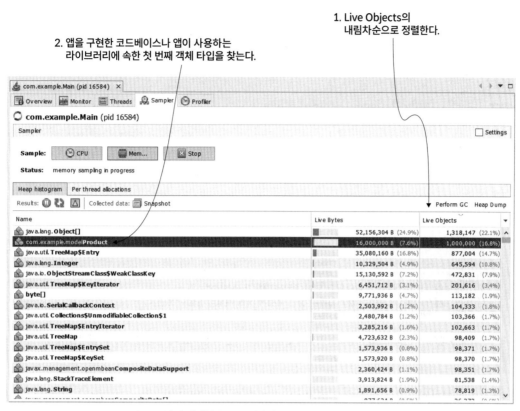

그림 11.4 Live Object 열의 내림차순으로 정렬하여 가장 많은 객체를 생성한 타입을 찾는다.

샘플링만으로 충분한 실마리를 얻을 수도 있지만, 앱의 어느 코드가 문제가 된 객체를 생성하는지 알 수 없을 때가 있다. 그러면 프로파일링을 통해 잠재적으로 문제가 될 만한 인스턴스를 어느 코드가 생성했는지 자세한 정보를 얻을 수 있다. 물론, 프로파일링을 수행할 때에는 먼저 그 대상이 무엇인지 알고 있어야 한다는 점을 명심하라. 그래서 항상 샘플링부터 시작하는 것이다.

Product 타입의 객체에 문제가 있음을 알았으니 이 타입을 대상으로 프로파일링을 수행하자. 7~9장과 마찬가지로 앱의 어디를 프로파일링할지는 표현식을 사용하여 지정한다. 그림 11.5에서 프로파일링 대상을 Product 타입으로 한정했다. 우측 Memory settings 텍스트박스(textbox)에 클래스의 FQN(패키지 및 클래스명)을 입력한다.

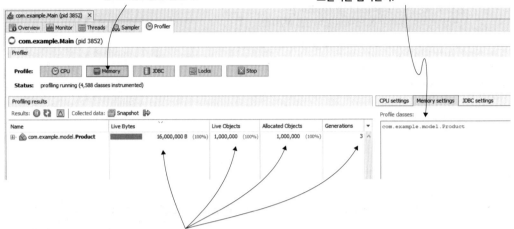

2. 프로파일링을 시작한 후
엔드포인트를 호출한다.

1. 메모리 프로파일링 대상 객체를 가리키는
표현식을 입력한다.

3. 프로파일링 세션 중에 실행과 연관된 세부 정보가 표시된다.
해당 타입에 얼마나 많은 메모리가 할당되고, 얼마나 많은 객체가 생성되었는지,
얼마나 많은 객체가 가비지로 수집되었고 얼마나 많은 객체가 아직 메모리에 남아 있는지,
그리고 GC는 몇 번이나 메모리에서 객체를 제거하려고 시도했는지 등의 정보를 얻을 수 있다.

그림 11.5 패키지나 클래스를 지정하고 프로파일링을 시작하면 사용 메모리, 생성된 객체 수, 할당된 객체 수,
GC 세대(generation) 수 등 주어진 타입의 관한 세부 정보를 얻을 수 있다.

CPU 프로파일링(8장)과 마찬가지로 한 번에 더 많은 타입을 지정할 수도 있고 전체 패키지를 지정하는 것도 가능하다. 가장 많이 쓰이는 표현식은 다음과 같다.

- **FQN[1] 포맷의 특정 타입**(예: com.example.model.Product): 주어진 타입만 검색한다.

- **특정 패키지**(예: com.example.model.*): com.example.model 패키지에 선언된(그 하위 패키지에는 속하지 않은) 모든 타입을 검색한다.

- **특정 패키지와 그 하위 패키지 전체**(예: com.example.**): com.example 패키지와 그 하위 패키지 전체에 속한 모든 타입을 검색한다.

NOTE 프로파일링하려는 타입의 범위는 가급적 좁히는 것이 좋다. 가령, Product 타입의 객체가 문제라는 사실을 알았다면 이 타입만 프로파일링하라.

라이브 객체(해당 타입으로 여전히 메모리에 존재하는 인스턴스) 외에도 앱이 생성한 해당 타입의 총 인스턴스 수와 그 인스턴스가 GC에서 '생존한' 횟수(**세대**(generation)라고 한다)까지 알 수 있다.

---

1 [옮긴이] fully qualified name. 호출 콘텍스트에 관계없이 호출이 참조하는 개체, 함수 또는 변수를 지정하는 명확한 이름(출처: 위키백과)

이러한 정보도 가치는 있지만 어느 코드가 객체를 생성하는지 알아내는 일이 급선무다. 그림 11.6 에서 알 수 있듯이, 테이블 좌측의 [+] 아이콘을 클릭하면 프로파일링한 각 타입의 객체가 생성된 위치가 표시된다. 계단식으로 펼쳐진 목록을 따라 올라가면 문제의 근본 원인을 재빠르게 파악할 수 있다.

프로파일링한 객체 타입마다 실행 도중 해당 객체를 생성한 코드가 표시되므로 문제의 원인을 찾아낼 수 있다.

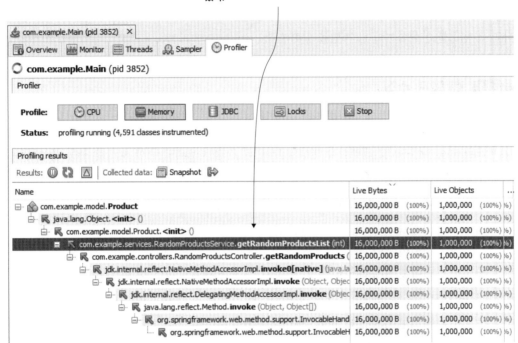

그림 11.6 스택 트레이스를 따라가면 문제를 일으킨 인스턴스를 앱 어디에서 만들었는지 쉽게 찾을 수 있다.

11.2 힙 덤프를 수집하여 메모리 누수가 발생하는 곳 찾기

실행 중인 앱은 프로파일링을 수행하여 최적화할 만한 기능을 식별할 수 있다. 그러나 앱 크래시 가 발생하여 중단됐고 그 원인이 메모리 할당 문제라고 의심되는 경우에는 어떻게 해야 할까? 앱 크래시는 대부분 메모리 누수, 즉 메모리에 생성한 객체가 더 이상 필요 없는데도 앱이 메모리를 정상적으로 비우지 못하여 일어나는 현상이다. 메모리 공간은 한정되어 있으므로 객체를 계속 할 당하면 언젠가는 가득 차 결국 런타임에 OOM 에러가 나면서 앱이 멈춘다.

하지만 실행이 중단된 앱에 프로파일러를 붙일 수는 없는 노릇이다. 방법이 없을까? 있다, 앱 크래시 발생 시점에 힙 메모리의 스냅숏을 찍은 **힙 덤프**를 이용하는 것이다. 힙 덤프는 사실 언제라도 수집할 수 있지만, 앱 크래시가 발생하거나 권한 문제로 프로세스를 프로파일링할 수 없는 경우에 특히 유용하다.

11.2.1절에서는 힙 덤프를 가져오는 세 가지 방법을 소개하고, 11.2.2절에서는 힙 덤프로 메모리 할당 문제와 근본 원인을 짚어내는 요령을 설명한다. 11.2.3절에서는 객체 쿼리 언어(Object Query Language, OQL)라는, SQL과 비슷하지만 DB 대신 힙 덤프의 데이터를 쿼리하는 쿼리 언어를 사용하여 힙 덤프를 분석하는 고급 기법을 살펴본다.

11.2.1 힙 덤프 수집

힙 덤프는 다음 세 가지 방법으로 가져올 수 있다.

- 메모리 이슈 때문에 앱 크래시가 발생할 때 미리 지정된 위치에서 힙 덤프를 자동 생성하도록 설정한다.
- 프로파일링 도구(예: VisualVM)를 사용한다.
- 커맨드 라인 도구(예: jcmd 또는 jmap)를 사용한다.

힙 덤프는 프로그래밍 방식으로도 얻을 수 있다. 일부 프레임워크는 힙 덤프를 생성하는 기능을 제공하므로 개발자가 앱 모니터링 도구에 통합하여 사용할 수 있다. 이에 관한 자세한 내용은 자바 공식 API 문서[2]의 `HotSpotDiagnosticMXBean` 클래스를 참조하기 바란다.

da-ch11-ex1 프로젝트의 앱은 바로 이 `HotSpotDiagnosticMXBean` 클래스를 사용해서 힙 덤프를 생성한다. 이 앱이 제공한 다음 엔드포인트를 cURL이나 포스트맨으로 호출하면 힙 덤프 파일이 생성된다.

```
curl http://localhost:8080/jmx/heapDump?file=dump.hprof
```

---

2 http://mng.bz/19XZ

메모리 문제 발생 시 힙 덤프가 자동 생성되도록 앱 설정

앱 크래시는 보통 메모리 할당 문제로 인해 발생하므로 그 시점에 항상 힙 덤프가 알아서 생성되도록 앱을 설정하는 경우가 많다. 설정 방법은 간단하다. 앱을 시작할 때 JVM 인수를 몇 개 추가하면 된다.

```
-XX:+HeapDumpOnOutOfMemoryError
-XX:HeapDumpPath=heapdump.bin
```

첫 번째 인수 -XX:+HeapDumpOnOutOfMemoryError는 힙 메모리가 가득 차 앱에서 OOM 에러가 발생할 때 자동으로 힙 덤프를 생성하도록 지시한다. 두 번째 XX:HeapDumpPath=heapdump.bin은 덤프 파일을 저장할 파일 시스템 경로를 지정한 것이다. 상대 경로로 지정하면 heapdump.bin이라는 이름의 덤프 파일이 클래스 패스 루트에서 실행 중인 앱과 가장 가까운 경로에 생성된다. 이 경로에 앱이 파일을 쓸 수 있도록 앱을 실행한 유저에 '쓰기' 권한을 부여해야 한다.

다음은 앱을 실행하는 전체 커맨드다.

```
java -jar -XX:+HeapDumpOnOutOfMemoryError
↪ -XX:HeapDumpPath=heapdump.bin app.jar
```

이제 da-ch11-ex2 프로젝트의 앱을 사용해서 메모리가 가득 찰 때까지 Product 타입의 인스턴스를 마구마구 추가해보자.

예제 11.1 힙 메모리가 가득 찰 만큼 인스턴스를 많이 생성한다. File da-ch11-ex2/src/main/java/main/Main.java

```java
public class Main {

  private static List<Product> products = new ArrayList<>();

  public static void main(String[] args) {
    Random r = new Random();
    while (true) {     ◀──  무한 반복 루프
      Product p = new Product();
      p.setName("Product " + r.nextInt());
      products.add(p);     ◀──  메모리가 가득 찰 때까지 인스턴스를 리스트에 추가한다.
    }
  }
}
```

Product는 매우 간단한 클래스다.

```
public class Product {

  private String name;

  // 게터/세터 생략

}
```

이 클래스의 name 필드는 나중에 11.2.2절에서 힙 덤프를 읽는 방법을 설명할 때 필요한 정보라서 추가했다. 지금은 힙 메모리가 몇 초 만에 가득 차는 이유를 파악하는 일에만 집중하자.

IDE에서 인수를 지정하여 앱을 실행할 수도 있다. 그림 11.7은 IntelliJ에서 JVM 인수를 지정하는 화면이다. 예제 편의상 -Xmx100m으로 힙 메모리를 100MB로 제한하여 힙 덤프 파일을 작게 만든다.

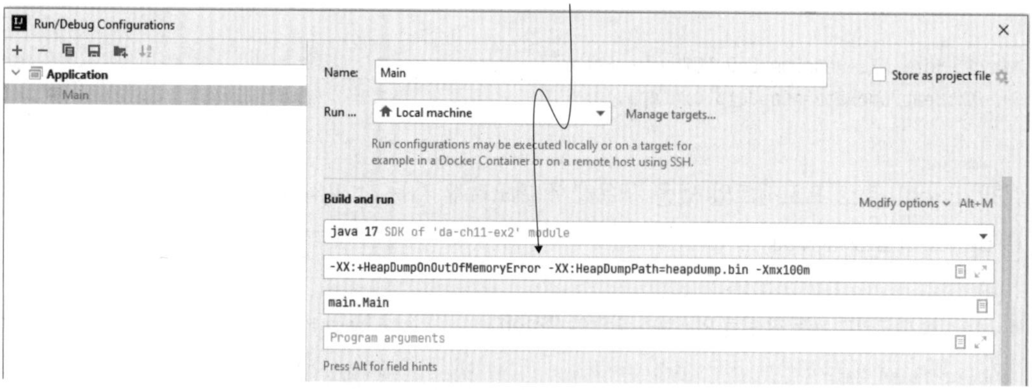

JVM 인수는 여기에 입력한다.

그림 11.7 **Run/Debug Configurations** 창에서 JVM 인수를 지정한다.

앱을 실행하고 잠시 기다리면 앱 크래시가 발생한다. 힙 공간이 100MB밖에 안 되어서 메모리가 가득 차는 데 오래 걸리지 않는다. 프로젝트 폴더를 보면 앱 크래시가 일어난 순간 힙에 존재했던 데이터의 모든 세부 정보가 기록된 heapdump.bin 파일이 있다. VisualVM에서 이 파일을 열어 분석하면 된다(그림 11.8).

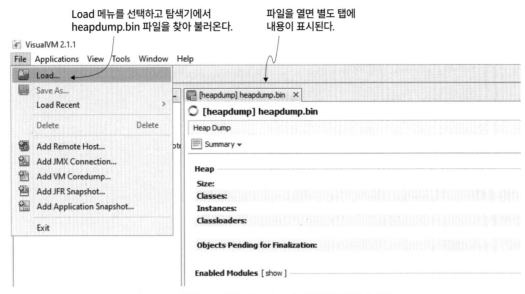

그림 11.8 힙 덤프 파일을 VisualVM에서 열어 분석할 수 있다.

프로파일러를 이용하여 힙 덤프 얻기

실행 중인 프로세스의 힙 덤프를 수집해야 할 때는 VisualVM(또는 이와 유사한 프로파일링 도구)을 사용해서 덤프를 생성하면 된다. VisualVM에서 Monitor 탭에서 [Heap Dump] 버튼을 한번 클릭하면 손쉽게 힙 덤프를 얻을 수 있다(그림 11.9).

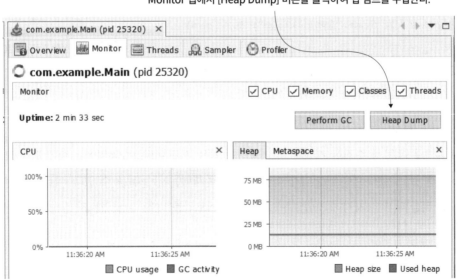

그림 11.9 선택한 프로세스의 힙 덤프 파일을 수집하여 바로 파일을 열어 내용을 조사하거나 원하는 위치에 저장할 수 있다.

커맨드 라인으로 힙 덤프 가져오기

실행 중인 프로세스의 힙 덤프가 필요한지만 프로파일러로 앱에 접속할 수 없는 환경이라면 JDK에 내장된 jmap 커맨드를 이용하면 된다.

jmap으로 힙 덤프를 수집하려면 다음 두 단계를 거쳐야 한다.

1. 힙 덤프를 가져올 실행 중인 앱의 프로세스 ID(PID)를 찾는다.

2. jmap으로 힙 덤프 파일을 저장한다.

실행 중인 프로세스 ID(PID)는 10장에서 배운 jps로 찾는다.

```
jps -l
25320 main.Main
132 jdk.jcmd/sun.tools.jps.Jps
25700 org.jetbrains.jps.cmdline.Launcher
```

다음으로 jmap 커맨드에 PID와 힙 덤프 파일을 저장할 위치를 지정한다. 이때 -dump:format=b 인수를 추가하여 아웃풋을 바이너리 파일로 지정한다. 그림 11.10에서 자세한 방법을 참고하기 바란다.

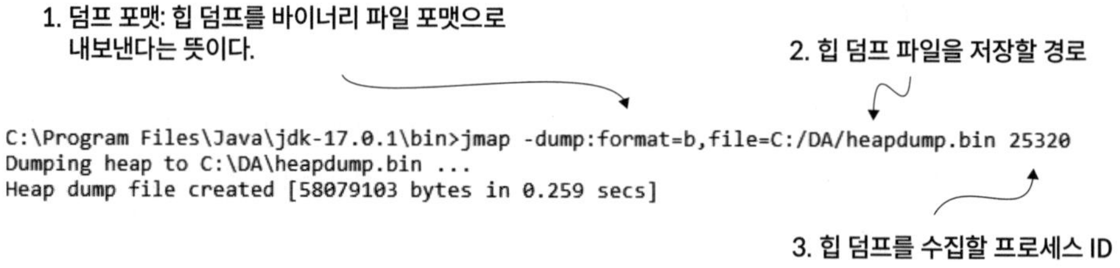

1. 덤프 포맷: 힙 덤프를 바이너리 파일 포맷으로 내보낸다는 뜻이다.

2. 힙 덤프 파일을 저장할 경로

```
C:\Program Files\Java\jdk-17.0.1\bin>jmap -dump:format=b,file=C:/DA/heapdump.bin 25320
Dumping heap to C:\DA\heapdump.bin ...
Heap dump file created [58079103 bytes in 0.259 secs]
```

3. 힙 덤프를 수집할 프로세스 ID

그림 11.10 커맨드 라인에서 jmap으로 힙 덤프를 수집해 원하는 위치에 바이너리 파일로 저장한다.

11.2.2 힙 덤프 읽는 방법

힙 덤프 파일은 덤프를 수집한 시점의 힙 메모리를 찍은 '사진'이다. 이 파일에는 힙에 있던 모든 데이터가 담겨 있고, 당시 어떤 데이터가 어떤 구조로 존재했는지 들춰볼 수 있다. 이로써 어떤 객체가 힙 메모리를 대부분 차지하고 있었는지, 왜 앱이 메모리를 비울 수 없었는지 짐작할 수 있다.

NOTE 그런데 이 '사진'에는 보이는 모든 것이 다 찍힌다는 사실에 유의하라. 암호화되지 않은 패스워드나 각종 개인 정보가 메모리에 있다가 힙 덤프 파일에 기록되면 악의적인 목적으로 쓰일 우려가 있다.

힙 덤프는 스레드 덤프와 달리 일반 텍스트로 분석할 수 없기 때문에 VisualVM 같은 프로파일링 도구를 사용해야 한다. 11.2.1절에서 수집한 힙 덤프 파일을 VisualVM에서 분석하여 OOM 에러를 유발한 근본 원인을 찾아보자.

VisualVM에서 힙 덤프 파일을 열면 우측 탭에 힙 덤프 요약 정보가 나온다(그림 11.11). 파일 크기, 총 클래스 개수, 총 인스턴스 개수 등 중요한 정보를 빠르게 살펴볼 수 있다. 직접 수집한 덤프 파일이 아니라면 이 요약 정보만 보고도 올바른 덤프 파일인지 확인할 수 있다.

실제 환경에서는 보통 힙 덤프 용량이
이것보다 훨씬 크다.

덤프 파일과 앱의 실행 환경에 관한
세부 정보가 간단히 표시된다.

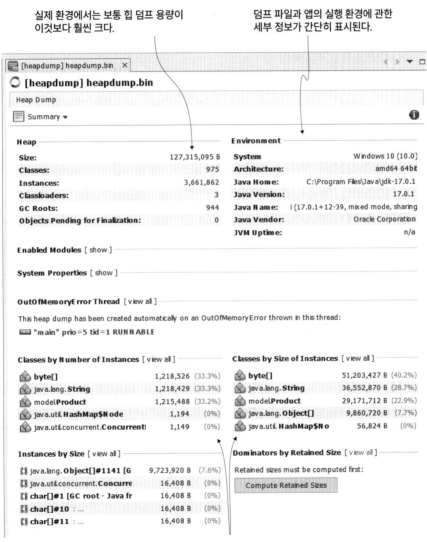

메모리를 가장 많이 차지하거나 인스턴스가 가장 많이
생성된 타입을 빠르게 파악할 수 있다.

그림 11.11 힙 덤프 파일을 처음 열면 덤프 파일 자체와 앱이 실행 중인 시스템에 관한 요약 정보가 보인다.

앱이 실행되는 환경에 내가 직접 액세스할 권한이 없어 지원팀에 대신 요청 후 데이터를 받아와야 할 때가 종종 있었다. 그런데 간혹 엉뚱한 힙 덤프 파일을 건네받은 적이 있다. 덤프 파일의 크기를 보거나, 내가 알고 있는 프로세스에 설정한 최댓값과 비교하거나 아니면 운영체제 또는 자바 버전을 먼저 확인하면 정상적인 파일인지 대략 확인할 수 있다.

요약 페이지를 재빨리 훑어보고 엉뚱한 파일인지 확인한다. 이 요약 페이지에도 많은 힙 공간을 차지하는 타입이 나오는데, 나는 보통 이 정보에 의존하지 않고 객체 뷰 화면으로 바로 이동해서 조사를 시작한다. 요약 페이지만으로 결론을 내리기엔 불충분한 경우가 많기 때문이다.

Heap Dump 탭의 좌측 상단 모서리의 드롭다운 메뉴에서 Objects를 선택하면 힙 덤프에 존재하는 객체 인스턴스를 조사할 수 있다(그림 11.12).

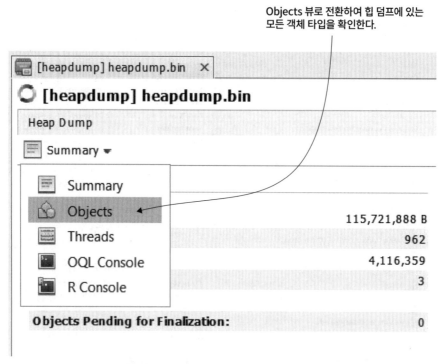

그림 11.12 힙 덤프에 기록된 인스턴스를 좀 더 쉽게 조사할 수 있다.

메모리 샘플링, 프로파일링할 때와 마찬가지로 메모리를 가장 많이 차지한 타입을 찾는다. 인스턴스와 점유한 메모리 두 가지의 내림차순으로 리스트를 정렬한 뒤, 앱 코드베이스에 있는 최초의 타입을 확인한다. 프리미티브, 스트링, 또는 이 둘의 배열과 같은 타입은 대부분 유용한 단서일 가능성이 희박하므로 무시한다.

이런 방법으로 찾아보면 역시 Product 타입이 문제가 많아 보인다(그림 11.13). 이 타입은 앱 코드베이스에 있는 객체 중 가장 상위에 위치하며, 메모리를 상당 부분 차지하고 있다. 이제 이 타입의 인스턴스가 왜 이렇게 많이 생성됐는지, 또 GC는 메모리에서 왜 이 인스턴스를 비우지 못했는지 밝혀내야 한다.

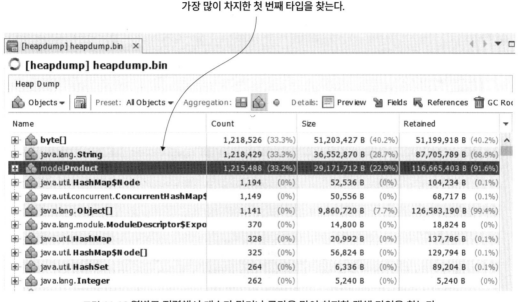

그림 11.13 **열별로 정렬해서 개수가 많거나 공간을 많이 차지한 객체 타입을 찾는다.**

각 행 좌측에 있는 [+] 버튼을 클릭하면 해당 타입 인스턴스의 세부 정보를 펼쳐볼 수 있다. 이미 백만 개가 넘는 인스턴스가 생성되었다는 사실은 알고 있지만 다음과 같은 정보도 필요하다.

- 어떤 코드가 이 타입의 인스턴스를 마구 찍어내는가?
- GC는 왜 이 타입의 인스턴스를 메모리에서 제때 비우지 못하는가?

각 인스턴스가 무엇을 참조하는지, 반대로 각 인스턴스를 누가 참조하는지는 (필드를 통해) 충분히 알아낼 수 있다. 어떤 인스턴스의 레퍼러(referrer, 참조자)가 하나라도 있으면 GC가 메모리에서 해당 인스턴스를 제거할 수 없으므로 처리 문맥상 인스턴스가 계속 필요한지, 아니면 앱에서 이 레퍼러를 삭제하는 것을 깜빡 잊은 것인지, 인스턴스를 참조하는 객체를 보며 확인한다.

그림 11.14는 Product 인스턴스 중 하나를 펼쳐 세부 정보가 표시된 화면이다. 이 인스턴스는 String(제품명)을 참조하며, 이 레퍼런스는 ArrayList 인스턴스의 일부인 Object 배열에 보관되어

있다. 또 이 `ArrayList` 인스턴스는 엄청나게 많은 레퍼런스(백만 개 이상)를 보유하고 있다. 이런 모습은 일반적으로 앱이 최적화되어 있지 않거나 메모리 누수가 발생했다는 나쁜 징조다.

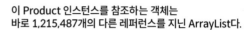
이 Product 인스턴스를 참조하는 객체는
바로 1,215,487개의 다른 레퍼런스를 지닌 ArrayList다.

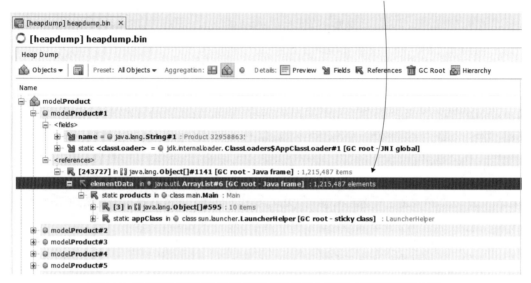

그림 11.14 힙 덤프를 뜯어보면 각 인스턴스마다 덤프를 수집한 시점에 참조되고 있는
다른 인스턴스가 무엇인지 알 수 있다. 친절하게도 해당 레퍼런스가 위치한 코드 지점까지 알려준다.
여기서 백만 개가 넘는 레퍼런스를 갖고 있는 `ArrayList`는 Main 클래스의 스태틱 변수다.

정확한 경위를 파악하려면 2~5장에 걸쳐 배운 디버깅과 및 로깅 기술을 총동원하여 코드를 조사해야 한다. 이 예제는 다행히 프로파일러가 코드에서 (`Main` 클래스에 스태틱 변수로 선언된) 리스트가 있는 정확한 위치를 특정했다.

VisualVM은 객체 간의 관계를 쉽게 파악할 수 있게 도움을 주고 다른 장에서 설명한 다른 조사기법과 잘 버무려 비슷한 종류의 문제를 해결하는 만능 도구 세트로 활용할 수 있다. 물론, 원래 복잡한 문제(및 앱)는 각고의 노력이 필요할 수도 있지만, 이 책에서 배운 기법을 잘 활용하면 많은 시간을 절약할 수 있을 것이다.

11.2.3 OQL 콘솔에서 힙 덤프 쿼리

끝으로 힙 덤프를 조사하는 고급 기법 한 가지를 소개하면서 이 장을 마무리하겠다. SQL과 유사한 쿼리 언어로 힙 덤프에서 세부 정보를 건져 올리는 방법이다. 11.2.2절에서 배운 방식으로 접근하면 근본적인 메모리 할당 문제의 원인은 파악할 수 있지만, 둘 이상의 힙 덤프 세부 정보를 비교해야 할 경우에는 부족한 감이 없지 않다.

다수의 앱 버전에서 수집한 힙 덤프를 서로 비교해서 릴리스 버전 간에 결함이 있거나 덜 최적화된 부분이 있는지 확인하고 싶을 때가 있다. 일일이 하나씩 들춰가며 눈으로 비교할 수도 있지만, 각 버전마다 복잡하지 않은 쿼리로 쉽게 질의할 수 있다면 꽤 많은 시간을 절약할 수 있다. 이런 점에서 객체 쿼리 언어(Object Query Language, OQL)는 훌륭한 접근 방법이다. 그림 11.15는 힙 덤프를 조사하기 위해 쿼리 실행이 가능한 OQL 콘솔로 뷰를 전환하는 화면이다.

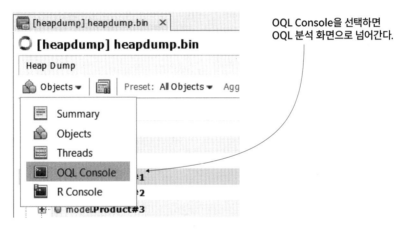

그림 11.15 Heap Dump 탭의 좌측 상단 모서리에 있는 드롭다운 메뉴에서
OQL Console을 선택하면 OQL 뷰로 전환된다.

특히 유용하다고 생각되는 몇 가지 예를 들어 설명하겠지만, OQL은 내용이 조금 복잡한 편이니 자세한 기능은 http://mng.bz/Pod2를 참고하기 바란다.

주어진 타입의 인스턴스를 모두 가져오는 간단한 쿼리부터 살펴보자. 힙 덤프에서 Product 타입의 인스턴스를 모조리 가져오고 싶다고 하자. 다음은 관계형 DB의 테이블에서 전체 제품 레코드를 가져오는 전형적인 조회 쿼리다.

```
select * from product
```

이와 동일한 작업을 OQL로 작성하면 다음과 같다.

```
select p from model.Product p
```

NOTE OQL에서는 항상 select, from, where 등의 키워드는 소문자로, 타입은 FQN(패키지 + 클래스명) 포맷으로 기재한다.

그림 11.16은 힙 덤프에서 Product 인스턴스를 모두 검색하는 간단한 쿼리의 실행 결과다.

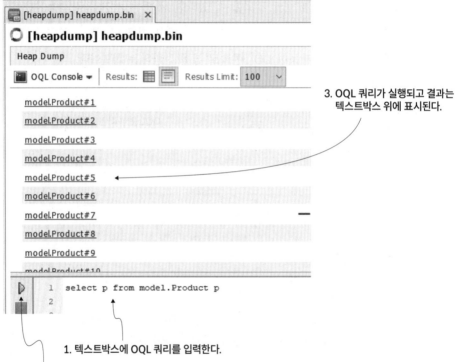

3. OQL 쿼리가 실행되고 결과는
텍스트박스 위에 표시된다.

1. 텍스트박스에 OQL 쿼리를 입력한다.

2. [Run] 버튼(텍스트박스 좌측의 녹색 화살표)을 클릭한다.

그림 11.16 OQL Console에서 텍스트박스에 OQL 쿼리를 입력한 다음 [Run] 버튼을 클릭하면
쿼리 실행 후 상단에 결과가 표시된다.

NOTE OQL을 공부할 때는 이 장에서 하는 것처럼 가급적 작은 힙 덤프 파일을 사용하라. 실무에서는 용량이 4GB 이상인 덤프 파일도 드물지 않은데, 이럴 경우 OQL 쿼리 속도는 매우 느려질 것이다.

쿼리 결과 표시된 인스턴스 중 하나를 펼쳐보면 세부 정보가 나온다. 해당 인스턴스를 누가 계속 참조하는지, 이 인스턴스는 무엇을, 어떤 값으로 참조하는지 등을 확인할 수 있다(그림 11.17).

작은 [+] 버튼을 클릭하면 해당 인스턴스에 관한
세부 정보를 확인할 수 있다.

그림 11.17 쿼리 결과 리스트에 표시된 인스턴스(레퍼러 또는 레프리) 중 하나를 클릭하면 세부 정보가 펼쳐진다.

특정 인스턴스가 참조하는 값이나 레퍼런스를 선택할 수도 있다. 가령, 제품 인스턴스 대신 제품명을 가져오려면 다음과 같이 OQL을 작성한다(그림 11.18).

```
select p.name from model.Product p
```

그림 11.18 닷(.) 연산자로 인스턴스의 애트리뷰트를 지정할 수 있다.

동시에 여러 값을 추출할 수도 있다. 예제 11.2처럼 JSON 포맷으로 지정하면 된다.

예제 11.2 JSON 포맷으로 여러 값을 추출하는 OQL

```
select
{  ◄── JSON 객체는 중괄호로 묶는다.
    name: p.name,  ◄── name 애트리뷰트의 값은 제품명을 지정한다.
    name_length: p.name.value.length  ◄── name_length 애트리뷰트의 값은 제품명의 글자수를 지정한다.
}
from model.Product p
```

그림 11.19는 이 쿼리를 실행한 결과다.

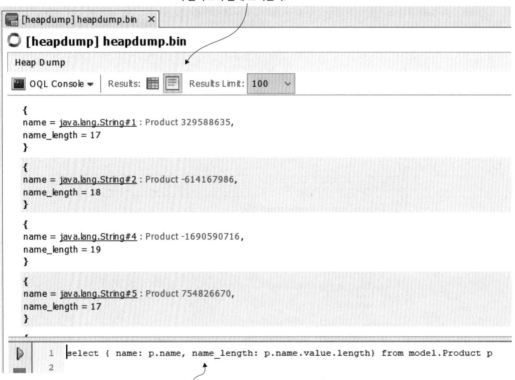

포매터 디스플레이를 선택하여 JSON 실행 결과를
더 알아보기 쉽게 표시한다.

JSON 포맷을 사용하여 여러 값을 지정한다.

그림 11.19 JSON 포맷으로 여러 값을 하나의 쿼리로 가져올 수 있다.

이 쿼리를 응용하면 선택한 값들 중 하나 이상에 조건을 추가할 수도 있다. 가령, 이름이 15자 이상인 인스턴스만 선택하려면 다음과 같이 쿼리를 작성한다.

```
select { name: p.name, name_length: p.name.value.length}
from model.Product p
where p.name.value.length > 15
```

이번엔 조금 더 고급 기능이다. 메모리 문제를 조사할 때 나는 `referrers()` 메서드를 사용하여 특정 타입의 인스턴스를 참조하는 객체를 가져오는 일이 많다. 이처럼 OQL의 내장 기본 함수를 활용하면 여러 가지 유용한 작업을 수행할 수 있다.

- **인스턴스 레프리**(instance refree) **쿼리**: 앱이 메모리 누수를 유발하는지 알 수 있다.
- **인스턴스 참조**(instance referral) **쿼리**: 어떤 인스턴스가 메모리 누수의 원인인지 알 수 있다.
- **인스턴스에서 중복 찾기**: 어떤 기능이 메모리를 덜 사용하도록 최적화할 수 있는지 알 수 있다.
- **특정 인스턴스의 서브클래스**(subclass) **및 슈퍼클래스**(superclass) **찾기**: 소스 코드를 안 봐도 앱의 클래스가 어떻게 설계됐는지 인사이트(insight)를 얻을 수 있다.
- **긴 수명 경로**(life path) **찾기**: 메모리 누수를 식별하는 데 유용하다.

예를 들어, 다음은 Product 타입의 인스턴스를 참조하는 모든 유니크한 레퍼러를 조회하는 쿼리다.

```
select unique(referrers(p)) from model.Product p
```

그림 11.20은 이 쿼리를 실행한 결과다. 모든 Product 인스턴스가 하나의 객체, 즉 리스트에 의해 참조되고 있음을 사실을 알 수 있다. 인스턴스 개수는 많은데 참조 횟수가 적다는 건 메모리 누수가 일어나는 전형적인 조짐이다. 이 예제의 경우 리스트는 전체 Product 인스턴스를 가리키는 레퍼런스를 모두 갖고 있기 때문에 GC는 이들 레퍼런스를 메모리에서 삭제할 수 없다.

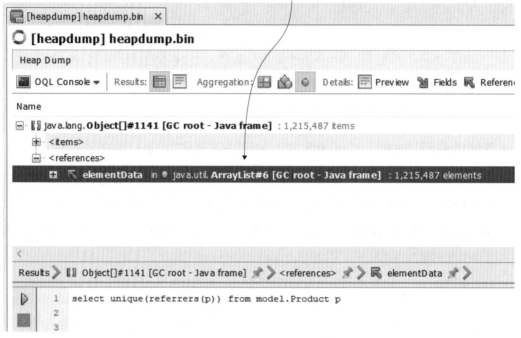

쿼리를 실행하면 유니크한 레퍼러를 가진
전체 Product 인스턴스가 표시된다.

그림 11.20 어떤 타입의 인스턴스를 참조하는 유니크한 모든 레퍼러를 조회하면 GC가 메모리에서 인스턴스를
해제하지 못하게 방해하는 객체를 찾을 수 있다. 이 객체가 바로 메모리 누수를 일으킨 주범이다.

결과가 유니크하지 않다면 다음과 같은 쿼리로 인스턴스별 레퍼런스 개수를 계산하면 잠재적으로
메모리 누수에 연루된 범인을 발견할 수 있다.

```
select { product: p.name, count: count(referrers(p))} from model.Product p
```

이처럼 OQL 쿼리는 여러모로 유용하다. 일단 처음에 쿼리를 작성해두면 다른 힙 덤프에서도 얼마
든지 재활용할 수 있어서 편리하다.

요약

- 메모리 할당 로직이 최적화되지 않은 앱은 성능 문제를 일으킬 수 있다. 메모리에 데이터를 올바르게 할당하도록(메모리 공간을 낭비하지 않도록) 최적화하는 일은 앱 성능 측면에서 꼭 필요한 작업이다.

- 프로파일러를 사용하면 앱 실행 중에 메모리가 어떻게 사용되는지 샘플링, 프로파일링할 수 있다. 이로써 앱에서 최적화가 덜 된 부분을 찾아내고 개선해야 할 포인트가 없는지 판단하는 데 필요한 세부 정보를 얻을 수 있다.

- 앱이 실행되면서 새로운 객체 인스턴스를 계속 메모리에 추가하기만 하고 그 레퍼런스를 제때 삭제하지 않으면 GC가 해당 레퍼런스를 지우고 메모리를 비울 수가 없다. 결국 메모리는 고갈되어 앱은 OOM 에러를 던지며 실행을 멈출 것이다.

- OOM 에러가 나면 힙 덤프를 수집해 조사한다. 힙 메모리에 있는 모든 데이터를 수집해서 분석하면 앱의 어느 부분이 잘못됐는지 알 수 있다.

- JVM 인수를 몇 가지 추가하면 앱 실행 도중 OOM 에러가 날 경우 지정된 경로에 힙 덤프가 자동 생성되도록 설정할 수 있다.

- 힙 덤프는 프로파일러나 jmap 같은 커맨드 라인 도구로 수집하면 된다.

- VisualVM 같은 프로파일러에서 힙 덤프를 로드하면 수많은 인스턴스와 그들 간의 관계를 자세히 들여다볼 수 있다. 이런 식으로 앱의 어느 부분이 덜 최적화됐는지, 메모리 누수를 일으키는 코드는 없는지 확인할 수 있다.

- VisualVM은 OQL 쿼리처럼 힙 덤프를 분석하는 고급 도구를 제공한다. OQL은 힙 덤프에서 데이터를 검색할 수 있는 SQL과 비슷한 쿼리 언어다.

III

대규모 시스템의
트러블슈팅

오늘날 앱은 대부분 다양한 아키텍처 스타일이 버무려진 대규모 시스템의 일부를 구성한다. 이렇게 큰 시스템에서 문제를 찾아내기란 결코 쉽지 않으며, 프로세스 하나만 평가한다고 해결되지 않는 경우가 다반사다. 상상해보라. 자동차에 문제가 생겼는데, 자동차의 각 부품을 분석할 수단은 있지만 부품들이 서로 어떻게 상호작용하는지 전혀 알 수 없다면 어떨까? 자동차 고장을 일으킨 모든 원인을 찾을 수 있을까?

마지막 3부에서는 다수의 앱으로 이루어진 시스템을 조사할 때 유용한 조사 기법을 설명한다. 특히, 각 앱이 서로 '소통'하는 방법과 앱이 배포된 환경이 어떤 영향을 미치는지, 그리고 시스템 구현 시 고려해야 할 사항을 중점적으로 살펴보겠다.

PART III
Finding problems in large systems

12

대규모 시스템에 배포된 앱의 동작 조사하기

이 장의 주요 내용

- 앱 간의 통신 문제 조사
- 로그 모니터링 도구 사용 방법
- 배포 도구 활용

이 장에서는 단일 앱의 경계를 넘어 여러 앱이 시스템에서 함께 작동되는 상황에서 벌어지는 문제를 조사하고자 한다. 요즘 시스템은 대부분 서로 긴밀히 통신하는 다수의 앱으로 구성된다. 엔터프라이즈 시스템은 상이한 기술과 플랫폼에서 구현된 다양한 종류의 앱을 사용하는 경우가 많다. 앱의 성숙도 역시 신규 서비스부터 낡고 지저분한 스크립트까지 천차만별이다.

디버깅, 프로파일링, 로깅만으로는 다 해결되는 것이 아니다. 이보다 더 큰 단서를 찾아나서야 하는 경우도 있다. 앱 자체는 독립적으로 잘 작동되지만 다른 앱, 또는 앱이 배포된 환경과 궁합이 잘 안 맞을 때도 있다.

12.1절에서는 시스템에 존재하는 서비스 간의 통신을 조사하는 방법을 알아본다. 12.2절에서는 앱 모니터링 체계를 구축하고 모니터링 도구에서 추출한 정보를 활용하는 방법을 집중적으로 살펴보겠다. 끝으로 12.3절에서는 배포 도구를 잘 활용하는 방안을 몇 가지 이야기하며 책을 마무리한다.

12.1 서비스 간 통신 문제 조사

하나의 시스템에서 여러 앱은 자신의 임무를 완수하고자 끊임없이 서로 '대화'한다. 지금까지 앱의 내부 작동 원리 및 앱과 DB 간 통신 문제를 주로 조사해왔는데, 이렇게 서로 대화하는 앱에 문제가 생기면 어디부터 어떻게 조사해야 할까? 여러 앱으로 이루어진 시스템 전체적으로 이벤트를 모니터링할 방법이 있을까(그림 12.1)?

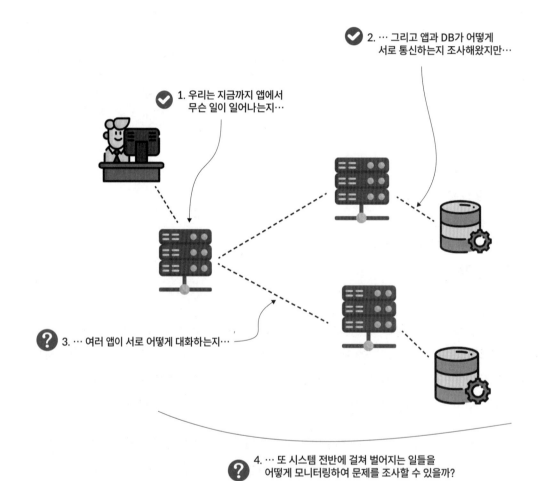

그림 12.1 지금까지는 앱 내부에 있는 어떤 프로세스에서 일어나는 일들에 초점을 두고 조사했지만,
앱이 비정상적인 양상을 보이는 원인은 여러 앱 간의 통신 문제일 가능성도 있다.

앱이 서로 대화하는 방법에 관한 문제를 프로파일링 도구를 이용해서 조사하는 방법을 알아보자. da-ch12-ex1 프로젝트의 간단한 앱을 시작하고 /demo라는 엔드포인트를 호출한 이후의 과정을 JProfiler로 살펴볼 것이다. 이 엔드포인트로 HTTP 요청을 보내면 앱은 다시 httpbin.org의 엔드포인트를 호출하고, 이 엔드포인트는 5초 동안 대기 후 200 OK HTTP를 응답한다.

JProfiler는 앱이 수신한 요청(12.1.1절)과 앱이 전송한 요청(12.1.2절)을 모두 관찰할 수 있는 도구 세트를 제공한다. 또 소켓 단위의 로 레벨 통신 이벤트(12.1.3절)도 조사할 수 있어서 근본적인 통신 문제의 원인을 파악하는 데 큰 도움이 된다.

마이크로서비스

마이크로서비스에 대해 솔직히 이야기해보자. 앞으로 여러분이 작업할 많은 시스템이 마이크로서비스를 자처할 것이다. 그러나 이는 대부분 사실과 다르며, 그냥 서비스 지향 아키텍처일 뿐이다. 마이크로서비스는 (솔직히 내게는 이해가 안 되는 어떤 이유에서) 요즘 꽤나 잘 팔리는 브랜드로 굳혀졌다.

- 개발자를 빨리 구하고 싶은가? 그럼 넌지시 마이크로서비스 시스템을 개발할 계획이라고 귀띔하라.
- 프리세일즈 미팅(presales meeting)에서 고객에게 깊은 인상을 남기고 싶은가? 당사 제품은 마이크로서비스를 제공한다고 설득하라.
- 프레젠테이션에 많은 사람이 참석하길 바라는가? 강연 제목에 마이크로서비스를 추가하라.

마이크로서비스는 대부분의 개발자가 생각하는 것보다 훨씬 어렵다. 마이크로서비스가 무엇인지 궁금하다면 읽어볼 만한 책들은 많다. 《마이크로서비스 패턴》(한빛미디어, 2020), 《마이크로서비스 도입, 이렇게 한다》(책만, 2021), 《마이크로서비스 아키텍처 구축(전면 개정판)》(한빛미디어, 2023) 등 다양하다.

진짜 마이크로서비스 시스템이든 아니든, 여러분은 문제를 어떻게 조사하면 좋을지, 주어진 시나리오에서 시스템이 무슨 일을 하는지 재빨리 파악할 수 있는 능력을 갖춰야 한다. 이 장에서는 마이크로서비스에 적용 가능한 조사 기법을 언급하겠지만, 마이크로서비스에 한정된 것은 아니다. 나는 개인적으로 **마이크로서비스** 대신 서비스라는 용어를 선호하며, 때때로 그냥 **앱**이나 **애플리케이션**이라고 부르기도 한다.

12.1.1 HTTP 서버 프로브로 HTTP 요청 관찰

두 앱이 서로 통신할 때 데이터는 양방향으로 흐른다. 즉, 요청을 보낸 앱은 **클라이언트**(client)가 되고, 이 요청을 받아 처리하는 다른 앱은 **서버**(server)가 된다. 이번 절에서는 앱이 서버로서 수신하는 HTTP 요청에 집중하겠다. da-ch12-ex1 프로젝트의 앱을 예로 들어 JProfiler로 이벤트를 모니터링하는 방법을 알아보자.

da-ch12-ex1 프로젝트의 앱을 시작한 다음, JProfiler로 앱에 접속한 후 HTTP Server > Events 화면으로 이동한다. 여기서 별 모양의 아이콘을 클릭하면 수신된 HTTP 요청이 기록되기 시작한다. 이 앱이 어떤 HTTP 요청을 수신했고 그 내부에는 어떤 정보가 들어 있는지 궁금하다(그림 12.2).

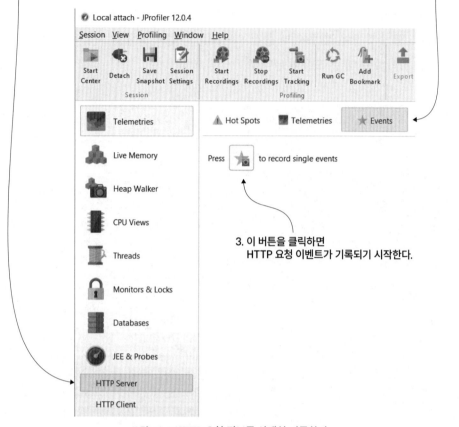

그림 12.2 HTTP 요청 정보를 상세히 기록한다.

이제, 이 데모 앱에 있는 유일한 엔드포인트를 호출해보자.

```
curl http://localhost:8080/demo
```

그림 12.3에서 볼 수 있듯이 JProfiler는 서버가 수신한 요청을 화면에 표시한다. Event Type 열에 'completed(완료됨)'로 표시되므로 이벤트가 언제 종료되는지 쉽게 알 수 있다. 아직 작업이 안 끝난 경우, 즉 어떤 사유로 요청이 완전히 처리되지 않거나 응답이 클라이언트로 다시 전송되지 않은 경우에는 'in progress(진행 중)'로 표시된다. 이로써 서버가 요청을 처리하는 데 너무 오래 걸리는지, 아니면 어떤 이유 때문에 처리가 지연 또는 중단됐는지 확인할 수 있다.

이 테이블의 Duration 열은 이벤트의 지속 시간이다. 이벤트가 완료는 됐으나 너무 오래 걸렸다면 왜 늦어졌는지 원인을 파악해야 한다. 소켓 이벤트로 관찰 가능한 통신 결함일 수도 있고(12.1.3절), 7-9장에서 설명한 것처럼 실행을 샘플링, 프로파일링을 해봐야 알 수도 있다.

앱이 수신하는 이벤트 수가 얼마나 많은지도 꼭 확인해야 한다. 요청 한 번으로는 아무 문제도 없다가, 클라이언트 중 하나가 엔드포인트를 **폴링**(polling, 짧은 시간 동안 반복적으로 요청을 전송)하여 앱이 영향을 받는 경우도 있다. 클라이언트가 아주 짧은 간격으로 엄청나게 많은 요청을 보내는 일이 허용된다면, 앱이 모든 요청에 일일이 응답하기가 곤란하게 되어 결국 크래시가 발생할 것이다.

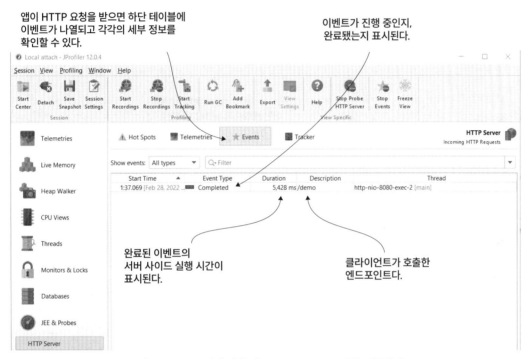

그림 12.3 HTTP 서버 이벤트(앱이 수신한 HTTP 요청)를 기록하면
현재 상태, 소요 시간 등 모든 세부 정보가 화면에 표시된다.

12.1.2 HTTP 클라이언트 프로브로 앱이 보낸 HTTP 요청 관찰

HTTP 서버 이벤트(앱이 수신한 HTTP 요청)와 마찬가지로 HTTP 클라이언트 이벤트(앱이 송신한 HTTP 요청)도 프로파일링할 수 있다. 이번에는 클라이언트 앱이 서버에 전송한 HTTP 요청을 프로파일링해보자. 12.1.1절과 마찬가지로 da-ch12-ex1 프로젝트의 앱을 시작한 뒤 JProfiler에서 HTTP 클라이언트 이벤트를 기록한 상태에서 /demo 엔드포인트를 호출한다(그림 12.4).

```
curl http://localhost:8080/demo
```

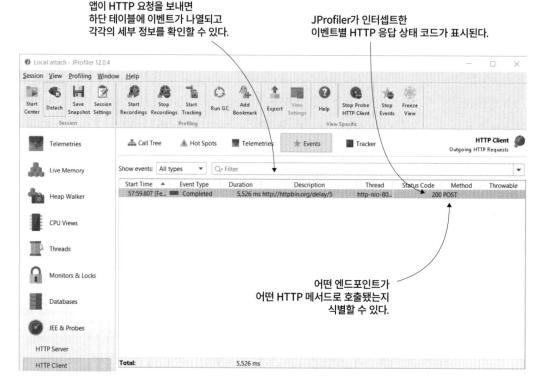

앱이 HTTP 요청을 보내면
하단 테이블에 이벤트가 나열되고
각각의 세부 정보를 확인할 수 있다.

JProfiler가 인터셉트한
이벤트별 HTTP 응답 상태 코드가 표시된다.

어떤 엔드포인트가
어떤 HTTP 메서드로 호출됐는지
식별할 수 있다.

그림 12.4 HTTP 클라이언트 이벤트(앱이 송신한 HTTP 요청)를 기록하면 지속 시간, 상태 코드,
호출된 HTTP 메서드 및 URI, 예외 발생 여부 등 모든 세부 정보가 화면에 표시된다.

그림 12.4에서 앱이 호출하는 엔드포인트를 식별할 수 있는 Description(설명)과 Method(메서드)
열이 가장 먼저 눈에 띈다. 그다음으로 Duration(지속 시간), 응답 상태 코드(Status Code), 예외 발
생 여부(Throwable) 열도 많은 인사이트를 제공한다.

호출 자체에 의외로 시간이 오래 걸리는 것으로 나타났다면 그 원인을 파악해야 한다. 먼저, 네트
워크가 느려서 데이터 송수신에 시간이 많이 걸렸는지, 아니면 앱 자체의 내부 문제(예: 응답 처리
및 역직렬화 로직) 때문인지 확인할 필요가 있다.

다음 절에서 다룰 내용이지만, 소켓 단위의 로 레벨 이벤트를 살펴보면 통신 문제인지, 아니면 앱
이 수행하는 로직을 봐야 할지 알 수 있다. 데이터 통신 문제가 아니라는 사실이 밝혀지면 7~9장
에서 설명한 프로파일링 기법으로 앱 실행 성능에 영향을 미치는 요인을 파악할 수 있다.

앱이 수신한 HTTP 요청과 마찬가지로, 앱이 전송한 HTTP 요청 수(그림 12.4 테이블에 표시되는 행
개수)도 잘 살펴야 한다. 앱이 요청을 너무 많이 보내서 다른 서비스의 응답 속도가 느려진 건 아닌
지 따져볼 필요가 있다. 나는 예전에 어떤 앱에서 재시도(retry) 메커니즘의 결함 때문에 앱이 너무

자주 요청을 전송하는 현상을 본 적이 있다. 데이터를 조회하는 단순 요청이었는데 변경한 코드도 없고 아웃풋이 잘못된 것도 아니어서 사전에 문제점을 파악하기 어려웠다. 부가적인 재시도 요청 때문에 앱의 성능이 떨어졌을 것이라고는 생각지 못했던 것이다.

12.1.3 소켓의 로 레벨 이벤트 조사

이번에는 통신 문제가 채널(예: 네트워크) 때문인지, 아니면 앱 자체의 결함 때문인지 소켓의 로 레벨 통신 이벤트를 살펴보자. 로 레벨 이벤트를 관찰하려면 먼저 JProfiler에서 Sockets > Events 메뉴로 이동한다.

앱을 시작하고 이벤트 기록을 개시한 상태에서 /demo 엔드포인트로 요청을 보낸다.

```
curl http://localhost:8080/demo
```

JProfiler는 소켓의 모든 이벤트를 가로채 그림 12.5처럼 테이블에 나열한다.

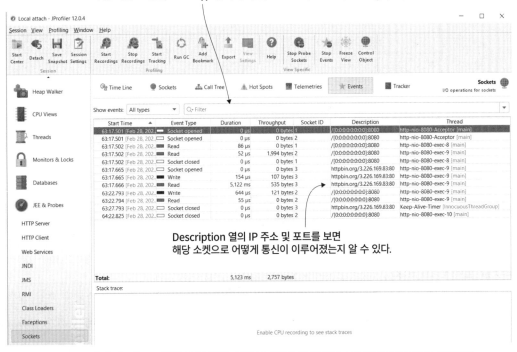

그림 12.5 앱이 네트워크 레벨에서 주고받는 모든 메시지를 로 레벨의 소켓 이벤트를 이용해 살펴보면 네트워크에 문제가 있는지, 앱이 제대로 통신을 관리하지 못하는지 알 수 있다.

소켓은 앱이 다른 프로세스와 통신하기 위한 관문이다. 통신이 체결되면 다음과 같은 소켓 이벤트가 발생한다(그림 12.6).

1. 소켓을 열고 통신을 체결한다(즉, 데이터를 주고받을 앱과 핸드셰이크(handshake)한다).
2. 소켓을 통해 읽거나(데이터 수신) 쓴다(데이터 송신).
3. 소켓을 닫는다.

이들 이벤트를 좀 더 자세히 살펴보면서 앱의 작동 방식을 이해해보자.

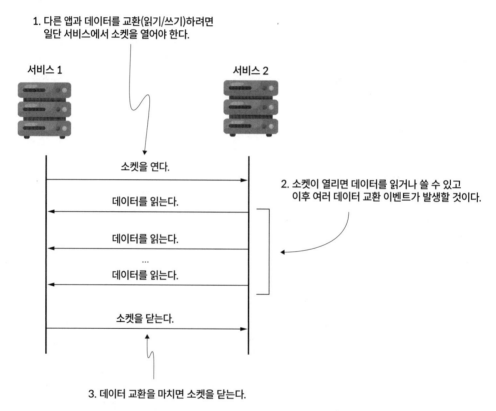

그림 12.6 앱이 데이터를 주고받는 과정에서 발생하는 소켓 이벤트 흐름

소켓을 열어 통신 설정

일단 먼저 눈에 띄는 부분은 소켓 열기 이벤트의 실행 시간이 꽤 길다는 점이다. 소켓을 여는 일은 시간이 오래 걸릴 만한 작업이 아니다. 그런데도 실제로 오래 걸렸다면 통신 채널에 문제가 있다는 뜻이다. 이를테면, 앱이 실행되는 시스템이나 가상머신이 제대로 구성되지 않았거나 네트워크 문제 때문일 수도 있다. 코드에 문제가 있어서 소켓을 여는 시간이 오래 걸릴 가능성은 희박하다.

소켓을 통해 데이터를 쓰거나 소켓에서 데이터를 읽는다

실제 데이터를 주고받는 통신은 두 앱이 서로 접속하여 소켓을 통해 데이터를 읽고 쓰는 과정에서 발생한다. 시간이 오래 걸린다면 통신 채널이 원래 느리거나 다른 문제일 가능성도 있다. 너무 많은 데이터가 전송되기 때문에 오래 걸릴 수도 있다.

소켓을 통해 주고받는 데이터양은 JProfiler로 확인할 수 있으므로(그림 12.5의 Throughput 열), 느린 속도가 데이터양 때문인지, 아니면 다른 원인 때문인지 판단할 수 있다. 이 앱은 매우 적은 양의 데이터(535바이트)를 수신했지만 5초 이상 대기하고 있다. 따라서 문제의 원인은 현재 앱이 아니라 앱의 통신 채널이나 프로세스라고 결론 내릴 수 있다.

실제로 이 앱은 5초 지연을 유발하는 httpbin.org의 엔드포인트를 호출하기 때문에 상대편 통신 엔드포인트가 속도 저하를 일으키는 원인이라고 보는 게 타당하다.

소켓 닫기

소켓을 닫는다고 속도가 느려지진 않는다. 소켓에 할당된 리소스를 앱이 확보할 수 있도록 통신이 끝나면 바로 소켓을 닫아야 한다.

12.2 통합 로그 모니터링의 중요성

요즘은 많은 시스템이 서비스 지향 방식으로 접근하여 제공하는 앱의 수를 점점 늘려가는 전략을 쓴다. 여러 앱이 서로 통신하면서 데이터를 교환, 저장, 처리하고 사용자에게 필요한 비즈니스 기능을 제공하는 것이다. 앱의 가짓수가 늘어나고 규모가 커질수록 시스템을 모니터링하고 문제의 원인을 찾기는 점점 더 어려워진다. 하지만 로그 모니터링 도구를 이용하면 문제를 일으킨 시스템 파트를 쉽게 찾아낼 수 있다(그림 12.7).

DEFINITION **로그 모니터링 도구**(log-monitoring tool)는 전 시스템에 걸쳐 발생하는 예외를 확인할 수 있도록 앱과 연동되는 소프트웨어다.

로그 모니터링 도구는 모든 앱의 실행을 지켜보다 앱이 런타임 예외를 던지면 그때그때 데이터를 수집한 다음, 사용자가 문제의 원인을 보다 빠르게 파악할 수 있도록 정보를 시각화하여 보여준다.

센트리(Sentry)[1]는 필자가 많은 시스템에 적용한 경험이 있는 로그 모니터링 도구로, 개발 및 프로덕션 환경에서 매우 유용하다는 사실이 입증되었다. 유료 소프트웨어지만 학습 용도로 사용 가능한 무료 플랜이 있으니, 이 간단한 도구를 사용하여 예외 이벤트를 수집하고 읽기 쉬운 형태로 시각화하는 방법을 살펴보겠다.

da-ch12-ex2 프로젝트에는 일부러 예외를 던지는 앱이 있다. 이 앱을 센트리에 연동시켜보자.

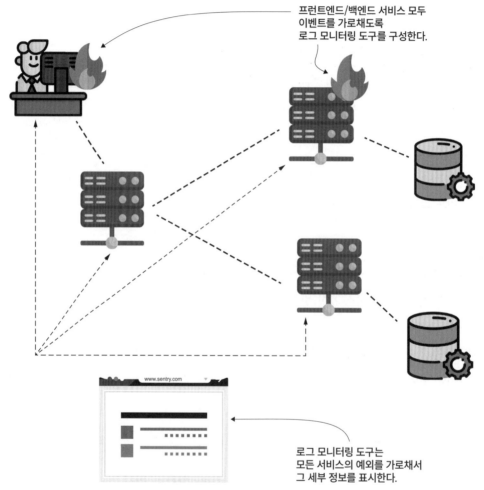

프런트엔드/백엔드 서비스 모두
이벤트를 가로채도록
로그 모니터링 도구를 구성한다.

www.sentry.com

로그 모니터링 도구는
모든 서비스의 예외를 가로채서
그 세부 정보를 표시한다.

그림 12.7 전체 시스템에서 수집한 이벤트를 로그 모니터링 도구로 시각화하여 살펴보면
앱이 이상하게 작동하는 이유를 밝히는 데 유용하다.

---

1 https://sentry.io

다음은 고의로 예외를 발생시키는 간단한 자바 코드다. 이 앱이 발생시킨 예외를 센트리에서 관찰할 것이다.

```
@RestController
public class DemoController {
                            HTTP GET 메서드로 호출하는
                            엔드포인트를 정의한다.
  @GetMapping  ◀──
  public void throwException() {          엔드포인트를 호출할 때
    throw new RuntimeException("Oh No!");  ◀──  예외를 던진다.
  }
}
```

센트리는 코드 몇 라인만으로 다양한 플랫폼에서 개발된 앱을 통합할 수 있는 API를 제공하므로 앱을 손쉽게 센트리에 연동시킬 수 있다. 앱의 구현 기술에 따라 통합하는 방법에 관한 자세한 내용은 공식 문서를 참고하기 바란다.

연동 절차는 다음과 같이 간단하다.

1. 센트리에 가입하여 계정을 새로 만든다.
2. 새 프로젝트(모니터링하려는 앱이 있는 프로젝트)를 추가한다.
3. 센트리가 제공하는 프로젝트 데이터 소스명(DSN) 주소를 수집한다.
4. 프로젝트에 DSN 주소를 설정한다.

계정을 생성(1단계)하고 프로젝트를 추가(2단계)한다. 일반 웹사이트에 계정을 만드는 것만큼이나 간단하므로 sentry.io의 지침을 따라 해보자. 프로젝트를 추가하면 대시보드에 표시된다(그림 12.8).

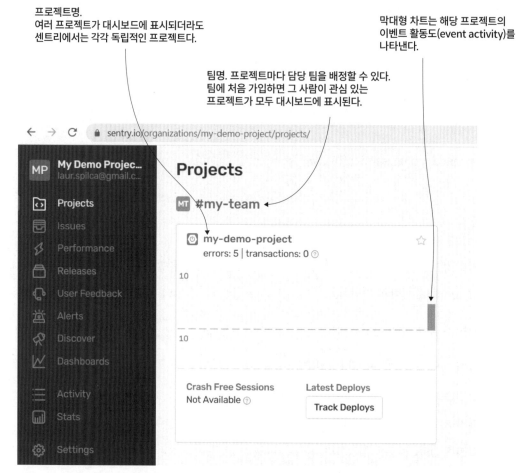

프로젝트명.
여러 프로젝트가 대시보드에 표시되더라도
센트리에서는 각각 독립적인 프로젝트다.

막대형 차트는 해당 프로젝트의
이벤트 활동도(event activity)를
나타낸다.

팀명. 프로젝트마다 담당 팀을 배정할 수 있다.
팀에 처음 가입하면 그 사람이 관심 있는
프로젝트가 모두 대시보드에 표시된다.

그림 12.8 센트리에서 모니터링할 프로젝트를 생성하고 팀을 할당한다. 센트리에서 시스템에 있는 각 서비스의 로그를 독립적으로 모니터링하고 첫 화면의 대시보드에 서비스별 이벤트에 관한 요약 정보를 표시한다. 서비스(명명된 프로젝트)는 팀에 할당되며, 이벤트가 발생할 때마다 팀원에게 자동 이메일 발송이 되도록 구성할 수 있다.

my-demo-project라는 프로젝트를 만들었다. 팀마다 하나 이상의 프로젝트를 추가할 수 있는데, 센트리는 첫 번째 프로젝트를 추가하면 my-team이라는 팀을 디폴트로 생성한다. 물론, 원하는 이름으로 변경하거나 다른 프로젝트를 추가할 수 있다. 앱이 늘어나면 여러 팀에 앱을 할당할 수도 있다. 각 사용자는 하나 또는 여러 팀에 속할 수 있으며, 팀별로 할당된 앱의 이벤트를 모니터링할 수 있다. 센트리에서 팀이란 누가 무엇을 관리하는지 간단하게 구성하고 개발자가 자신이 맡은 서비스를 모니터링하도록 책임감을 부여하는 수단이다.

아직 앱이 센트리에 이벤트를 보내지 않았기 때문에 막대형 차트에는 아무것도 표시되지 않는다. 먼저 이벤트를 보낼 위치를 앱에 알려줘야 한다. 그림 12.9처럼 센트리가 전송할 DSN 주소를 구성한다. DSN 주소는 프로젝트 설정의 Client Key 섹션에 있다(3단계).

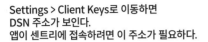

Settings > Client Keys로 이동하면
DSN 주소가 보인다.
앱이 센트리에 접속하려면 이 주소가 필요하다.

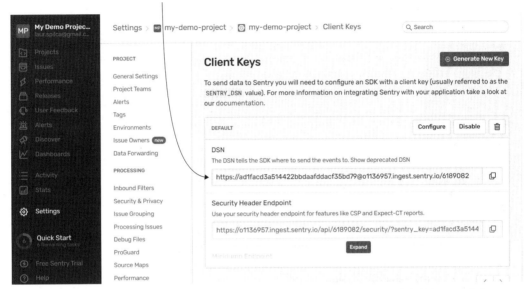

그림 12.9 Client Keys 섹션에 세팅된 URL 형태의 DSN 값을 이용하여 앱이 센트리에 이벤트를 보낸다.

센트리는 앱 타입에 따라 다양한 구성 방법을 제공한다(4단계). 보다 상세한 절차는 플랫폼별로 기술된 공식 페이지[2]를 확인하라.

이 앱은 스프링 부트 기반으로 개발되었기 때문에 application.properties 파일에 다음 코드 스니펫과 같이 DSN 값을 sentry.dsn 애트리뷰트에 지정한다. 센트리에서 이 작업은 선택 사항이지만, 가능하면 앱이 실행되는 환경을 지정하는 것이 좋다. 그래야 나중에 이벤트를 필터링해서 관심 있는 이벤트만 추출할 수 있기 때문이다.

```
sentry.dsn=https://ad1facd3a514422bbdaafddacf...
sentry.environment=production
```

---

2   https://docs.sentry.io/platforms

그림 12.10은 앱에서 발생한 예외 이벤트의 세부 정보를 얻는 과정이다. 좌측 Issues 메뉴를 선택하면 센트리가 앱에서 수집한 모든 이벤트를 확인할 수 있는 보드로 이동한다. 여기서 관심 있는 앱, 환경, 기간을 조건으로 이벤트를 필터링하면 된다.

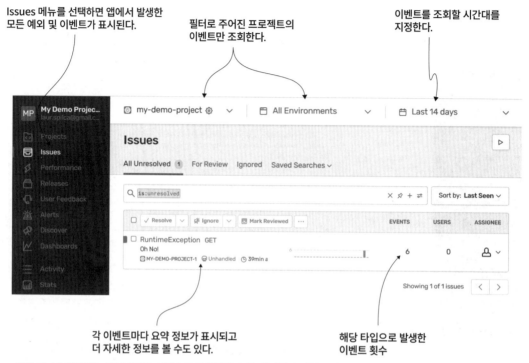

그림 12.10 센트리는 모니터링한 서비스에서 발생한 모든 예외를 수집하는데, 이벤트 발생 시점, 환경, 이벤트를 일으킨 서비스로 필터링할 수 있어서 문제를 좀 더 쉽게 파악할 수 있다.

이 보드는 문제를 조사하는 중요한 출발점 역할을 한다. 센트리를 이용하여 서비스에서 발생한 문제를 분석할 경우, 먼저 이슈 보드에서 이벤트를 확인한 뒤 예외 이벤트를 찾는 것이 로그에서 이벤트를 뒤지는 것(5장)보다 훨씬 빠른 길이다.

이 보드에서 가장 먼저 눈에 띄는 부분은 각 이벤트의 간단한 세부 정보가 담긴 리스트다. 그중 예외 타입, 메시지, 발생 횟수가 중요한 정보다.

이벤트가 처음 발생한 시간과 마지막으로 발생한 시간 역시 중요한 정보다. 주기적으로 반복되는 문제인지, 빈번하게 발생하는 문제인지, 아니면 격리된 케이스인지 알 수 있기 때문이다. 격리된 이벤트는 환경의 산발적인 문제로 인해 발생하는 반면, 앱 로직 자체의 버그는 반복적으로 자주 발생한다. 이 모든 세부 정보가 메인 이슈 보드에 있다(그림 12.10).

메인 이슈 보드에서 이벤트를 선택하면 다음과 같이 해당 이벤트에 관한 더 자세한 정보를 얻을 수 있다(그림 12.11).

- 예외 스택 트레이스
- 운영체제, 런타임 JVM, 서버명 등의 환경 정보
- 클라이언트 세부 정보(HTTP 요청 중 예외가 발생한 경우)
- 요청 시 전달된 정보(HTTP 요청 중 예외가 발생한 경우)

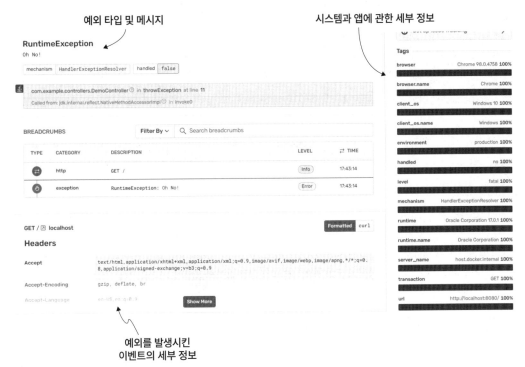

그림 12.11 센트리로 수집한 이벤트별 세부 정보를 보면 문제의 근원에 좀 더 가깝게 다가갈 수 있다.

센트리는 주로 앱 문제를 감사, 모니터링, 조사하는 데 사용하는 도구지만, 팀 관리 용도로도 요긴하게 쓰인다.

나는 개발팀장으로 팀원들을 기술적으로 리드해왔다. 코로나 팬데믹 이전에는 모든 팀원이 사무실에 모여 근무했기 때문에 누가 어떤 문제로 어려움을 겪고 있는지 알기 쉬웠다. 또 도움이 필요한 팀원이 주의를 끌기 위해 종이뭉치를 던지는 일도 수월했다. 그러나 재택 근무가 자리 잡히면서 상황이 바뀌었다. 팀원 간에 의사소통이 어려워지면서 일정 지연은 불가피했다.

그래서 어떤 이벤트가 발생할 때마다 센트리가 메일을 발송하도록 설정했다. 팀원의 로컬 환경에서 발생한 이벤트 역시 내가 메일을 받아 확인이 가능했기 때문에 그들이 어떤 어려움을 겪고 있는지 알 수 있었다. 사실 둘 이상의 팀원이 동일한 문제를 겪고 있지만 재택 근무로 의사소통이 원활하지 않아 모두 문제를 조사하느라 시간을 낭비하는 경우가 적지 않았다..

센트리 덕분에 에러 조사에 많은 시간을 빼앗기지 않고도 바로 조치를 취하거나 다른 사람이 도움을 줄 수 있었다. 또한 팀 전체 일정을 좀 더 효율적으로 짤 수 있었고, 일정을 초과하거나 여러 사람이 동시에 작업하는 것이 발견되면 그 즉시 작업을 중단시키기도 했다. 정말 멋지지 않은가?

특히 요청을 처리하는 스레드에서 예외가 발생할 경우, 센트리가 HTTP 요청에 관한 세부 정보를 자동으로 수집하기 때문에 정말 유용하다. 이 정보를 토대로 개발 환경에서 문제를 재현하거나 HTTP 요청으로 전달된 데이터 중 예외를 일으킬 만한 부분이 있는지 확인할 수 있다. 센트리가 문제의 원인을 직접 알려주진 않지만, 더 많은 퍼즐 조각을 제공한 덕분에 근본 원인을 더 빨리 파악할 수 있다.

[NOTE] 요즘은 거의 대다수의 앱이 HTTP 프로토콜로 서로 통신하므로 예외 이벤트가 결과로 반송될 가능성이 높다. 센트리는 우리 대신 HTTP 요청의 세부 정보를 이벤트와 연관 짓는 일을 해준다.

12.3 배포 도구를 조사에 활용하는 법

그간 수많은 프로젝트를 수행하며 깨달은 점은 앱을 호스팅하는 환경이 참 다양하게 발전하고 있다는 사실이다. 앱이 실행되는 환경을 제대로 이해하는 것은 앱이 특정한 방식으로 작동하는 이유를 밝히는 데 큰 도움이 된다. 이 절에서는 서비스 지향 아키텍처에서 앱을 배포하는 최신 기법인 **서비스 메시**(service mesh)에 대해 살펴보겠다.

서비스 메시란 시스템의 여러 앱이 서로 통신하는 방식을 제어하는 수단이다. 덕분에 앱을 더 쉽게 모니터링하고 문제를 조사할 수 있다. 이스티오(Istio)[3]는 내가 가장 즐겨 쓰는 서비스 메시 도구다. 이스티오에 관한 더 자세한 내용은 《Istio in Action》(Manning, 2022)을 읽어보라.

---

3 https://istio.io

지금부터 서비스 메시가 어떻게 작동되는지 원리를 이해해보자. 앱 실행을 조사할 때 서비스 메시는 크게 다음 두 가지 측면에서 도움을 준다.

- **결함 주입**(fault injection): 조사할 시나리오를 재현하기 위해 앱 통신을 일부러 실패하게 만드는 방법
- **미러링**(mirroring): 프로덕션 환경에서 테스트 환경으로 앱을 복제하여 조사하는 방법

그림 12.12를 보자. 서비스 메시에 배포된 3개의 서비스가 있다. 각 서비스마다 다른 앱과 교환하는 데이터를 가로채는 앱이 포함되어 있다.

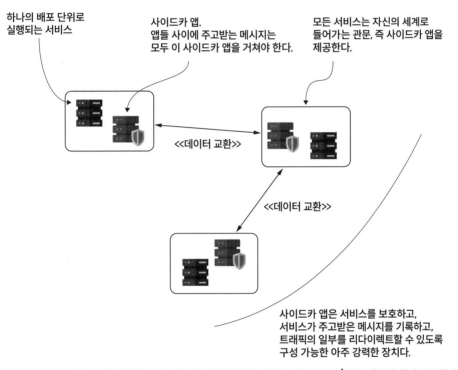

그림 12.12 서비스 메시 형태로 배포된 앱들 간의 통신은 사이드카(sidecar)[4]라는 별도의 앱이 가로챈다.
사이드카 앱은 주고받은 데이터를 가로채기 때문에 여기서 필요한 세부 정보를 기록하거나
데이터를 조작하여 조사하려는 시나리오로 강제 전환시키는 일도 가능하다.

사이드카 앱은 자신이 부착된 서비스와 다른 앱 간의 통신을 가로채기 때문에 서비스에 완전히 투명한 방식으로 데이터를 관리하도록 구성할 수 있다. 자세한 내용은 다음 두 절에 걸쳐 살펴보자.

---

4 [옮긴이] 원서에는 side cart app이라고 표기되어 있으나, 서비스 메시 패턴에서는 사이드카(sidecar)라는 용어를 더 많이 사용하므로 이 책에서도 이 용어를 사용했다. https://philcalcado.com/2017/08/03/pattern_service_mesh.html 참고.

결함 주입으로 재현하기 곤란한 문제를 비슷하게 모방

여러분의 로컬 환경 또는 디버깅이나 프로파일링에 더 많이 액세스할 수 있는 환경에서 문제를 재현하기 어려운 시나리오가 종종 있다. 경험상 다음과 같은 경우, 끔찍한 편두통이 유발되면서 앱 동작을 조사하는 작업이 상당히 어려워진다.

- 잘못된 기기 탓에 네트워크 장애가 발생한다.
- 앱이 설치된 곳에서 실행 중인 일부 시스템 소프트웨어 때문에 전체 환경에 걸쳐 결함이 발생하거나 불안정해진다.

그러나 항상 이러한 문제는 언제라도 발생할 수 있음을 감안해야 한다. 네트워크 등의 인프라 환경은 100% 신뢰할 수 있는 것이 아니다. 트래픽이 급증하여 앱이 실패한다면 아직 충분히 안정적인 앱이라고 볼 수 없다. 문제를 덮어두거나 다른 사람에게 전가하지 말고 직접 해결하라!

앱을 빈틈없이 설계하는 일도 중요하지만 정상적으로 실행할 수 없는 외부 이벤트가 발생하면 앱이 어떻게 반응하는지 알아야 한다. 물론, 이 모든 것을 예상하여 시스템을 설계하기란 결코 쉬운 일이 아니다. 개발자가 사전에 모든 기본 사항을 충족하고자 각고의 노력을 기울여도 다른 문제가 언제든지 발생할 수 있다. 문제가 불거진 출발점이 어디인지 조사하고 조치할 수 있는 방안을 나름대로 준비해야 한다.

이 책에서 잔소리처럼 언급해왔지만 한 번 더 반복하자면, 문제를 조사하는 가장 좋은 방법은 문제를 재현할 수 있는 방법을 찾는 것이다. 환경 때문에 어쩔 수 없이 그대로 복제하기 어려운 경우도 있겠지만, 서비스 메시를 사용하여 배포하면 쉽게 재현할 수 있는 시나리오가 있다.

NOTE 문제를 조사하는 가장 좋은 방법은 앱 또는 시스템의 동작을 테스트 환경에 복제한 다음 재현해보는 것이다.

가장 쉬우면서도 유용한 작업 중 하나는, 잘못된 통신 시나리오를 시뮬레이션하는 것이다. 서비스 지향 또는 마이크로서비스 아키텍처 기반의 시스템은 전체적으로 앱 간의 상호 통신 방식에 크게 의존한다. 따라서 어떤 서비스에 액세스를 할 수 없게 됐다면 무슨 일이 발생되는지 테스트해보는 일이 매우 중요하다. 잘못된 동작을 테스트 또는 조사할 목적으로 시뮬레이션을 해봐야 한다.

서비스 메시 체제에서는 사이드카 앱이 앱 간의 통신을 관장한다. 그래서 일부러 사이드카 앱이 비정상적으로 작동하도록 구성하면 통신 장애를 시뮬레이션할 수 있고, 덕분에 에러가 발생하면 시스템이 어떻게 작동되는지 조사할 수 있다(그림 12.13).

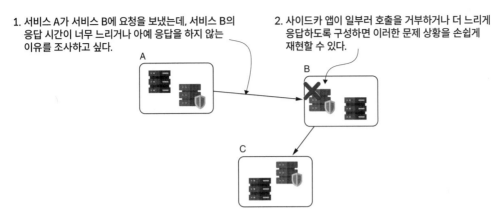

1. 서비스 A가 서비스 B에 요청을 보냈는데, 서비스 B의 응답 시간이 너무 느리거나 아예 응답을 하지 않는 이유를 조사하고 싶다.

2. 사이드카 앱이 일부러 호출을 거부하거나 더 느리게 응답하도록 구성하면 이러한 문제 상황을 손쉽게 재현할 수 있다.

그림 12.13 사이드카 앱을 활용하여 프로덕션에 배포한 A, B 두 서비스 간에 통신이 자주 중단되는 문제를 일으킨 시나리오로 강제 전환한다.

NOTE 결함 주입이란, 테스트 환경에서 달리 재현할 방법이 마땅치 않은 동작을 재현하기 위해 일부러 시스템에 장애를 일으키는 것이다.

12.3.2 미러링 기법을 테스트 및 에러 감지에 활용

미러링은 사이드카 앱을 자신이 통신하는 앱의 레플리카(replica, 복제본)에 실제 서비스가 보내는 것과 동일한 요청의 레플리카를 전송하도록 구성하는 기법이다. 이 레플리카는 테스트 용도로 사용하는 것과 전혀 다른 환경에서 실행할 수 있으므로 테스트 환경에서 실행 중인 앱을 사용하여 서비스 간 통신을 디버깅하거나 프로파일링할 수 있다(그림 12.14).

1. 프로덕션에서 문제를 조사하다가 아무래도 서비스 A와 B 사이의 통신 구간에 문제가 있다고 의심한다.

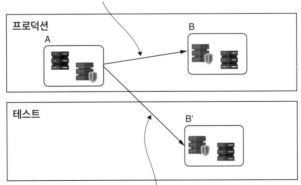

프로덕션

테스트

2. 미러링을 사용하여 각 요청의 레플리카를 테스트 환경의 서비스 B 레플리카에 전달하면 프로덕션 환경에 영향을 미칠 위험 없이 전체 액세스 권한으로 디버깅 또는 로깅을 할 수 있다.

그림 12.14 프로덕션 환경에서 개발 환경으로 이벤트를 미러링하도록 사이드카 앱을 구성하면 프로덕션 환경을 방해하지 않고도 개발 환경에서 재현하기 어려운 문제를 조사할 수 있다.

요약

- 최근의 시스템은 대부분 서로 통신하는 다수의 서비스로 구성된다. 서비스 간 통신이 제대로 안 되면 성능 저하, 잘못된 아웃풋 등의 문제가 생길 것이다. 프로파일링 또는 서비스 메시 같은 도구를 사용하여 서비스 간의 통신 문제를 조사하는 방법을 꼭 알아둘 필요가 있다.

- JProfiler로 서버 앱이 수신한 HTTP 요청과 이벤트 지속 시간을 가로챌 수 있다. 덕분에 특정 엔드포인트가 너무 많이 호출되거나 실행 시간이 너무 긴 것은 아닌지 관찰하여 앱 인스턴스에 스트레스를 유발하는지 확인할 수 있다.

- JProfiler는 HTTP 클라이언트로 앱 동작을 관찰하는 용도로도 쓰인다. 앱이 송신한 모든 요청을 가로챌 수 있을 뿐만 아니라 이벤트 지속 시간, HTTP 응답 상태 코드, 예외 발생 등의 세부 정보까지 확인할 수 있다. 이런 정보는 앱이 다른 서비스와 연동하는 방식에 문제가 있는지 파악하는 데 도움이 된다.

- JProfiler는 소켓 이벤트를 직접 조사함으로써 앱에 설정된 로 레벨 통신까지 들여다볼 수 있는 훌륭한 도구를 제공한다. 덕분에 문제의 범위를 최대한 좁혀 그 원인이 통신 채널 또는 앱의 일부와 연관되어 있는지 확인할 수 있다.

- 센트리 같은 로그 모니터링 도구는 시스템을 구성하는 각 앱에서 발생한 특이한 이벤트를 수집하여 문제와 원인 파악에 필요한 정보를 제공하는 소프트웨어다. 대규모 서비스 지향 시스템에서 로그 모니터링 도구를 사용하면 퍼즐 조각을 더 빨리 맞춰 원인을 찾는 데 유용하다.

  - 경우에 따라 앱 배포 도구를 활용하는 방법도 있다. 예를 들어, 서비스 메시를 사용하여 조사하려는 시나리오를 재현할 수 있다. 결함을 주입하여 제대로 작동하지 않는 서비스를 시뮬레이션하고 다른 서비스에 어떤 영향을 끼치는지 조사할 수 있다.

  - 미러링으로 앱이 수신 서비스의 레플리카로 보내는 모든 요청의 레플리카를 가져올 수 있다. 이 레플리카를 테스트 환경에 설치하면 프로덕션 시스템에 영향을 주지 않고도 디버깅, 프로파일링 기술을 동원하여 마음껏 시나리오를 조사할 수 있다.

이 책에서 사용한 도구

부록 A는 예제 실습에 필요한 모든 권장 도구의 설치 방법에 관한 링크를 제공한다.

예제 프로젝트를 열고 실행하려면 먼저 IDE를 설치해야 한다. 이 책에서는 IntelliJ[1]를 사용했다. 원한다면 이클립스[2]나 넷빈즈[3]를 사용해도 된다.

이 책에서 수록된 예제 코드를 실행하려면 JDK 17 버전 이상을 설치해야 한다. OpenJDK 배포판[4]을 권장한다. 프로파일링 기법과 힙 덤프, 스레드 덤프를 읽으려면 VisualVM[5]이 필요하다. VisualVM만으로는 충분하지 않은 경우도 있으므로 JProfiler[6]도 함께 설치한다.

9장에서 사용한 fastThread[7]는 스레드 덤프를 조사할 때 유용한 도구다.

엔드포인트를 호출할 때에는 포스트맨[8]을 사용했다.

센트리[9]는 12장에서 사용한 로그 이벤트 모니터링 도구다.

---

1 https://www.jetbrains.com/idea/download

2 https://www.eclipse.org/downloads

3 https://netbeans.apache.org/download/index.html

4 https://jdk.java.net/17

5 https://visualvm.github.io/download.html

6 https://www.ej-technologies.com/products/jprofiler/overview.html

7 https://fastthread.io

8 https://www.postman.com/downloads

9 https://sentry.io

프로젝트 열기

부록 B에서는 기존 프로젝트를 열고 실행하는 단계를 설명한다. 이 책에서 여러 가지 기술과 도구 사용법을 설명하기 위해 작성한 예제 프로젝트는 모두 자바 17을 사용한 자바 앱이다.

IntelliJ에서 기존 프로젝트를 오픈한다(그림 B.1).

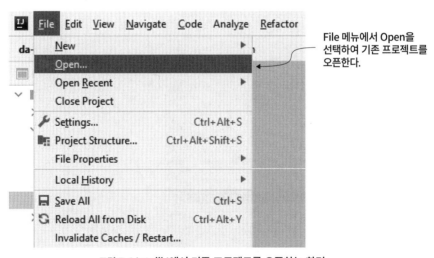

그림 B.1 IntelliJ에서 기존 프로젝트를 오픈하는 화면

File > Open을 선택히면 팝업창이 표시된다(그림 B.2). 여기서 오픈할 프로젝트를 선택한다.

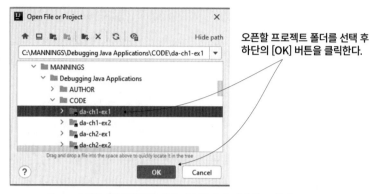

오픈할 프로젝트 폴더를 선택 후
하단의 [OK] 버튼을 클릭한다.

그림 B.2 오픈할 프로젝트를 파일 시스템에서 선택하는 화면

`main()` 메서드가 포함된 Main 클래스에서 마우스 오른쪽 버튼을 클릭한 뒤 Run을 선택하여 앱을 실행한다(그림 B.3).

디버거로 앱을 실행하려면 Run 대신 Debug를 선택하면 된다.

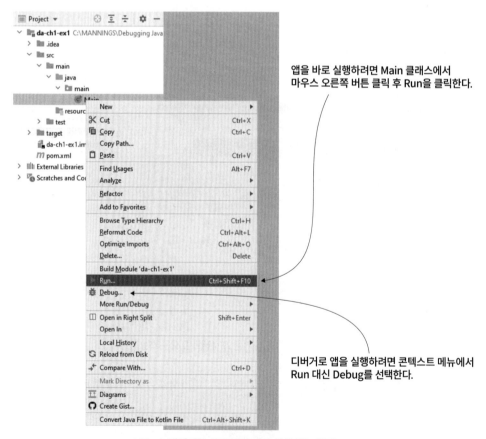

앱을 바로 실행하려면 Main 클래스에서
마우스 오른쪽 버튼 클릭 후 Run을 클릭한다.

디버거로 앱을 실행하려면 콘텍스트 메뉴에서
Run 대신 Debug를 선택한다.

그림 B.3 디버거를 사용하여 앱을 실행하는 화면

APPENDIX C

기타 참고 도서

부록 C에서는 이 책의 주제와 연관된, 유용하고 흥미로운 도서를 추천한다.

- 《프로그래머의 뇌》(제이펍, 2022)는 코드를 조사할 때 개발자의 뇌가 어떻게 작동되는지 탐구한다. 코드를 읽는 행위는 소프트웨어를 이해하는 과정의 일부로, 우리가 조사 기법을 적용하기 전에 하는 일이다. 이런 측면을 더 잘 이해하면 코드를 조사할 때에도 도움이 될 것이다.

- 《마이크로서비스 도입, 이렇게 한다》(책만, 2021)는 12장에서 마이크로서비스를 하나의 아키텍처 스타일로서 연구하기 위해 추천한 책이다. 모놀리식 접근 방식과 마이크로서비스의 차이점, 그리고 두 가지 아키텍처 스타일을 각각 어디에, 어떻게 사용해야 하는지 집중한다.

- 《마이크로서비스 아키텍처 구축(전면 개정판)》(한빛미디어, 2023)은 세분화된 서비스로 이루어진 시스템 설계에 초점을 맞춘 또 다른 샘 뉴먼의 책이다. 저자는 명확하고 상세한 예제를 통해 다양한 기술의 장단점을 분석한다.

- 《마이크로서비스 패턴》(길벗, 2020)은 마이크로서비스 아키텍처를 다루는 사람이라면 누구나 읽어야 할 필독서. 저자는 대규모 마이크로서비스 및 서비스 지향 시스템에서 사용되는 가장 본질적인 기술을 명확한 예제를 통해 상세히 안내한다.

- 《파이브 라인스 오브 코드》(위키북스, 2023)는 깔끔한 코딩 프랙티스를 알려준다. 오늘날 많은 앱은 구조화되지 않고 작성되어 이해하기 어렵다. 내가 이 책에서 예시로 든 코드는 최대한 현실에 가깝게 설계했기 때문에 항상 깔끔한 코딩 원칙을 따르지는 않는다. 그러나 깔끔하지 않은 코드의 작동 방식을 이해한 뒤에는 이해하기 쉽게 리팩터링하는 것이 좋다. 개발자들은 이

원칙을 '보이스카우트 규칙(Boy Scout rule)'이라고 한다. 보통 디버깅을 마친 후에는 나중에 코드를 더 쉽게 이해할 수 있도록 리팩터링을 이어서 수행한다.

- 《좋은 코드, 나쁜 코드》(제이펍, 2022)는 고품질 코드의 작성 원리를 가르치는 좋은 책이다. 이해하기 쉬운 앱을 작성하고 리팩터링하는 기술을 향상시키기 위해 이 책도 일독을 권한다.
- 《Software Mistakes and Tradeoffs》(Manning, 2022)는 소프트웨어 개발에서 어려운 결정을 내리고, 약속을 지키고, 의사 결정을 최적화하는 방법을 훌륭한 사례와 함께 제시한다.
- 《리팩터링(2판)》(한빛미디어, 2020)은 깔끔하고 유지보수성이 뛰어난 앱을 설계하고 구축하는 기술을 향상시키고자 노력하는 모든 소프트웨어 개발자의 필독서다.

D

자바 스레드 이해

부록 D에서는 자바 앱의 스레드(thread)에 관한 기본기를 익힌다. 스레드는 앱이 실행하는 독립적이고 순차적인 커맨드의 집합(independent sequential set of instructions)이다. 한 스레드의 작업은 다른 스레드의 작업과 동시에(concurrently) 실행된다. 오늘날 거의 모든 자바 앱은 멀티스레드로 실행된다. 따라서 어떤 스레드가 제대로 작동을 하지 않거나 다른 스레드와 쉽게 협동하지 못한다면 그 이유를 확실하게 알아야 한다. 이 책에서도 전체적으로(특히 7-9장과 그 밖에 디버깅을 설명한 전반부 여기저기) 여러 차례 스레드를 언급했는데, 스레드를 제대로 이해하려면 먼저 기본기가 튼튼해야 한다.

D.1에서는 스레드를 개관하고 앱에서 스레드를 사용하는 이유를 이해한다. D.2에서는 수명 주기 내내 스레드가 어떻게 실행되는지 자세히 설명한다. 스레드에 관한 문제를 조사하려면 스레드 수명 주기별 상태와 가능한 전이를 정확하게 알아야 한다. D.3에서는 스레드 동기화(thread synchronization), 즉 실행 중인 스레드를 제어하는 방법을 배운다. 우리가 조사해서 해결할 문제는 대부분 바로 이 동기화 구현이 잘못된 경우에 발생한다. D.4에서는 가장 일반적인 스레드 관련 문제를 짚어본다.

스레드는 매우 복잡한 주제이므로 이 책에서 제시한 기술을 이해하는 데 필요한 주제에만 집중하겠다. 물론, 단 몇 페이지 읽는다고 전문가가 되는 것은 아니다. 보충할 만한 참고 자료는 이 부록의 마지막 부분에서 추천하겠다.

D.1 스레드란 무엇인가?

스레드란 무엇일까? 멀티스레드를 사용하면 앱에 어떤 점이 좋을까? **스레드**는 실행 중인 프로세스에서 독립적인 일련의 작업(sequence of operations)이다. 모든 프로세스는 동시 실행되는 다수의 스레드를 가질 수 있으며, 여러 태스크를 앱에서 병렬로 실행할 수 있다. 스레드는 동시성(concurrency)을 다루는 프로그래밍 언어에서 필수적인 구성 요소다.

이해를 돕기 위해 멀티스레드 앱을 시퀀스 타임라인 그룹으로 나타내보자(그림 D.1). 이 앱은 하나의 스레드(메인 스레드)에서 시작되고 있다. 그러다 다른 스레드를 시작하고, 그 스레드는 또 다른 스레드를 시작하는 식으로 계속 진행된다. 단, 각 스레드는 다른 스레드와 독립적이라는 사실을 잊지 말라. 가령, 메인 스레드는 앱 자체보다 훨씬 먼저 실행이 종료될 수 있다. 모든 스레드가 중단되면 프로세스도 중단된다.

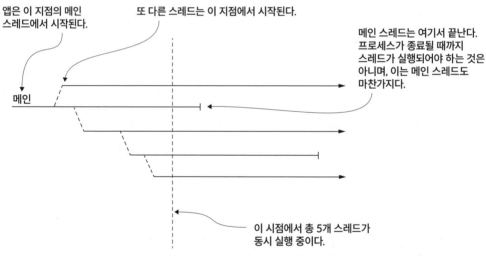

그림 D.1 시퀀스 타임라인으로 그룹핑한 멀티스레드 앱. 그림에서 화살표는 각 스레드의 타임라인을 나타낸다.

어떤 스레드의 커맨드는 항상 정해진 순서대로 실행된다. 같은 스레드에서 커맨드 A가 커맨드 B보다 앞에 있으면 당연히 A가 B보다 먼저 실행된다. 그러나 스레드 간에는 서로 독립적이므로 별도의 스레드에 있는 두 커맨드 A와 B에 대해서는 순서가 보장되지 않는다. 즉, A가 B보다 먼저 실행될 수 있고 그 반대일 수도 있다(그림 D.2). 때로는 어느 한 경우가 다른 경우보다 더 가능성이 높다고 하지만, 어떤 일정한 흐름으로 실행된다고 단정할 수는 없다.

스레드 실행은 시퀀스 타임라인으로 시각화하면 이해하기 쉽다. 그림 D.3은 (이 책 곳곳에서 쓰인 프로파일러 도구인) VisualVM으로 스레드 실행시켜 시퀀스 타임라인으로 나타낸 것이다.

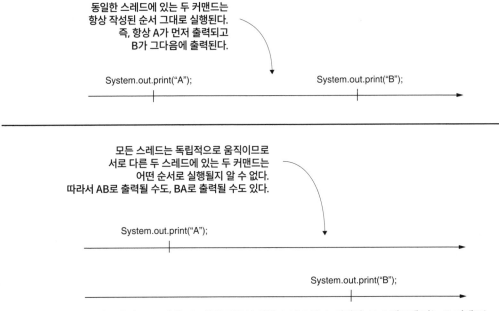

그림 D.2 동일한 스레드에 있는 두 커맨드는 항상 정확히 실행 순서를 알 수 있지만, 두 스레드에 있는 두 커맨드는 스레드가 서로 독립적이므로 그 순서를 알 도리가 없다. 그저 어떠할 가능성이 상대적으로 높다고 말할 수 있을 뿐이다.

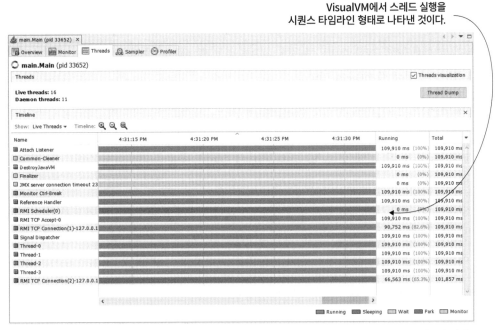

그림 D.3 스레드 실행을 시각적으로 나타내면 앱 실행을 더 쉽게 이해하고 문제를 조사하는 데 유용하다.

D.2 스레드의 수명 주기

스레드 실행을 이해할 때 스레드 수명 주기를 파악하는 일도 필수다. 스레드는 실행 도중 여러 상태를 거친다(그림 D.4). 프로파일러(6~9장)나 스레드 덤프(10장)를 사용할 때 스레드의 상태를 자주 언급하게 되는데, 이것은 스레드의 실행을 파악할 때 아주 중요하다. 앱의 동작을 추적하고 조사하려면 스레드가 어떤 상태에서 다른 상태로 어떻게 바뀌는지, 각 상태에서 스레드가 어떻게 작동하는지 알아야 한다.

그림 D.4는 스레드 상태 및 스레드가 한 상태에서 다른 상태로 전이하는 과정을 나타낸 것이다. 자바 스레드가 거치는 주요 상태는 다음과 같다.

- **New**(시작): 인스턴스화 직후(시작되기 전) 스레드의 상태다. 이 상태에서 스레드는 단순 자바 객체로, 앱은 아직 스레드에 정의된 커맨드를 실행할 수 없다.

- **Runnable**(실행 가능): `start()` 메서드가 호출된 이후다. JVM은 스레드에 커맨드를 실행할 수 있으며, 다음 두 하위 상태(substate) 중 하나로 만든다.
  - **Ready**(준비): 스레드는 실행되지 않지만 JVM은 언제라도 스레드를 실행할 수 있는 상태
  - **Running**(실행 중): 스레드가 실행 중인 상태. 현재 CPU가 커맨드를 실행하고 있다.

- **Blocked**(차단됨): 스레드가 시작은 되었으나 일시적으로 실행 가능(runnable) 상태가 아닌 경우다. 따라서 JVM은 커맨드를 실행할 수 없다. 이 상태는 스레드를 실행할 수 없도록 일시적으로 JVM에서 스레드를 '숨겨' 스레드 실행을 제어하려고 할 때 유용하다. 차단된 상태에서 스레드는 다음 하위 상태 중 하나에 있다.
  - **Monitored**(모니터링됨): 스레드가 동기화 블록(동기화 블록의 액세스를 제어하는 객체)의 모니터에 의해 중단되고 해당 블록을 실행하기 위해 해제를 기다리는 상태
  - **Waiting**(대기 중): 실행 도중 모니터의 `wait()` 메서드가 호출되어 현재 스레드가 중단된 상태. `notify()` 또는 `notifyAll()` 메서드가 호출될 때까지 스레드는 차단된 상태를 유지한다.
  - **Sleeping**(잠자기): Thread 클래스의 `sleep()` 메서드가 호출되어 현재 스레드를 지정된 시간 동안 중단한다. 중단 시간은 `sleep()` 메서드에 인숫값으로 전달한다. 이 시간이 경과한 후에는 스레드가 다시 실행 가능 상태가 된다.
  - **Parked**(파킹됨): 대기 중 상태와 거의 같다. 누군가 `park()` 메서드를 호출하면 현재 스레드는 이 상태로 바뀌며, 이후 `unpark()` 메서드가 호출될 때까지 계속 차단된다.

- **Dead**(종료됨): 스레드는 커맨드 집합을 실행 완료하거나, Error나 Exception 때문에 중단되거

나 다른 스레드에 의해 중단될 경우 종료된다. 이렇게 한번 종료된 스레드는 재시작할 수 없다.

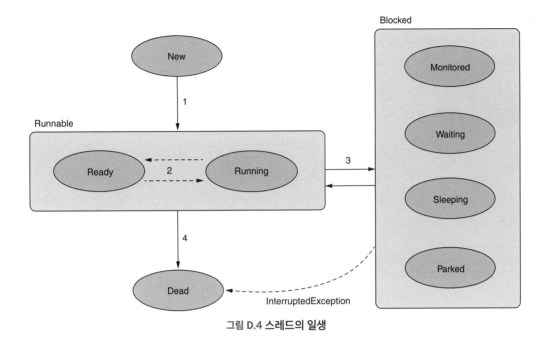

그림 D.4 스레드의 일생

그림 D.4를 보면 스레드 상태가 어떻게 전이되는지 알 수 있다.

- 누군가 start() 메서드를 호출하면 스레드는 New에서 Runnable로 바뀐다.

- Runnable 상태가 되면 스레드는 Ready와 Running 사이를 들락날락한다. 어떤 스레드를 언제 실행할지는 JVM이 결정한다.

- 다음과 같은 경우, 스레드는 Blocked 상태가 될 수 있다.

  - Thread 클래스의 sleep() 메서드가 호출되어 현재 스레드가 일시적으로 차단된다.

  - 누군가 join() 메서드를 호출하여 현재 스레드가 다른 스레드를 기다리게 만든다.

  - 누군가 모니터의 wait() 메서드를 호출하여 notify() 또는 notifyAll() 메서드가 호출될 때까지 현재 스레드의 실행을 중단시킨다.

  - 동기화 블록의 모니터는 다른 액티브 스레드가 동기화 블록의 실행을 마칠 때까지 스레드 실행을 중단시킨다.

- 스레드는 실행을 완료하거나 다른 스레드가 끼어들어 중단되면 Dead(종료) 상태로 바뀐다. Blocked에서 Dead로의 상태 전이는 JVM이 허용하지 않는다. 차단된 스레드를 다른 스레드가 끼어들면 InterruptedException이 발생한다.

D.3 스레드 동기화

멀티스레드 아키텍처에서 스레드를 제어하기 위해 사용하는 스레드 동기화 기법을 알아보자. 잘못된 동기화는 조사하고 해결해야 할 많은 문제의 근본 원인인 경우가 많다. 스레드를 동기화하는 가장 일반적인 방법 몇 가지를 간략히 살펴보겠다.

D.3.1 동기화 블록

동기화 코드 블록(synchronized block of code)은 스레드를 동기화하는 가장 간단한 방법이자, 보통 거의 모든 자바 개발자가 스레드 동기화를 공부할 때 처음 접하는 개념이다. 동기화 코드를 통해 한 번에 하나의 스레드만 허용함으로써 주어진 코드의 동시 실행을 사전 차단하겠다는 의도다. 여기에는 두 가지 옵션이 있다.

- **블록 동기화**(block synchronization): 주어진 코드 블록에 `synchronized` 수정자(modifier)를 적용한다.
- **메서드 동기화**(method synchronization): 메서드에 `synchronized` 수정자를 적용한다.

다음 코드는 동기화 블록의 예시다.

```
synchronized (a) {    ◄──── 괄호 안 객체는 동기화 블록의 모니터다.
  // 어떤 일을 한다    ◄──── 동기화 커맨드 블록은 중괄호로 감싼다.
}
```

다음 코드는 메서드 동기화의 예시다.

```
synchronized void m() {   ◄──── 메서드에 적용된 synchronized 수정자
  // 어떤 일을 한다   ◄──── 중괄호로 감싼 메서드의 전체 코드 블록이 동기화된다.
}
```

모습은 약간 달라도 `synchronized`를 사용하는 방법은 둘 다 동일하다. 모든 동기화 블록에는 두 가지 중요한 구성 요소가 있다.

- **모니터**(monitor): 동기화 커맨드의 실행을 관장하는 객체
- **커맨드 블록**(block of instruction): 동기화한 실제 커맨드

메서드 동기화는 모니터가 빠진 것처럼 보이지만, 구문 자체에 이미 모니터 객체가 암묵적으로 포함되어 있다. 비스태틱(nonstatic) 메서드는 인스턴스 "this"를, 스태틱 메서드는 클래스의 타입 인스턴스를 각각 모니터로 사용한다.

모니터(null일 수 없음)는 동기화 블록에 특별한 의미를 부여하는 객체로, 어떤 스레드가 동기화 커맨드를 입력하고 실행 가능한지 결정한다. 규칙은 간단하다. 스레드가 동기화 블록에 들어가면 모니터에서 락을 얻는다. 락을 가진 스레드가 락을 해제할 때까지 다른 스레드는 동기화 블록에 들어갈 수 없다. 편의상 스레드가 동기화 블록에서 나갈 때만 락이 해제된다고 가정하자. 그림 D.5는 이 과정을 알기 쉽게 나타낸 그림이다. 두 동기화 블록은 각각 앱의 다른 파트를 구성하지만 둘 다 동일한 모니터인 M1(동일한 객체 인스턴스)을 사용하므로 이 스레드는 한 번에 두 블록 중 어느 한 곳에서만 실행 가능하다. (적어도 그림에 나타낸 동기화 블록에서는) 커맨드 A, B, C 중 어느 것도 동시에 호출될 일은 없다.

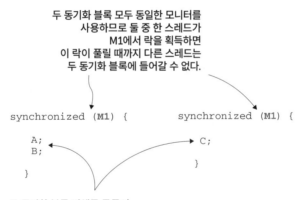

그림 D.5 동기화 블록을 사용한 코드 예

하지만 앱에 여러 동기화 블록이 정의된 경우도 있다. 모니터는 여러 동기화 블록을 연결하지만, 두 동기화 블록이 상이한 두 모니터를 사용하는 경우에는 이들은 서로 동기화되지 않는다. 그림 D.6에서 첫 번째, 두 번째 동기화 블록은 동일한 모니터를 사용하기 때문에 동기화되지만 세 번째 블록과는 동기화되지 않는다. 따라서 세 번째 동기화 블록에 정의된 커맨드 D는 첫 번째, 두 번째 동기화 블록 중 어느 커맨드와도 동시에 실행될 가능성이 있다.

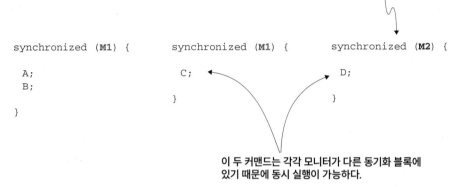

M2로 동기화된 블록에는 두 스레드가
동시에 들어갈 수 없지만,
M1로 락을 획득한 스레드는
M2로 락을 획득한 스레드와 동시에 실행될 수 있다.

```
synchronized (M1) {        synchronized (M1) {        synchronized (M2) {

    A;                         C;                         D;
    B;
                           }                          }
}
```

이 두 커맨드는 각각 모니터가 다른 동기화 블록에
있기 때문에 동시 실행이 가능하다.

그림 D.6 두 동기화 블록이 동일한 객체 인스턴스를 모니터로 사용하지 않으면 서로 동기화되지 않는다.

프로파일러나 스레드 덤프 등의 도구로 문제를 조사할 때에는 스레드가 차단된 경위를 파악할 필요가 있다. 이 정보를 바탕으로 특정 스레드가 실행되지 않는 상황이나 원인을 알 수 있다(그림 D.7).

어떤 스레드가 동기화 코드 블록의 모니터에 의해 차단되었는지 확인할 수 있다.
앱 동작을 조사할 때 이 상태가 무슨 의미인지 파악하면 어떤 코드가 실행되는지
이해가 되면서 무엇이 문제인지 밝혀낼 수 있다.

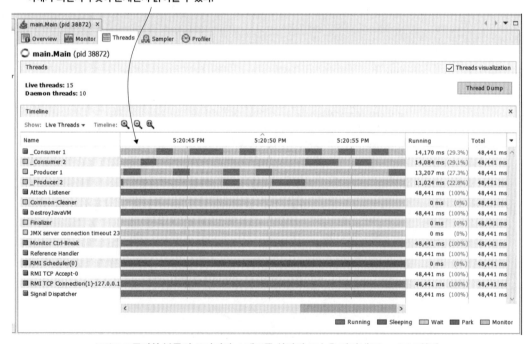

그림 D.7 동기화 블록의 모니터가 스레드를 차단된 모습을 나타낸 VisualVM 화면

D.3.2 wait(), notify(), notifyAll() 사용

미지정 시간(undefined time) 동안 대기하라는 요청을 받은 스레드 역시 차단될 수 있다. 동기화 블록의 모니터에서 wait() 메서드를 사용하면 스레드를 무한 대기시킬 수 있다. 그럼 다른 스레드가 모니터의 notify() 또는 notifyAll() 메서드를 사용하여 대기 중인 스레드에게 작업을 계속하라고 '알려줄(tell)' 수 있다. 이 두 메서드는 실행을 해도 의미가 없는 스레드를 강제로 중단시킴으로써 앱의 성능을 개선하는 데 자주 쓰인다. 단, 잘못 사용하면 앱이 데드락에 빠지거나 스레드 실행이 해제되지 않은 채 무한 대기할 수도 있으니 유의하기 바란다.

wait(), notify(), notifyAll()은 동기화 블록에서 사용할 때만 효과가 있다. 이들은 사실 동기화 블록의 모니터의 동작이므로 모니터 없이는 사용 자체가 불가능하다. wait() 메서드를 사용하면 모니터가 미지정 시간 동안 스레드를 차단한다. 스레드를 차단할 때 다른 스레드가 자신에 의해 동기화 블록에 들어갈 수 있게 획득한 락도 함께 해제한다. notify() 메서드가 호출되면 스레드는 다시 실행 가능한 상태로 바뀐다(그림 D.8).

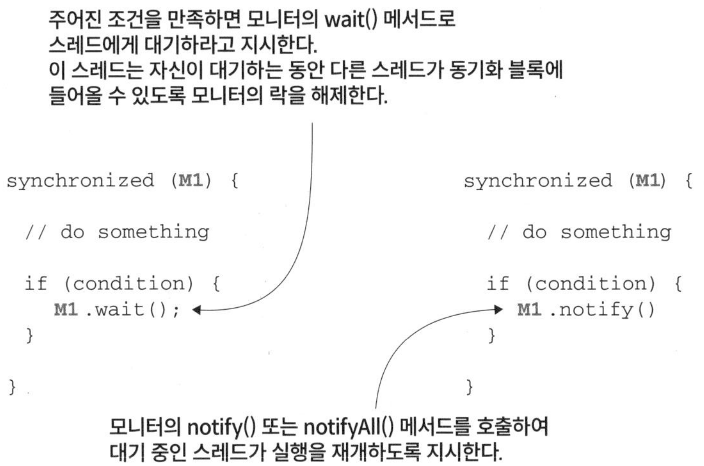

주어진 조건을 만족하면 모니터의 wait() 메서드로
스레드에게 대기하라고 지시한다.
이 스레드는 자신이 대기하는 동안 다른 스레드가 동기화 블록에
들어올 수 있도록 모니터의 락을 해제한다.

```
synchronized (M1) {                    synchronized (M1) {

  // do something                        // do something

  if (condition) {                       if (condition) {
    M1 .wait();                            M1 .notify()
  }                                      }

}                                      }
```

모니터의 notify() 또는 notifyAll() 메서드를 호출하여
대기 중인 스레드가 실행을 재개하도록 지시한다.

그림 D.8 wait() 및 notify() 메서드의 작동 원리

좀 더 구체적인 그림 D.9의 시나리오를 보자. 7장에서 여러 스레드가 리소스를 공유하는 프로듀서-컨슈머 방식으로 구현한 앱을 설명했다. 프로듀서 스레드는 공유 리소스에 값을 추가하고 컨슈머 스레드는 이 값을 삭제한다. 공유 리소스에 아무 값도 없으면 어떻게 될까? 이런 경우 컨슈머는 실행을 하는 의미가 없다. 엄밀히 말해 실행은 가능해도 소비할 값이 없으므로 JVM이 이런 행위를 방치하면 불필요한 시스템 리소스가 낭비될 것이다. 공유 리소스에 값이 없으면 컨슈머를 대기시키고, 프로듀서가 새 값을 추가한 이후에만 실행을 재개하도록 만드는 것이 합리적이다.

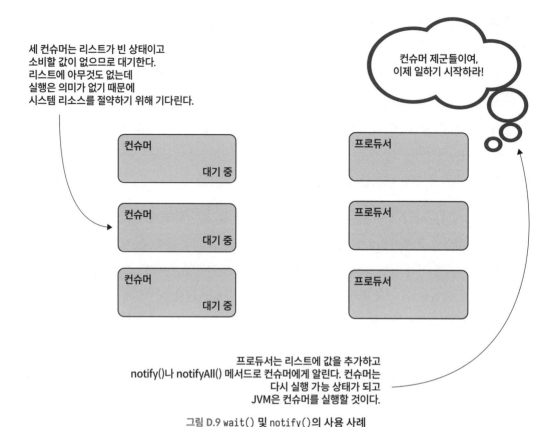

세 컨슈머는 리스트가 빈 상태이고
소비할 값이 없으므로 대기한다.
리스트에 아무것도 없는데
실행은 의미가 없기 때문에
시스템 리소스를 절약하기 위해 기다린다.

컨슈머 제군들이여,
이제 일하기 시작하라!

컨슈머

대기 중

프로듀서

컨슈머

대기 중

프로듀서

컨슈머

대기 중

프로듀서

프로듀서는 리스트에 값을 추가하고
notify()나 notifyAll() 메서드로 컨슈머에게 알린다. 컨슈머는
다시 실행 가능 상태가 되고
JVM은 컨슈머를 실행할 것이다.

그림 D.9 wait() 및 notify()의 사용 사례

D.3.3 스레드 조인

다른 스레드가 실행을 완료할 때까지 대기시켰다가 어느 시점에서 스레드를 조인하는 방식도 자주 쓰이는 동기화 기법이다. wait/notify 패턴과 다른 점은 스레드가 알림을 받을 때까지 기다리지 않는다는 것이다. 스레드는 그냥 다른 스레드가 실행을 마칠 때까지 기다릴 뿐이다. 그림 D.10도 이러한 동기화 기법을 활용할 수 있는 시나리오 중 하나다.

서로 다른 독립적인 두 데이터 소스에서 가져온 데이터에 따라 모종의 처리를 해야 한다고 가정하자. 데이터 조회 시간은 첫 번째 데이터 소스에서 약 5초, 두 번째 데이터 소스에서 약 8초가 걸린다. 작업을 순차 실행하면 총 데이터 처리 시간은 5 + 8 = 13초다. 하지만 여러분은 더 나은 접근 방식을 알고 있다. 두 데이터 소스는 서로 독립적이므로 스레드를 2개 사용하면 데이터를 동시에 가져올 수 있다. 그러나 데이터를 처리하는 스레드는 데이터를 조회하는 두 스레드가 모두 완료될 때까지 기다렸다 일을 시작해야 한다. 다시 말해, 처리 스레드는 두 조회 스레드에 조인하는 것이다(그림 D.10).

스레드 조인은 많은 경우 꼭 필요한 동기화 기술이다. 그러나 이 역시 제대로 사용하지 않으면 문제가 될 수 있다. 예를 들어, 한 스레드가 다른 스레드를 대기하거나, 적체되거나(stuck), 영원히 종료되지 않으면 이 스레드에 조인하는 스레드는 절대로 실행되지 않을 것이다.

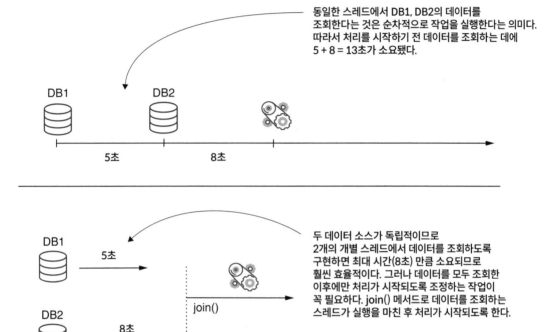

동일한 스레드에서 DB1, DB2의 데이터를 조회한다는 것은 순차적으로 작업을 실행한다는 의미이다. 따라서 처리를 시작하기 전 데이터를 조회하는 데에 5 + 8 = 13초가 소요됐다.

두 데이터 소스가 독립적이므로 2개의 개별 스레드에서 데이터를 조회하도록 구현하면 최대 시간(8초)만큼 소요되므로 훨씬 효율적이다. 그러나 데이터를 모두 조회한 이후에만 처리가 시작되도록 조정하는 작업이 꼭 필요하다. join() 메서드로 데이터를 조회하는 스레드가 실행을 마친 후 처리가 시작되도록 한다.

그림 D.10 스레드를 여러 개 사용하면 앱 성능을 향상시킬 수 있는 경우가 있지만, 조인하는 과정에서 스레드 간에 의존 관계가 발생하여 다른 스레드를 기다리는 스레드가 생길 수밖에 없다.

D.3.4 정해진 시간 동안 스레드 차단

스레드를 주어진 시간 동안 대기시켜야 할 때도 있다. 이런 경우 스레드는 'timed waiting(시간 초과 대기)' 또는 'sleeping(잠자기)' 상태가 된다. 스레드를 timed waiting 상태로 만드는 가장 일반적인 방법은 다음과 같다.

- sleep(): Thread 클래스에 있는 스태틱 메서드 sleep()을 사용하면 코드를 실행 중인 스레드가 정해진 시간 동안 기다리게 할 수 있다.
- wait(long timeout): 타임아웃 매개변수를 받는 wait() 메서드 역시 매개변수 없는 wait() 메서드(D.3.2)와 동일하나, 주어진 타임아웃 시간(밀리초)이 지나면 스레드를 자동으로 깨운다.

- join(long timeout): join() 메서드(D.3.3)와 동일하나, 주어진 타임아웃 시간이 지나면 자동으로 조인한다.

앱에서 자주 목격되는 안티패턴은 4장에서 설명한 wait() 대신 sleep() 메서드로 스레드를 대기시키는 것이다. 좀 전에 예로 든 프로듀서-컨슈머 방식의 코드도 그렇다. wait() 대신 sleep()을 사용할 수 있지만, 프로듀서가 실행되어 공유 리소스에 값을 추가할 시간을 확보하려면 컨슈머는 얼마나 오래 잠들어야 할까? 정답은 없다. 그림 D.11처럼 스레드를 100밀리초 동안 재우는 것이 너무 길 수도 있고 짧을 수도 있다. 그러나 이런 식으로 접근하면 결국 최적의 성능을 얻을 수가 없다.

이렇게 그냥 기다리는 게 아니라
지정된 시간 동안 대기시키면 일이 잘못되는 경우가 있다.
기능상 문제는 없지만 성능은 그리 좋지 않은 편이다.

```
synchronized (M1) {

    // do something

    if (condition) {
        Thread.sleep(100); ◄
    }


}
```

그림 D.11 wait()나 notify() 대신 타임아웃 방식으로 접근하는 것은 대개 별로 좋은 방법이 아니다.
스레드가 실행을 재개하는 시점을 코드에서 결정할 수 있다면 sleep() 대신 wait() 및 notify()를 사용하라.

D.3.5 스레드와 블로킹 객체 동기화하기

JDK에는 스레드 동기화에 특화된 꽤 쓸 만한 도구 세트가 많다. 그중 멀티스레드 아키텍처에서 가장 널리 알려진 클래스는 다음과 같다.

- Semaphore(세마포어): 주어진 코드 블록을 실행할 수 있는 스레드의 수를 제한할 의도로 사용하는 객체
- CyclicBarrier(사이클릭배리어): 주어진 코드 블록을 실행하기 위해 적어도 특정 개수 이상의 스레드가 액티브 상태인지 확인하는 용도로 쓰이는 객체
- Lock(락): 좀 더 광범위한 동기화 옵션을 제공하는 객체
- Latch(래치): 다른 스레드의 특정 로직이 수행될 때까지 일부 스레드를 대기시키는 목적으로 쓰이는 객체

이들은 특정 시나리오에서 구현체를 단순화하기 위해 미리 메커니즘을 정의한 하이 레벨(high-level, 고수준) 객체다. 그러나 이런 객체를 코드에 오버엔지니어링(overengineering)[1]하는 식으로 잘못 사용하는 개발자들이 의외로 많다. 문제를 해결하는 데 필요한 가장 단순한 해결책을 적용하되, 이런 객체를 사용해야 할 경우 작동 원리를 사전에 철저히 이해하기 바란다.

D.4 멀티스레드 아키텍처의 일반적인 문제

멀티스레드 아키텍처를 조사하면 예기치 못한 다양한 동작(예: 엉뚱한 아웃풋, 성능 문제)의 근본 원인에 해당하는 문제점이 자주 발견된다. 다음과 같은 일반적인 문제를 미리 알아두면 더 빨리 원인을 파악하고 해결하는 데 도움이 될 것이다.

- **경쟁 상태**(race condition): 둘 이상의 스레드가 공유된 리소스를 서로 고치려고 경쟁한다.
- **데드락**(deadlock): 둘 이상의 스레드가 서로를 기다린다.
- **리브락**(livelock): 둘 이상의 스레드가 중단 조건을 만족하지 못하여 아무런 의미 있는 일을 하지 못한 채 계속 실행된다.
- **기아**(starvation): JVM이 다른 스레드를 실행하는 동안 스레드가 지속적으로 차단된다. 이렇게 차단된 스레드는 커맨드를 실행할 수 없다.

D.4.1 경쟁 상태

경쟁 상태는 여러 스레드가 동일한 리소스를 변경하려고 다툴 때 일어난다. 결국 예기치 않은 결과 또는 예외가 발생할 수 있다. 일반적으로 이러한 상황을 피하기 위해 동기화 기법을 사용한다. 그림 D.12를 보자. 스레드 T1, T2가 동시에 변수 x의 값을 고치려고 달려든다. 스레드 T1은 값을 늘리려고, 스레드 T2는 값을 줄이려고 시도한다. 이 시나리오는 앱의 실행을 반복할 때마다 아웃풋이 달라질 수 있다. 몇 가지 가능한 시나리오는 다음과 같다.

- 실행 후 x 값이 5가 된다. T1이 먼저 값을 변경하고 T2가 이미 변경된 변숫값을 읽거나, 그 반대의 경우다.
- 실행 후 x 값이 4가 된다. 두 스레드 모두 동시에 x 값을 읽었지만 T2가 마지막으로 값을 쓴 경우다(T2가 읽은 값 - 1).

1 　옮긴이　https://ko.wikipedia.org/wiki/오버엔지니어링

- 실행 후 x 값이 4가 된다. 두 스레드 모두 동시에 x 값을 읽었으나 T1이 마지막으로 값을 쓴 경우다(T1이 읽은 값 + 1).

이처럼 경우에 따라 각기 다른 아웃풋이 나온다. 여러 갈래의 실행 흐름이 가능한 멀티스레드 아키텍처 기반의 앱은 시나리오별로 재현하기가 어려울 수 있으며, 특정 환경에서만 문제가 발생하여 더욱 조사하기 곤란한 경우도 드물지 않다.

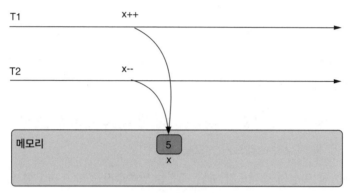

그림 D.12 여러 스레드가 동시에 공유 리소스를 변경하려고 시도하는 경쟁 상태.
스레드 T1과 T2는 변수 x의 값을 동시에 변경하려고 시도하므로 실행할 때마다 아웃풋이 달라질 수 있다.

D.4.2 데드락

데드락은 둘 이상의 스레드가 중단된 이후 자신의 실행을 재개하려고 각자 상대방을 기다리는 경우다(그림 D.13). 이런 상황에서는 앱 전체 또는 일부가 정지되어 주어진 기능을 실행할 수 없게 된다.

그림 D.13 실행을 재개하기 위해 T1이 T2를, T2는 T1을 기다리는 데드락 상태.
서로 상대방을 하염없이 기다리고 있으므로 결국 어느 쪽도 실행되지 않는다.

그림 D.14는 데드락이 발생하는 과정을 예시한 코드다. 한 스레드는 리소스 A의 락을, 다른 스레드는 리소스 B의 락을 각각 획득한다. 그러나 두 스레드가 각자 실행을 재개하려면 상대방이 획득한 리소스가 필요하다. T1은 T2가 리소스 A를 해제하기를 기다리고, 동시에 T2는 T1이 리소스 B를 해제하기를 기다린다. 두 스레드 모두 상대방이 필요한 리소스를 놓아주길 기다리므로 둘 중 어느 쪽도 실행을 재개할 수가 없다. 이것이 바로 데드락이다.

스레드 T1은 리소스 B를 획득하여
동기화 블록에 들어가고
여기 있는 커맨드를 실행한다.

이와 동시에 스레드 T2는 리소스 A를 획득하여
동기화 블록에 들어가고
여기 있는 커맨드를 실행한다.

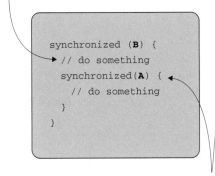

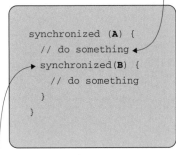

중첩된 동기화 블록에 이르면 두 스레드 중 어느 쪽도 실행을 재개할 수 없다.
T1은 T2가 리소스 A를 해제하기를 기다리지만, 리소스 A를 해제하려면 T2가
먼저 리소스 B를 획득하여 중첩 동기화 블록에 들어가야 한다.
결국, T2는 T1이 리소스 B를 해제하기를 기다리고, T1은 T2가 리소스 A를 해제하기를 기다린다.
결국 두 스레드 모두 데드락의 늪에 빠진다.

그림 D.14 동기화 블록을 잘못 사용하면 두 스레드 모두 상대방을 기다리지만
어느 쪽도 실행하지 못하는 데드락 상태가 될 수 있다.

그림 D.14의 사례는 단순하지만 많은 점을 시사한다. 실제로 데드락 시나리오는 조사하고 이해하기가 꽤 까다로운 편이다. 또 둘 이상의 스레드가 연관되어 일어날 때도 있다. 동기화 블록이 스레드가 데드락에 빠지는 유일한 환경인 것은 아니다. 데드락 문제를 조사할 때에는 7~9장에서 배운 기법을 잘 활용하는 것이 최선이다.

D.4.3 리브락

리브락은 데드락과 거의 정반대의 개념이다. 스레드가 리브락에 빠지면 항상 주어진 조건에서 스레드가 중단돼야 하는 조건임에도 실행을 계속한다. 스레드가 멈추지 않고 계속 실행되면서 시스템 리소스는 무차별적으로 소모된다. 리브락은 앱 실행에 성능 문제를 일으킬 수 있다.

그림 D.15는 리브락이 발생하는 과정을 나타낸 시퀀스 다이어그램이다. 두 스레드 T1, T2가 루프에서 반복된다. T1은 실행을 중단하기 위해 마지막 반복 전에 조건을 True로 만든다. 다음번에 T1이 조건식을 만나면 True가 되어 실행이 중단되어야 하지만, 다른 스레드인 T2가 그새 조건을 False로 변경하기 때문에 그렇게 작동되지 않는다. T2 역시 사정은 마찬가지다. 두 스레드 모두 각자 중단하려고 조건을 변경하지만, 그럴 때마다 상대방 스레드는 실행을 계속하게 된다.

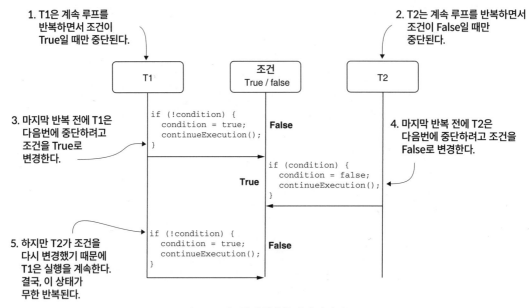

그림 D.15 리브락이 발생한 예시 시나리오

4장(4.4.2절)에서 예시한 데드락 상황도 그렇지만, 방금 전 예로 든 시나리오도 설명을 하기 위해 단순화한 것이다. 실제로 리브락은 이보다 훨씬 더 복잡한 시나리오에서 발생할 수 있다. 또 둘 이상의 스레드가 연관되어 일어날 수도 있다. 리브락 문제도 7~9장에서 배운 기법을 잘 활용하면 충분히 효과적으로 밝혀낼 수 있다.

D.4.4 기아

요즘 앱에서는 발생할 가능성이 낮긴 하지만, 특정 스레드가 실행 가능한 상태임에도 실행 대상에서 지속적으로 배제되는 기아 현상도 많이 발생하는 문제다. 스레드는 스스로 커맨드를 실행하려고 하지만, JVM은 계속 다른 스레드가 시스템 리소스에 액세스하는 것을 허용한다. 결국 시스템 리소스에 액세스해서 정의된 커맨드 집합을 실행할 수 없게 된 스레드는 밥을 먹지 못하는 기아 상태라고 볼 수 있다.

JVM 초기 버전 시절, 개발자가 특정 스레드에 우선순위를 낮게 설정하면 이런 일이 발생할 때도 있었지만, 최신 JVM 구현체는 똑똑하게 일처리를 하기 때문에 (적어도 필자의 경험상으로는) 스레드가 기아 상태가 될 가능성은 별로 없다.

D.5 추가 자료

스레드는 복잡한 주제다. 스레드의 작동 방식을 자세히 이해하는 것은 모든 자바 개발자에게 매우 중요한 일이다. 이 부록에서는 책 곳곳에서 다루는 기술을 이해하는 데 도움이 될 만한 내용만 다루었지만, 스레드를 좀 더 깊이 학습하고 싶다면 다음 책들을 추천한다.

- 《OCP Oracle Certified Professional Java SE 11 Developer Complete Study Guide》(Sybex, 2020)의 18장에서 스레드와 동시성을 설명한다. 완전 기초부터 시작해서 OCP 인증에 필요한 모든 스레드 기술을 다룬다. 스레드를 처음 배운다면 이 책으로 시작하는 것이 좋다.
- 《기본기가 탄탄한 자바 개발자》(제이펍, 2024)에서 기본부터 성능 튜닝까지, 동시성을 충실하게 설명한다.
- 《자바 병렬 프로그래밍》(에이콘출판사, 2008)은 오래된 책이지만 여전히 읽을 가치가 충분하다. 스레드와 동시성 지식을 연마하려는 모든 자바 개발자의 필독서다.

자바 메모리 관리 체계

부록 E에서는 자바 가상머신(JVM)이 자바 앱의 메모리를 어떻게 관리하는지 설명한다. 자바 앱에서 조사해야 하는 가장 까다로운 문제 중에는 앱이 메모리를 관리하는 방식에 관한 것들이 많다. 다행히 몇 가지 기술을 잘 활용하면 최소한의 시간으로 문제를 분석하고 근본 원인을 찾을 수 있다. 하지만 그 전에 자바 앱이 메모리를 어떻게 관리하는지 기본적인 내용을 알아야 한다.

앱의 메모리는 한정된 리소스다. 요즘 시스템은 앱이 실행되는 동안 넉넉한 양의 메모리를 제공하지만, 그래도 앱이 이 리소스를 어떻게 소비하는지 잘 관찰할 필요가 있다. 세상에 그 어떤 시스템도 무제한 메모리를 제공할 수는 없기 때문이다(그림 E.1). 메모리 문제는 결국 성능 문제(앱 속도 저하, 배포 비용 증가, 느린 기동 속도 등)로 발현되며, 경우에 따라 전체 프로세스가 완전히 중단되기도 한다(예: OOM 에러 발생).

여기서는 메모리 관리의 기본적인 내용만 훑어보겠다. E.1절에서는 JVM이 실행 프로세스를 위해 메모리를 구성하는 방법을 설명한다. 앱에 메모리를 할당하는 세 가지 방법(스택, 힙, 메타스페이스)에 대해 배운다. E.2절에서는 스택에 대해 설명한다. 스택은 스레드가 로컬 변수와 해당 데이터를 저장하는 메모리 공간이다. E.3절에서는 힙을 설명하고 객체 인스턴스가 메모리에 어떻게 저장되는지 이해한다. E.4절에서는 메타스페이스, 즉 객체 타입의 메타데이터가 저장되는 메모리 공간에 대해 설명한다.

코끼리야, 메모리 상태가 좀 어떠니?

그림 E.1 앱의 메모리는 한정된 리소스다. 무한 메모리를 할당하는 마술 같은 건 없다. 앱을 빌드할 때는
메모리 소비 패턴을 잘 분석하여 이유 없이 메모리를 낭비하지 않도록 해야 한다.
어떤 기능이 메모리를 지나치게 많이 사용하는 이슈가 발생하면 성능이 저하되면서 완전히 앱이 실패할 수도 있다.

JVM이 앱의 메모리를 구성하는 방법

JVM은 관리 방식이 각각 다른 여러 메모리 위치에서 앱이 사용하는 데이터를 구성한다. 메모리 관련 문제를 조사하려면 JVM이 메모리를 어떻게 관리하는지 제대로 알아야 한다. 자바 앱의 메모리에서 어떤 데이터가 어디로 이동하는지, 각각의 위치에서 메모리는 어떻게 관리되는지 자세히 살펴보자.

편의상 자바 앱이 실행 중에 데이터를 두 가지 방법, 즉 스택과 힙에서 관리한다고 가정하자. 데이터가 정의된 방식에 따라 앱은 스택과 힙 중 한 곳에서 데이터를 관리한다. 하지만 어느 데이터가 어디로 흘러갈지 논하기 앞서, 앱은 둘 이상의 스레드를 가지고 데이터를 동시에 처리할 수 있다는 사실을 상기시켜보자. 앱의 모든 스레드가 사용하는 힙은 하나의 커다란 단일 메모리 공간이다. 또 각 스레드는 **스택**이라는 자신만의 유니크한 메모리 공간을 갖고 있다. 스택과 힙은 자바 메모리 관리를 처음 배우는 개발자가 혼동하기 쉽다(그림 E.2).

스택은 스레드 소유의 메모리 공간이다. 각 스레드는 다른 스레드와 공유하지 않는 자기만의 특정한 스택을 가진다. 스레드는 코드 블록에서 로컬로(locally) 선언되며, 스레드에서 실행되는 데이터는 모두 스택에 저장된다. 다음 코드 스니펫을 보자. 여기서 메서드의 코드 블록에 선언된 매개변수 x와 y, 변수 sum은 모두 로컬 변수다. 이런 변숫값은 메서드가 실행될 때 스레드의 스택에 저장된다.

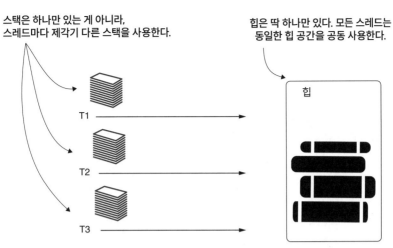

스택은 하나만 있는 게 아니라,
스레드마다 제각기 다른 스택을 사용한다.

힙은 딱 하나만 있다. 모든 스레드는
동일한 힙 공간을 공동 사용한다.

힙

T1

T2

T3

그림 E.2 T1, T2, T3은 모두 동일한 힙을 사용하는 자바 앱의 스레드다. 힙은 앱이 객체 인스턴스를 보관하기 위해
사용하는 메모리 공간이다. 세 스레드는 로컬에 선언된 데이터를 스택이라는 유니크한 메모리 공간에 저장한다.

```
public int sum(int x, int y) {
  int sum = x + y;
  return sum;
}
```

변수 x, y, sum의 값은 스택에 저장된다.

힙은 객체 인스턴스의 데이터가 저장되는 메모리 공간이다. 예를 들어, 다음 코드처럼 Cat 클래스
를 선언하면 생성자 new Cat()으로 인스턴스를 생성할 때마다 힙에 쌓인다.

```
public class Cat {
}
```

클래스에 선언된 애트리뷰트 역시 JVM이 힙에 저장한다. 예를 들어 다음 코드처럼 Cat 클래스에
name과 age 애트리뷰트가 선언되어 있으면 JVM은 인스턴스별로 두 애트리뷰트를 힙에 저장한다.

```
public class Cat {

  private String name;
  private int age;

}
```

객체의 애트리뷰트는
힙에 저장된다.

이제 그림 E.3을 보면 머릿속에서 정리가 될 것이다. 로컬 변수와 그 값(x 및 c)은 스레드의 스택에
저장된다. 반면, Cat 인스턴스와 해당 데이터는 앱의 힙에 저장된다. Cat 인스턴스를 가리키는 레퍼

런스는 스레드의 스택에 있는 변수 c에 저장된다. String 배열의 레퍼런스를 저장하는 메서드의 매개변수 역시 스택의 일부가 된다.

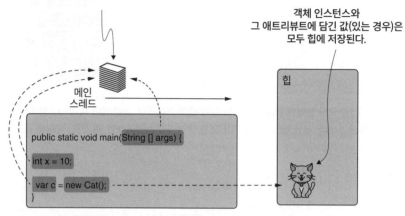

그림 E.3 앱은 스레드의 스택에 선언된 로컬 변수와 힙에 보관한 객체 인스턴스 데이터를 갖고 있다. 어느 한 스레드의 스택에 있는 변수는 힙에 있는 객체를 참조할 수 있다. 그림에서 10이라는 값이 할당된 변수 x와 Cat 인스턴스의 레퍼런스가 할당된 변수 c는 메인 스레드 스택의 일부다.

E.2 스레드가 로컬 데이터를 저장하는 데 사용하는 스택

스택의 메커니즘을 좀 더 깊이 있게 파헤쳐보자. E.1절에서 로컬 값이 스택에 저장되고 각 스레드마다 유니크한 스택 공간을 가진다고 했다. 그럼, 앱은 이런 값들을 메모리에 어떻게 저장하고 삭제할까? 짧은 예제 코드를 보면서 하나씩 설명하겠다. 일단 스택의 메모리 관리 메커니즘을 명확하게 이해한 다음, 스택과 관련하여 어디가 잘못되어 문제가 될 수 있는지 살펴보자.

먼저, 이 메모리 공간을 '스택'이라고 부르는 이유는 뭘까? 스레드의 스택은 말 그대로 스택이라는 자료구조의 원리를 따른다. 이미 알고 있겠지만 **스택**은 언제나 최근에 추가된 원소가 가장 먼저 삭제되는 정렬된 컬렉션(ordered collection)이다. 각 레이어가 다른 레이어 위에 저장되는 레이어의 스택인 셈이다. 모든 기존 레이어 위에 새 레이어가 추가되며 쌓이고 항상 최상위 레이어만 삭제할 수 있다. 이러한 원소의 추가/삭제 메커니즘을 **후입선출**(last in, first out, LIFO)이라고도 한다. 그림 E.4는 스택에서 원소를 추가/삭제하는 과정이다. 편의상 스택 값은 단순한 숫자로 했다.

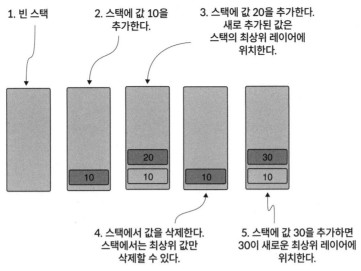

1. 빈 스택

2. 스택에 값 10을 추가한다.

3. 스택에 값 20을 추가한다. 새로 추가된 값은 스택의 최상위 레이어에 위치한다.

4. 스택에서 값을 삭제한다. 스택에서는 최상위 값만 삭제할 수 있다.

5. 스택에 값 30을 추가하면 30이 새로운 최상위 레이어에 위치한다.

그림 E.4 스택에(서) 값을 추가/삭제하는 과정

앱이 스레드 스택의 데이터를 관리하는 방식도 이런 식이다. 코드 블록의 시작부가 실행되면 그때마다 스레드 스택에 새 레이어가 생성된다. 일반적인 스택 원리에 따라 새 레이어는 최상위 레이어로서 가장 먼저 삭제되는 대상이다. 다음 코드 스니펫이 실행되면서 스레드의 스택이 어떻게 달라지는지 단계별로 살펴보자(그림 E.5, E.6, E.7, E.8).

```java
public static void main(String [] args) {
  int x = 10;
  a();
  b();
}

public static void a() {
  int y = 20;
}

public static void b() {
  int y = 30;
}
```

실행은 main() 메서드에서 시작된다(그림 E.5). 이 메서드가 시작되면 첫 번째 레이어가 스레드 스택에 추가된다. 이 레이어는 코드 블록에 선언된 모든 로컬 값이 저장되는 메모리 공간이다. 여기서 코드 블록은 변수 x를 선언하고 10이라는 변숫값을 초기화한다. 그럼 이 변수는 새로 생성된 스레드 스택의 레이어에 저장된다. 메서드가 실행을 끝내면 스택에서 이 레이어는 지워진다.

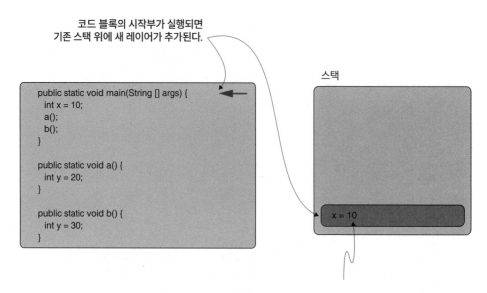

코드 블록의 시작부가 실행되면
기존 스택 위에 새 레이어가 추가된다.

스택

```
public static void main(String [] args) {
  int x = 10;
  a();
  b();
}

public static void a() {
  int y = 20;
}

public static void b() {
  int y = 30;
}
```

x = 10

모든 로컬 변수는 이 스택 레이어에 저장된다. 예제에서 변수 x를
인스턴스화하는 지점(int x = 10)이 실행되면 값 10을 저장하는
변수 x가 스택 레이어의 일부가 될 것이다.

그림 E.5 코드 블록이 처음 실행되면 먼저 스레드의 스택에 새 레이어가 생성된다. 코드 블록에 정의된 변수는
모두 이 새 레이어에 저장되고, 코드 블록이 끝나면 이 레이어도 삭제된다.
이런 식으로 메모리의 어느 영역에 있는 값이 더 이상 필요하지 않으면 해제된다는 사실을 알 수 있다.

임의의 코드 블록은 다른 코드 블록을 호출할 수 있다. 이 예제도 main() 메서드가 다른 블록에 있는 a()와 b()를 호출하고 있다. 해당 코드 블록이 시작되면 다시 스택에 새 레이어가 추가된다. 이 새 레이어는 로컬에 선언된 모든 데이터가 저장되는 메모리 공간이다. 그림 E.6은 a() 메서드가 실행되는 시점의 스택의 모습이다.

a() 메서드가 실행을 마치고 main()로 복귀하면 스레드 스택에 자리를 잡았던 레이어도 함께 사라진다(그림 E.7). 즉, 이 메서드가 메모리에 저장한 데이터도 없어진다는 뜻이다. 이로써 불필요한 메모리 할당이 해제되고 그만큼 새로운 데이터를 저장할 공간이 늘어난다. 코드 블록은 마지막 커맨드가 실행되거나, return 커맨드를 만나거나, 아니면 예외가 발생할 경우에 종료된다. 코드 블록이 종료되면 LIFO 방식에 따라 해당 레이어는 항상 스택의 최상위 레이어가 된다.

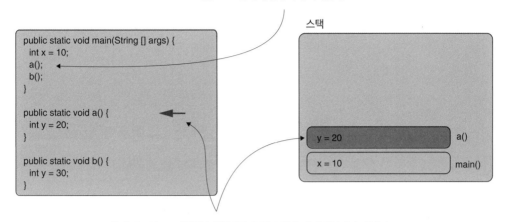

a() 메서드를 호출하면
해당 코드 블록이 실행되기 시작된다.

스택

```
public static void main(String [] args) {
  int x = 10;
  a();
  b();
}

public static void a() {
  int y = 20;
}

public static void b() {
  int y = 30;
}
```

| y = 20 | a() |
| x = 10 | main() |

a() 메서드의 코드 블록이 실행되면 우선 스택에 새 레이어가 추가된다.
이 메서드에 선언된 로컬 값은 모두 이 레이어에 저장된다.

그림 E.6 실행 중인 코드 블록에서 다른 코드 블록을 호출하는 과정. main() 메서드는 a() 메서드를 호출하는데,
main() 메서드가 아직 완료되지 않았기 때문에 이 메서드의 레이어는 아직 스택에 남아 있다.
a() 메서드는 그 위에 자신의 로컬 값이 저장되는 유니크한 레이어를 생성한다.

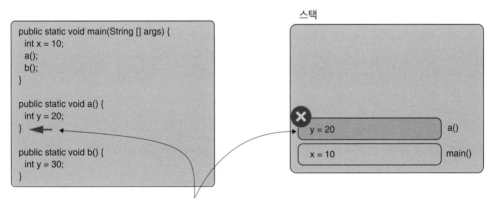

스택

```
public static void main(String [] args) {
  int x = 10;
  a();
  b();
}

public static void a() {
  int y = 20;
}

public static void b() {
  int y = 30;
}
```

| y = 20 | a() |
| x = 10 | main() |

코드 블록 끝에 이르면(또는 메서드가 리턴되거나 예외가 던져지면)
스택의 레이어와 그 내용물은 한꺼번에 지워진다.

그림 E.7 코드 블록 끝까지 도달하면 이 블록에 포함된 모든 데이터와 함께 해당 레이어가 스택에서 감쪽같이 사라진다.
a() 메서드가 리턴되면 해당 스택 레이어 역시 삭제된다. 이런 식으로 불필요한 데이터를 메모리에서 삭제하는 것이다.

이어서 main() 메서드는 b() 메서드를 호출한다. a()처럼 b() 메서드는 자신이 선언한 로컬 데이터를 저장하기 위해 스택에 새 레이어를 확보한다(그림 E.8).

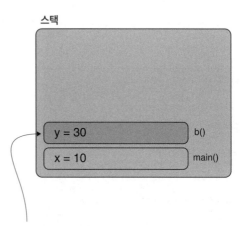

```
public static void main(String [] args) {
  int x = 10;
  a();
  b();
}

public static void a() {
  int y = 20;
}

public static void b() {
  int y = 30;    ←
}
```

스택

| y = 30 | b() |
| x = 10 | main() |

b() 메서드가 실행될 때 a() 메서드의 스택 레이어는 더 이상 없다.
b() 메서드는 스택에 자신만의 레이어를 만들고
거기에 자신이 선언한 로컬 값을 저장한다.
이 메서드가 실행을 마치면 스택에 있던 레이어도 함께 삭제된다.
main()도 마찬가지다.
스레드가 결국 실행을 마치면 스택은 텅 빈 상태가 된다.

그림 E.8 a() 메서드처럼 b() 메서드 역시 호출되고 해당 코드 블록의 시작부가 실행되면 스택에 새 레이어가 추가된다. 이후 이 메서드는 자신의 로컬 데이터를 모두 이 레이어에 저장하고 마지막에 리턴되면 해당 레이어도 함께 삭제된다.

main()이 종료되면 스레드는 실행을 마치고 스택은 빈 상태로 남고 레이어는 모두 삭제된다. 동시에 스레드는 수명 주기상 Dead(종료됨) 상태가 된다(부록 D 참고).

스택에는 디폴트 메모리 공간이 할당되며, 그 크기는 사용하는 JVM에 따라 다르다.[1] 이 한계치는 조정할 수 있지만 무한대로 만들 수는 없다. 스택 오버플로(stack overflow)는 스택이 꽉 차서 더 이상 레이어를 추가할 수 없을 때 발생하는 에러다. 이 지경에 이르면 코드는 StackOverflowError를 던지며 스택이 꽉 찬 스레드는 완전히 중단된다. 스택 오버플로는 주로 재귀(recursion, 또는 재귀적인 구현체), 즉 주어진 조건이 충족될 때까지 자기 자신을 계속 호출하는 메서드의 잘못된 중단 조건 때문에 발생한다. 조건 자체가 누락됐거나 메서드가 과도하게 자기 자신을 호출하도록 허용하면 스택이 실행을 시작할 때마다 메서드가 생성한 레이어로 가득 차버릴 것이다. 그림 E.9는 서로를 호출하는 두 메서드로 인해 무한 재귀가 반복되면서 발생한 스택의 모습이다.

각 스레드는 자신만의 스택을 갖고 있기 때문에 StackOverflowError는 스택이 가득 찬 스레드에만 영향을 미친다. 프로세스는 실행을 계속할 수 있고 다른 스레드는 전혀 영향을 받지 않는다. 또 StackOverflowError는 스택 트레이스를 생성하는데, 문제를 일으킨 코드를 식별하는 데 유용하다.

---

1 정확한 값은 http://mng.bz/JVYp를 참고하라.

그림 E.10은 이런 종류의 스택 트레이스의 모습이다. da-app-e-ex1 프로젝트를 사용하면 이 스택 트레이스를 그대로 재현할 수 있다.

새로운 코드 실행 블록이 실행되기 시작하면 스택에 새로운 레이어가 만들어진다. 그런데 재귀가 지나치게 일어나면 스택이 가득 차 더 이상 앱이 로컬 값을 저장할 레이어를 만들 수 없는 스택 오버플로 상태가 된다. 이 예제는 a() 메서드가 b() 메서드를 호출하고 b() 메서드가 a() 메서드를 호출하는데, 이 사이클이 중단되어야 할 조건이 어디에도 명시되어 있지 않다.

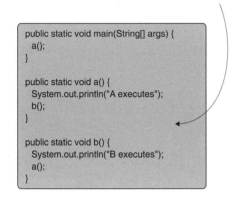

```
public static void main(String[] args) {
  a();
}

public static void a() {
  System.out.println("A executes");
  b();
}

public static void b() {
  System.out.println("B executes");
  a();
}
```

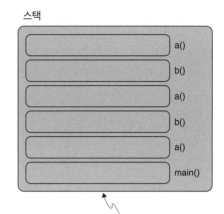

스택

	a()
	b()
	a()
	b()
	a()
	main()

스택 오버플로는 앱이 스택에 더 이상 레이어를 생성할 수 없는 메모리 이슈다.

그림 E.9 메서드를 실행할 때마다 새로운 스택 레이어가 생긴다. 과도한 재귀 때문에 메서드가 너무 많이 호출되면 스택이 가득 찰 수 있다. 이런 상태가 되면 StackOverflowError가 발생하면서 현재 스레드는 즉시 중단된다.

```
Exception in thread "main" java.lang.StackOverflowError
...
at main.Main.a(Main.java:11)
at main.Main.b(Main.java:16)
at main.Main.a(Main.java:11)
at main.Main.b(Main.java:16)
at main.Main.a(Main.java:11)
at main.Main.b(Main.java:16)
at main.Main.a(Main.java:11)
at main.Main.b(Main.java:16)
at main.Main.a(Main.java:11)
...
```

예외 스택이 개가 자기 꼬리를 물려고 빙글빙글 도는 것 같다면 조건이 잘못된 재귀가 끊임없이 실행되고 있을 가능성이 크다.

그림 E.10 StackOverflowError가 발생한 스택 트레이스. 이 에러는 보통 쉽게 발견할 수 있다. 스택 트레이스를 보면 이 예제처럼 반복적으로 자신을 호출하는 메서드나 서로를 호출하는 여러 메서드가 등장한다. 왜 이토록 서로를 끊임없이 호출하지 못해 안달인지는 직접 메서드를 조사해봐야 알 수 있다.

E.3 앱이 객체 인스턴스를 저장하는 데 사용하는 힙

힙은 자바 앱의 모든 스레드가 공유하는 메모리 공간이다. 객체 인스턴스는 힙에 저장된다. 그런데 힙은 스택보다 더 자주 말썽을 일으키며, 힙 관련 문제는 원인을 찾기가 좀 더 까다롭다. 객체가 힙에 어떻게 저장되는지, 누가 객체 레퍼런스를 갖고 있는지 분석해야 하는데, 이 문제는 메모리에서 객체가 언제 삭제되는지 이해하는 것과도 관련되어 있다. 7~9장에서 설명한 조사 기법을 이해하려면 힙 문제를 일으키는 주요 원인에 대해 잘 알아두는 것이 좋다.

NOTE 힙은 상당히 복잡한 자료구조다. 이 부록에서는 당장 필요하지 않으므로 스트링 풀(string pool)이나 힙 제너레이션(heap generation) 등의 고급 내용을 비롯한 자세한 내용은 생략한다.

힙을 공부하는 여러분이 제일 먼저 기억해야 할 점은, 힙이 모든 스레드가 공유하는 메모리 공간이라는 사실이다(그림 E.11). 이런 까닭에 힙에서 경쟁 상태(부록 D) 같은 스레드 문제가 발생하기 쉽고, 또 일반적으로 메모리 문제는 조사하기가 한층 난해한 편이다. 모든 스레드가 동일한 메모리 위치에 각자 생성한 객체 인스턴스를 추가하기 때문에 한 스레드가 다른 스레드의 실행에 영향을 미칠 수 있는 것이다. 어느 한 스레드에서 (메모리에 인스턴스를 추가했지만 삭제를 하지 않아) 메모리 누수(memory leak)가 발생하면 다른 스레드가 사용할 메모리가 모자라게 되어 전체 프로세스에 안 좋은 영향을 미친다.

그림 E.11에서 알 수 있듯이 OOM 에러는 문제의 근본 원인(메모리 누수)의 영향을 받은 스레드가 아닌, 다른 스레드에 의해 발생하는 경우가 대부분이다. 메모리에 어떤 것을 추가하려고 했지만 더 이상 여유 공간이 없어 실패한 최초의 스레드가 신호(OOM 에러)를 보내는 것이다.

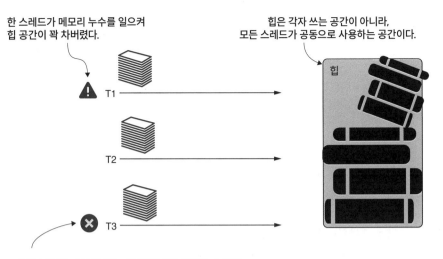

한 스레드가 메모리 누수를 일으켜
힙 공간이 꽉 차버렸다.

힙은 각자 쓰는 공간이 아니라,
모든 스레드가 공동으로 사용하는 공간이다.

OOM 에러는 문제가 없는 스레드에서도 발생할 수 있다.
바로 메모리가 고갈된 시점에 마침 운 나쁘게 힙을 할당받으려고 한 스레드다.

그림 E.11 모든 스레드가 동일한 힙 위치를 사용하는데, 그중 한 스레드 때문에 힙이 꽉 차버리면(메모리 누수)
이 사실을 다른 스레드가 알릴 수도 있다. 힙에 데이터를 저장할 수 없게 된 첫 번째 스레드가 문제를 리포트하는 것이다.
문제가 있음을 알린 스레드가 반드시 문제를 일으킨 스레드인 것은 아니기 때문에
힙 관련 이슈는 해결하기가 상당히 까다롭다.

가비지 컬렉터(GC)는 힙에서 불필요한 데이터를 삭제하는 장치다. GC는 어떤 객체를 아무도 참조하지 않을 때 해당 객체가 더 이상 쓸모없다는 사실을 안다. 그러나 앱에서 이렇게 필요하지 않은 객체를 가리키는 레퍼런스가 제때 삭제되지 않으면 GC는 그 객체를 삭제할 수 없다. 이러한 상황이 메모리가 가득 찰 때까지 계속되면(즉, OOM 에러가 발생하면) 메모리 누수가 발생했다고 말하는 것이다.

객체 인스턴스는 힙에 있는 다른 객체가 참조할 수 있다(그림 E.12). 메모리 누수의 가장 흔한 사례는 객체 레퍼런스를 끊임없이 추가하는 컬렉션이다. 이런 레퍼런스가 제때 삭제되지 않으면 컬렉션이 메모리에 살아 있는 한 GC는 컬렉션을 삭제하지 못하기 때문에 메모리 누수가 발생한다. 특히, 스태틱 객체(스태틱 변수로 참조하는 객체 인스턴스)를 조심해야 한다. 스태틱 변수는 한번 생성되면 사라지지 않으므로 명시적으로 그 레퍼런스를 삭제하지 않는 한 스태틱 변수로 참조하는 객체는 프로세스가 죽을 때까지 잔존한다. 이 객체가 절대로 삭제되지 않는 다른 객체를 참조하는 컬렉션이라면 메모리 누수가 발생할 가능성이 높다.

힙에 있는 객체들은 서로가 서로를 참조하는 관계다. 고양이 인스턴스는 사람 인스턴스가 자신을 참조하는 레퍼런스를 삭제하거나 사람 인스턴스 자체가 삭제되기 전에는 GC로 삭제할 수 없다.

그림 E.12 힙에 있는 객체는 힙에 있는 다른 객체를 참조하는 레퍼런스를 유지할 수 있다.
GC는 자신을 참조하는 레퍼런스가 없는 객체만 골라낼 수 있다.

객체 인스턴스는 스택에서도 참조할 수 있지만, 보통 스택에서의 레퍼런스는 (E.2절에서 설명한 것처럼) 메모리 누수를 일으키지 않는다(그림 E.13). 앱이 레이어를 생성한 코드 블록의 끝에 도달하면 스택 레이어가 자동으로 사라지기 때문이다. 하지만 이 또한 경우에 따라 다른 문제와 결부되어 스택 레퍼런스가 문제를 일으킬 수는 있다. 전체 코드 블록에서 실행을 가로막는 데드락이 발생했다고 하자. 스택의 레이어가 삭제되지 않은 채 객체를 주구장창 가리킨다면 결국 메모리 누수로 이어질 것이다.

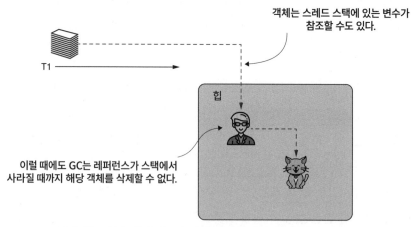

객체는 스레드 스택에 있는 변수가 참조할 수도 있다.

이럴 때에도 GC는 레퍼런스가 스택에서 사라질 때까지 해당 객체를 삭제할 수 없다.

그림 E.13 스택에 있는 변수는 힙의 인스턴스를 참조할 수 있는데, 스택에 있는 레퍼런스를 비롯한 모든 레퍼런스가 사라지기 전에는 해당 변수를 삭제할 도리가 없다.

데이터 유형을 저장하기 위한 메타스페이스 메모리 위치

메타스페이스(metaspace)는 힙에 저장된 인스턴스를 생성하기 위해 JVM이 데이터 타입을 저장하는 메모리 공간이다(그림 E.14). 힙에 있는 객체 인스턴스를 처리하려면 이 정보가 반드시 필요하다. OOM 에러가 더러 메타스페이스에도 영향을 미치는 경우가 있다. 메타스페이스가 가득 차 앱에 새로운 데이터 타입을 저장할 공간이 고갈된 경우, 앱은 OOM 에러를 던져 메타스페이스가 가득 찼다고 알린다. 이 에러는 빈도는 적은 편이지만 발생할 가능성은 있으니 잘 알아두기 바란다.

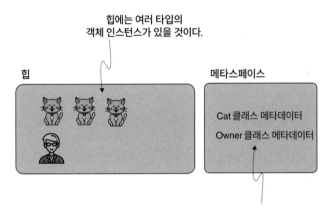

그림 E.14 메타스페이스는 앱이 데이터 타입의 디스크립터를 저장하는 메모리 위치다. 그림에서 힙에 저장된 인스턴스를 정의하는 블루프린트가 메타스페이스에 저장된다.

기호	
_Consumer 스레드	185, 192, 211, 220, 224
_Producer 스레드	185, 192, 211, 216, 219, 224
-agentlib:jdwp 매개변수	71
-dump:format	240
-Xms 애트리뷰트	129
-Xmx 애트리뷰트	129
-XX:MaxMetaspaceSize 애트리뷰트	131
<configuration> 태그	101

A	
ArrayList 모니터	193
ArrayList 타입	119, 184, 191

C	
Call Tree	173
Console 어펜더	100
Consumer 클래스	125
CPU 실행 시간	217
CPU와 메모리 사용량 관찰	117
createFile() 메서드	63
CyclicBarrier 객체	292

D	
Debug 로그 레벨	96
debug() 메서드	97
Decoder 클래스	41, 54, 59, 90
digits 변수	39, 52
dt_socket 설정	72

E	
extractDigits() 메서드	38, 42, 59

F	
feign 패키지	143

G	
getProductNamesForPurchases() 메서드	144

H	
HotSpotDiagnosticMXBean 클래스	236
HTTP 서버 프로브	257
HTTP 클라이언트 프로브	259
httpbin.org 엔드포인트	139
HttpURLConnection 클래스	139

I

IDE	275
Info 로그 레벨	96
info() 메서드	97

J

JDBC 접속 문제 감지	160
JDK	275
jmap 커맨드	240
join() 메서드	285, 292
JPQL	150
jps 커맨드	213
jstack 커맨드	214
JVM	300
JVM 앱의 메모리 구성	300

L

Latch 클래스	292
listA 모니터	208
listB 모니터	208
Lock 객체	292
Logger 인스턴스	97
LogManager.getLogger() 메서드	97

N

N+1 쿼리 문제	152
NoSQL DB에서의 쿼리 분석	179
notify() 메서드	289
notifyAll() 메서드	200, 289

O

Object 배열	243
OQL 콘솔	245
OQL 콘솔에서 힙 덤프 쿼리	245

P

park() 메서드	284
printStackTrace() 메서드	79
Producer 클래스	124

R

referrers() 메서드	249
Root 로거	100
run() 메서드	187

S

saveProduct() 메서드	33
Semaphore 객체	292
sentry.dsn 애트리뷰트	267
sleep() 메서드	284, 291
SQL 쿼리	144
start() 메서드	285
StringDigitExtractor() 생성자	24
super() 생성자	125
synchronized 키워드	286

T

Thread 클래스	284, 291

U

unpark() 메서드	284

V

VisualVM 설치 및 구성	115

W

wait() 메서드	200, 289
Warn 로그 레벨	96

ㄱ

가비지 컬렉터(GC)	113, 228
개발 환경(DEV)	67
객체 쿼리 언어(OQL)	236, 245
결함 주입	271
경쟁 상태	119, 293
고급 시각화 도구	158
관계형 DB에 로그 저장	95
기술 습득	14
기아	197, 296

ㄴ

네이티브 스레드 ID	217

ㄷ

다음 스레드를 차단하는 스레드 찾기	219
다이내믹 프록시	141
대규모 시스템	255
대기 중인 스레드 분석	198
데드락	207, 294
도구를 활용하여 스레드 덤프 읽기	222
동기화 블록	286
디버거 도구	22
디버거로 코드 탐색하기	36
디버거로도 충분하지 않다면	43
디버그	4
디버깅 도중 스코프 내 변숫값 바꾸기	55

ㄹ~ㅁ

락	183
로그 콘솔	84
로그와 원격 디버깅	107
로깅	83, 87, 92, 104
로깅 때문에 발생하는 문제	102
로깅 레벨	95
로깅 프레임워크 사용	95
로깅의 보안 및 프라이버시 문제	103

리브락	295

ㅁ

멀티스레드 아키텍처	11, 92, 293
메모리 관련 이슈	227
메모리 관리	299
메모리 누수	113, 127
메모리 누수 현상 식별	127
메서드 동기화	286
메서드 호출 횟수	142
메타스페이스	130, 311
미러링	273

ㅂ

배포 도구	270
브레이크포인트	27
브레이크포인트로 로그 메시지 남기기	52
블로킹 오브젝트	292
비관계형 DB에 로그 저장	94
비정상적인 리소스 사용량 식별	112

ㅅ

사용자 인수 테스트 환경(UAT)	67
사후 조사	8
상태 설명	217
상태명	217
샘플링	114, 134
서비스 간 통신	256
서비스 메시	270
성능 문제	44
세대	234
소켓	261
소켓 닫기	263
소켓을 열어 통신 설정	262
소켓을 통한 데이터 읽고 쓰기	263
속도 저하	15
스레드	282

스레드 덤프	18, 208
스레드 덤프 수집하기	208, 214
스레드 덤프 읽기	215
스레드 덤프 파일을 프로파일러로 가져오기	215
스레드 동기화	286
스레드 락	184
스레드 락 모니터링	184
스레드 락 분석	189
스레드 조인	290
스레드 ID	216
스레드명	216
스레드의 수명 주기	284
스택	300
스택 트레이스	217
스텝	13
실행 스택 트레이스	31
실행 프레임 드로핑	58
실행 프레임 퀴팅	58
심각도	95

ㅇ

애스펙트	31
앱 실행 속도 느려지는 원인 파악	114
앱 크래시	16
에이전트	69
엔트로피	65
연속 차단 스레드	221
예상과 다른 아웃풋	9
예외 스택 트레이스	90
예외 식별	88
원격 디버깅	66
원격 디버깅 시나리오	70
원격 환경에서 조사하기	69
원격 환경의 문제 조사하기	71
인터셉터	31
일반 데이터 보호 규칙(GDPR)	104
일반 텍스트 스레드 덤프	216
일반적인 코드 조사 시나리오	8

ㅈ

자바 객체	128
자바 객체 지향 쿼리(jOOQ)	149
잘못된 아웃풋	13
잠기지 않은 스레드 필터링	219
정해진 시간 동안 스레드 차단	291
조건부 브레이크포인트	48
좀비 스레드	15, 117

ㅊ

첫 번째 후보 스레드를 차단한 스레드 찾기	219
총 실행 시간	217

ㅋ

커맨드 라인에서 스레드 덤프 수집	212
커맨드 라인으로 힙 덤프 가져오기	240
커맨드의 실행 시간 측정	91
코드 읽기	23
코드 조사	3, 14, 26, 87
크라이테리어 쿼리	153

ㅌ

통합 로그 모니터링	263

ㅍ

파일에 로그 저장	95
퍼시스턴스	94
폴링	259
프레임워크에서 생성되지 않은 SQL 쿼리 식별	144
프레임워크에서 생성된 SQL 쿼리 식별	150
프로그램에서 생성된 SQL 쿼리 식별	153
프로덕션 환경(PROD)	67
프로듀서/컨슈머 접근 방식	117
프로세스 ID(PID)	165, 212
프로세스의 ID 찾기	213
프로젝트 열기	277

프로파일러   11, 111, 133, 275

프로파일러 사용   114

프로파일러로 스레드 덤프 수집   210

프로파일러를 이용하여 힙 덤프 얻기   239

프로파일러의 유용성   112

플레임 그래프   175

ㅎ

하이젠버그 실행   11

호출 그래프   173

힙   308

힙 덤프   17, 235

힙 덤프 수집   236, 239, 240

힙 덤프 읽기   240

힙 덤프가 자동 생성되도록 앱 설정   237

힙 메모리   18